아동복지론

배화옥 김미숙 이은주 공저

신정

머/리/말

아동은 미래 사회의 성장에 꼭 필요한 인적 자원이다. 아동이 부족한 사회, 아동이 제대로 성장할 수 없는 사회는 지속될 수 없다. 그러나 우리 사회의 아동은 학대받고, 방치되고, 착취당하고, 결핍을 경험하면서 생존할 권리, 보호받을 권리, 건강하게 성장할 권리, 놀 권리, 참여할 권리를 침해받고 살아가고 있다. 아동이 이러한 모든 침해에서 벗어나 안전하게 안정되게 성장할 수 있는 사회를 만드는 것이 아동복지의 출발이다. 우리 사회의 아동복지를 실현하기 위해서는 아동을 권리를 가진 주체로 인식하고 삶의 질을 증진하기 위하여 이들의 아동복지 수준을 높여야 할 것이다.

이 책은 사회복지학과 학생들에게 아동복지의 이해도를 높이고 아동복지 실천 현장에서 필요한 지식과 기술을 제공하여 아동복지 분야에서 일하는 사회복지사로서 능력을 배양하기 위하여 집필된 것이다. 본격적으로 저서를 집필하기 전에 저자들이 모여서 아동복지를 어떻게 구성할 것인가에 대한 논의를 몇 차례 가졌으며, 논의 결과 아동에 대한 이해와 아동복지에 대한 이해가 기반이 되어야 하며, 주요한 몇 가지 아동복지 실천영역을 다루어야 함을 합의하였다.

따라서 이 책은 아동에 대한 이해, 아동복지에 대한 이해, 아동복지 실천에 대한 이해의 3부로 구성하였다. 1부에서는 아동에 대한 전반적인 이해를 돕고자, 1장 아동의 정의, 2장 아동발달, 3장 아동현황으로 구성하였고, 2부에서는 아동복지에 대한 이해를 도모하고자, 4장 아동복지 이해, 5장 아동권리, 6장 아동복지 역사, 7장 아동복지 제도로 구성하였다. 3부에서는 각 영역에 따라 아동복지 실천에 대하여 구체적으로 배우기 위하여, 8장 빈곤아동, 9장 아동학대, 10장 시설보호와 가정보호, 11장 한부모가족, 12장 다문화아동, 13장 장애아동으로 구성하였다. 1부와 2부는 배화옥 교수가, 3부는 김미숙 박사와 이은주 교수가 공동 집필하였다.

집필 과정에서 누락 되거나 미흡한 부분이 일부 있음을 인식하였으나 다음 작업에서 이를 보완하고 새로운 내용을 추가할 계획이며 이렇게 수정 보완을 거듭함으로써 작품이 완성되리라 기대할 수 있다. 이 책을 완성하기까지 도움을 주신 신정출판사 최용구 대표님과 편집부 직원들께 감사드린다.

2021년 9월

배화옥 김미숙 이은주

차/례

Chapter 06 아동복지 역사 / 105

Chapter 07 아동복지 제도 / 123

Chapter 13 장애아동 / 281

PART

01

아동의 이해

CHAPTER 01

아동의 정의

1. 아동의 개념

1) 역사적 개념

아동은 일반적으로 어른과 상대적인 개념인 어린이 혹은 어린아이를 일컫는다. 아동을 부르는 이름은 여러 가지가 있다. 어린이 외에도 관련 법령 및 규정에 따라 아동, 영유아, 소년, 청소년, 미성년자 등으로 부르기도 한다. 아동의 개념은 시공간에 따라 다른 의미를 내포하고 있으며 시대적으로나 지리적으로 다르게 발전해 왔다. 한 사회가 표방하고 있는 규범과 인식, 법령이 정하는 연령 등 제도적 환경에 따라 달라진다.

고대사회에서는 아동을 혈통을 잇기 위한 노동의 수단이나 경제적 가치로만 보았다. 이 때문에 노동을 할 수 없거나 사회 발전에 이바지하기 어려운 장애아이나 여자아이가 태어나면 영아살해와 유기가 저질러졌다. 중세사회에서는 아동 양육에 대한 책임이 전적으로 부모에게 있었다. 따라서 아동에게 자율성이 부여되지 않았으며 엄격한 훈육과 체벌을 가하였다. 이 시대 아동은 소인 또는 축소모형(miniature)으로 간주되었으며 따라서 성인과 유사한 노동과 소득 창출의 부담을 지게 하였다.

르네상스기 이후 아동에 대한 관심이 증가하였으며, 17세기에 들어서면서 아동을 성인과 다른 욕구, 능력, 발달을 가진 존재로 인식하기 시작하였다. 근대 이후부터 아동발달학자들의 연구와 주장을 통해 아동을 성인과 다른 독자적인 존재로 인식하게 되면서, 생애주기에서 아동기를 따로 구분하기 시작하였다. 현대에 와서 비로소 아동은 인간의 존엄성과 잠재력을 가진 존재로 인식하고 있다(공계순, 2019).

2) 아동 양육 태도 변화

아동에 대한 개념과 인식의 차이에 따라 아동 양육 태도 또한 변화해 왔다. 아동 양육 태도의 변화를 시대적으로 살펴보면 살해기(고대~4세기), 아동유기(4세기~13세기), 양면가치기(14세기~17세기), 책무 강요기(18세기), 사회화기(19세기~20세기 중엽)를 거쳐 지지기(20세기 중엽~현재)로 변화해 왔다고 요약할 수 있다(Demause, 2005).

아동 양육 태도의 시대적 변화와 함께 아동에게 제공되는 복지서비스 유형도 다르게 발전되었다. 봉건시대에 아동 양육은 전적으로 가족의 책임이었기 때문에 하층계급이나 빈곤가정의 아동 부양은 더욱 열악할 수밖에 없었다. 1601년 구빈법의 영향으로 영국이나 미국에서는 아동의 노동이 소용되는 어디에서나 부모를 도와 일하도록 하였다. 19세기 중반에 이르기까지 구빈원과 같은 기아와 고아에 대한 시설보호가 이루어졌지만 그 목적은 아동의 복지를 위해서라기보다 사회의 안정을 도모하기 위한 것이었다. 빈곤모자가정에 대해서는 미미하나마 재가복지서비스가 실행되었다. 7~8세 아동은 다른 가정에 도제로 보내지거나 가정위탁 형태로 여전히 아동노동이 이루어졌다. 20세기를 거치면서 고아와 장애아를 위한 다양한 시설보호를 마련하였으며, 아동이 가진 보호, 보육, 교육에 대한 욕구를 충족시키기 위한 다양한 각도의 노력과 제도의 형성이 이루어졌다(Downs et al., 2004). 이처럼 아동의 개념은 시대적으로 다르게 발전해 왔으며, 한 사회가 가지고 있는 사회적 인식과 규범에 따라서 달라짐을 알 수 있다. 또한 아동의 개념이 달라짐에 따라 아동 양육 태도가 달라질 뿐만 아니라 아동을 위한 복지정책 수립과 복지서비스 실천방식이 다르게 발전해 왔음을 알 수 있다.

3) 현대적 개념

아동에 대한 개념은 아동권리의 확대와 함께 아동을 독자적인 존재로 인식하는 단계까지 발전하였다. 아동의 현대적 개념은 아동을 발달과정에 있는 전인적이자 독립적·독자적 존재로 이해하고 있다고 볼 수 있다(공계순, 2019).

발달하는 존재 아동은 살아있는 유기체이다. 태어나면서부터 지속적인 성장, 발달, 변화를 경험하며 살아가는 존재이다. 연령이 증가함에 따라 아동은 신체적, 인지적, 정서적 및 사회적 측면에서 양적 및 질적으로 성장발달을 이루게 된다. 발달단계별로 특성이 다르며 이전 단계에서 획득한 발달이 다음 단계의 발달에 밑받침이 된다.

전인적 존재 아동은 통합된 전체로 인식되어야 한다. 신체, 인지, 정서, 사회성과 같은 발달영역이 각기 다른 발달적 특징을 보이고 있으나 따로 분리된 것이 아니라 역동적으로 상호작용하고 있다. 따라서 신체, 인지, 정서, 심리, 사회성 등 각 영역의 발달을 이루고자 할 때 한 영역에만 집중해서 되지 않으며 통합적인 교육을 실행하여야 함을 의미한다.

독자적 존재 아동은 발달 속도와 정도, 능력과 잠재력, 성격과 기질 등에서 모두 다른 특성을 보인다. 따라서 아동을 바라볼 때 개별 아동의 발달 수준과 능력에 비추어 독자적인 존재로 이해하여야 한다. 개별 아동이 가진 고유의 특성을 이해하여야 하며, 다른 아동과 비교하며 우열을 가리거나 해서는 아니 된다. 또한 아동이 가진 욕구와 요구에 대해서도 개별화된 해석이 내려져야 하며, 아동이 처한 상황과 문제에 대해서도 개별화된 접근이 이루어져야 한다.

독립된 인격체 아동은 부모나 보호자에게 예속된 존재가 아니라 독립된 인격을 가진 권리의 주체이다. 20세기에 들어서야 아동은 보호의 대상이 아니라 권리를 가진 주체적 존재로 바라보기 시작하였다. 1989년 유엔아동권리협약(United Nations Convention on the Rights of the Child)은 아동의 권리에 대한 국제협약으로 아동을 적극적인 권리의 주체로 인정하면서 아동에게 생존권, 보호권, 발달권, 참여권의 4가지 기본적 권리를 조건 없이 부여하도록 규정하고 있다. 이러한 아동권리가 실현될 수 있도록 정책과 제도를 확립하도록 노력해야 할 것이다.

2. 아동의 연령

아동과 성인을 구분 짓는 경계선으로 연령을 활용한다. 연령에는 연대적 연령(chronological age), 생물학적 연령(biological age), 정신적 연령(mental age), 사회적 연령(social age), 법적 연령(legal age)이 있다. 일반적으로 아동은 연대적 연령으로 구분하게 된다. 아동의 연령 기준과 호칭은 법률 규정을 따르는데, 관련 법령에 따라 조금씩 다르게 나타나고 있다.

1) 법적 연령

아동복지법 제3조는 "아동"을 '18세 미만인 사람'으로 정의하고 있다. 이어서 아동복지법은 아동이 건강하게 출생하여 행복하고 안전하게 자랄 수 있도록 국가와 지방자치단체가 기본적인 여건을 조성하고 아동이 조화롭게 성장·발달할 수 있도록 하기 위하여 경제적·사회적·정서적 지원을 제공하여 아동복지를 보장하여야 함을 명시하고 있다. 아동복지법 외에 한부모가족지원법, 입양특례법, 실종아동지원법도 18세 미만인 사람을 아동이라고 정의하고 있다.

초·중등교육법은 아동의 초등학교 취학연령을 6세 이상 12세까지로 규정하고 있으며 중학교 입학연령을 15세까지로 명시하고 있다. 특히 특수교육법은 특수교육대상자로 3세 미만의 장애영아와 3세부터 18세 미만까지의 장애아동으로 구분하고 있다.

모자보건법, 유아교육법, 영유아보육법, 아이돌봄지원법, 도로교통법에서는 신생아, 유아, 영유아, 아이, 어린이 등의 다양한 호칭으로 아동을 부르고 있으며 연령도 다양하게 규정하고 있음을 알 수 있다. 반면 청소년기본법, 청소년복지지원법, 청소년활동진흥법은 모두 청소년을 대상으로 하고 있다. 관련법이 정하는 청소년의 연령은 9세에서 24세까지이다. 그러나 청소년보호법과 아동·청소년 성보호법은 19세 미만의 자를 청소년으로 일괄 지칭한다.

근로기준법에서는 15세 미만인 아동이나 중학교에 재학 중인 18세 미만의 아동을 소년이라 지칭하며 근로최저연령을 명시하고 있다. 이와 달리 소년법에서는 19세 미만을 소년이라고 부르며, 특히 10세 이상 19세 미만의 비행아동을 우범소년이라고 지칭한다. 소년이 범죄행위를 저질렀을 때 14세 이상 19세 미만의 소년을 범죄소년, 10세 이상 14세 미만의 소년을 촉법소년으로 구분한다. 민법, 가족관계등록법, 가정폭력방지법은 19세 미만을 미성년자로 부르고 있으며, 형법에서는 형사처벌을 할 수 없는 14세 미만의 아동을 형사미성년자로 부르고 있다.

이상을 종합하여 보면 18세를 기준으로 아동과 성인을 구분하는 것으로 합의되고 있음을 알 수 있다. 그러나 보편적으로 초등학교 시기에 해당하는 연령을 아동으로 보고, 중·고등학교 시기에 해당하는 연령을 청소년으로 부르고 있다(배화옥, 2010).

표 1-1 아동 호칭과 연령 기준

호칭	연령 기준	관련 법령
아동	18세 미만	아동복지법, 한부모가족지원법, 입양특례법, 실종아동 등의 보호 및 지원에 관한 법률
아동	6~15세 미만	초·중등교육법
신생아	출생 후 28일 이내	모자보건법
유아	3세~초등학교 취학 전	유아교육법
영유아	6세 미만	모자보건법, 영유아보육법
아이	12세 이하	아이돌봄지원법
어린이	13세 미만	도로교통법
장애영아	3세 미만	장애인 등에 대한 특수교육법
장애아동	3세~18세 미만	
청소년	9~24세	청소년기본법, 청소년복지지원법, 청소년활동진흥법
	19세 미만	청소년보호법
아동·청소년	19세 미만	아동·청소년의 성보호에 관한 법률
소년	15세 미만 (중학교 재학 18세 미만)	근로기준법

소년	19세 미만	소년법
우범소년	10~19세 미만	
범죄소년	14~19세 미만	
촉법소년	10~14세 미만	
미성년자	19세 미만	민법, 가족관계의 등록 등에 관한 법률, 가정폭력방지 및 피해자보호 등에 관한 법률
형사미성년자	14세 미만	형법

주: 2021년 3월 31일까지 개정된 법령 및 시행령에 근거함.

앞서 살펴본 바와 같이 관련 법령 및 제도의 필요에 따라 아동의 호칭과 연령 기준을 다양하게 규정하고 있으나 몇 가지 문제점을 가지고 있다. 첫째, 아동의 생물학적 연령과 사회적 연령이 일치하지 않는다. 영양, 보건, 의학 및 의료기술이 발전함에 따라 아동의 신체적 성장발달이 빨라져서 생물학적 연령이 점차 짧아지는 추세이다. 아동의 성적 성숙 또한 빨라져서 부모 세대와 비교하면 평균 초경 나이가 점차 빨라지는 것으로 나타나고 있다. 그러나 생물학적 발달에 비해 초·중등학교 입학 연령과 같은 교육적 연령은 그대로이다.

둘째, 아동의 법적 연령과 사회적 연령이 일치하지 않는다. 아동복지법은 만 18세 이후가 되면 결혼과 취업이 가능한 성인으로 규정하고 있다. 그러나 우리나라에서 18세를 벗어나 성인이 되었더라도 대부분이 20대 후반까지 경우에 따라 30대 초반까지 교육제도에 그대로 머물러 있으면서 경제적으로나 사회적으로 독립된 성인이 되지 못하고 있다. 이 때문에 시설보호아동이 만 18세가 되면 시설에서 퇴소해야 하나 재학이나 교육훈련을 받는 경우 연장보호를 제공하는 이유가 된다.

셋째, 아동의 법적 연령과 사회적 연령이 일치하지 않은 또 다른 사례는 소년법과 형법에서 찾아볼 수 있다. 과거에 비해 범죄를 저지르는 아동의 연령이 점차 낮아짐에도 불구하고 소년법과 형법에서는 10세 미만의 범죄아동에게 형사처벌을 할 수 없도록 정하고 있다. 따라서 일각에서는 범죄아동 처벌을 위하여 법적 연령을 낮추자는 주장이 제기되고 있는 형편이다.

기타, 생물학적 연령과 정신적 연령이 일치하지 않는 경우도 나타난다. 신체적 발달과 인지적 발달은 전 세대에 비하여 빠른 편이나 정신적 성숙 정도는 오히려 반대인 경우가 자주 나타나고 있다.

2) 아동 연령대

아동의 발달심리학적인 측면과 사회 제도적 측면을 동시에 고려하여 아동의 연령을 몇 개 구간으로 범주화하고 있는데 이를 연령대라고 한다. 아동 연령대는 일반적으로 아동발달단계로 구분된다. 학자에 따라서 아동의 연령대를 구분 짓는 연령의 기준이 조금씩 차이가 있는데, Thomas(2000)는 Erikson(1977)의 아동발달단계 및 이론에 근거하여 아동의 연령대를 다음과 같이 구분하였다.

표 1-2 아동 연령대

호칭	기간
태아기(prenatal period)	임신~출생
영아기(infancy)	0~1세
걸음마기(toddler period), 유아기(early childhood)	1~3세
놀이기(play age period), 보육기 / 학령전기(preschool period)	3~6세
학령기(school age period)	6~12세
청소년기(adolescence)	12~18세

출처: Thomas, R. M.(2000). Comparing Theories of Child Development. p. 58.

3. 아동의 특성

아동이나 어린이는 성인 또는 어른의 상대되는 개념으로 사용된다. 아동은 성인이 가진 특성인 독립성, 성숙, 완전성과 상반되는 특징을 가지고 있다. 아동의 대표적인 특성으로 의존성, 미성숙, 민감성, 적응성을 들 수 있다(오정수·정익중, 2017).

의존성 아동이 가진 대표적인 특성이다. 아동은 태어나기 전부터 생명을 유지하고 생존하기 위하여 모든 의식주를 외부로부터 공급받아야 한다. 따라서 아동의 보호와 안전은 부모 또는 보호자에게 전적으로 의존할 수밖에 없다. 부모나 보호자가 없거나 있더라도 적절한 보호와 안전을 제공하지 못할 경우, 또 부모나 보호자를 대체할 수 있는 사회의 보호장치가 없는 경우 아동의 생명 유지와 성장 발달은 중단되거나 지연될 수밖에 없다. 따라서 아동이 안전하고 안정된 환경에서 성장·발달할 수 있도록 국가와 사회가 아동복지를 제공하여야 할 당위성이 제기된다.

미성숙 아동의 주요 특성 가운데 하나는 미성숙성이다. 일반적으로 아동은 성장발달 기간에 있으며 완전히 성숙하지 못한 존재이다. 인간의 성숙함을 측정하는 영역은 신체, 인지, 정서, 심리, 사회성 등 다양하다. 일반의학에서는 신체적 성장을 중시하며 정신의학에서는 정신적 성장과 사회성 발달에 초점을 둔다. 심리학에서는 정신적 측면뿐만 아니라 정서적 측면도 중시하며, 더불어 인간관계의 형성과 사회성 발달에도 관심을 가진다. 일반적으로 아동은 신체적, 정신적, 심리적, 사회적으로 미완성의 상태 혹은 미성숙한 상태에 있다. 즉 아동은 신체적, 정신적, 인격적, 법률적으로 미성숙한 상태에 있으면서 성숙한 단계로 나아가는 과정에 있는 사람이다. 따라서 아동은 성인으로 성숙되기 위하여 성장단계에서 지식, 기술, 행동방식 등에 대한 학습이 이루어져야 한다. 각 발달단계에 필수적인 과제들을 해결하면서 신체적 및 정신적 기능과 능력을 발전시켜 나가야 할 것이다.

민감성 아동은 성장 발달기에 있으면서 외부로부터 받는 자극과 욕구 충족에 매우 민감하게 반응한다. 아동은 자신을 둘러싸고 있는 부모, 가족, 또래, 교사, 이웃 등 타인과의 관계에서 자신에 대한 관심과 태도에 대해 매우 예민하다. 또한 아동은 감정 기복이 심하며 자기 통제력이 부족한 편이다. 욕구에 대한 즉각적인 만족을 기대하면서 참고 기다릴 줄 모른다. 욕구가 즉각 충족되지 않으면 분노를 표출한다. 아동의 욕구 충족이 지속적으로 좌절될 경우 불안과 불신이 조성되며 심하게는 퇴행에까지 이를 수 있다.

적응성 아동은 아동이 속한 환경에 적응하면서 성장 발달하는 과도기적 존재이다. 따라서 아동기는 성장 발달하기 위해서 사회적응 능력을 배우는 시기이다. 아동이 적응하는 환경은 태어나서 최초 마주치는 가족환경, 성장하면서 마주치는 교육환경, 지역사회환경으로 범위를 점차 넓혀가게 된다. 각각의 환경 속에서 부모와 형제, 또래와 교사, 이웃, 타인 등과의 관계를 형성하면서 점차 적응하게 된다. 가정, 학교, 지역사회에 소속하여 각각의 환경과 적응하면서 사회적 인간으로 성숙해 가는 것이다. 이러한 환경과의 적응에 성공하지 못하면 건실한 사회인으로 성장할 수 없게 된다.

CHAPTER 02

아동발달

1. 아동발달 원리

1) 아동발달 규칙

발달이란 태아를 임신하면서부터 시작하여 전 생애에 걸쳐 시간이 지남에 따라 여러 측면에 발생하는 지속적인 변화를 의미한다(Santrock, 1998: 16). 발달은 무작위로 일어나는 것이 아니라 몇 가지 공통된 규칙성이 발견된다(Santrock, 1998).

첫째, 발달은 본성(nature)과 양육(nurture)의 영향을 모두 받는다. 성별, 인종적 특성, 신체적 특성 등은 천성적으로 타고난 유전의 영향이지만, 교육을 통한 학습은 외부로부터 투입되는 양육의 영향에 해당한다. 교육 외에도 빈곤이나 사회환경 또한 아동발달에 미치는 중요한 양육의 영향이라고 할 수 있다.

둘째, 발달은 연속성과 불연속성 모두를 포함하고 있다. 발달은 점진적으로 이루어지기도 하지만 뚜렷한 발달단계를 보이기도 한다. 신체적 성장은 눈으로 포착할 수 없으나 발달이 분명히 이루어지는 영역이고, 언어습득과 같이 점층적으로 발전하는 발달영역도 있다.

셋째, 발달은 누진적이다. 앞 단계의 발달이 다음 단계의 발달에 영향을 미치며 초기의 경험이 누적되어 다음 단계의 발달을 결정한다. 즉 초기 발달단계의 과업을 잘 수행하여야 다음 발달단계로 위기 없이 잘 옮겨갈 수 있다. 따라서 초기 발달에 결손을 입으면 결손이 누적되어 후기에 심각한 파급효과를 초래한다.

넷째, 발달은 항상성과 변동성을 모두 포함한다. 피부색이나 눈동자 색과 같은 신체적 특성은 그대로 유지되나, 골격이나 일부 신체기능은 변화하기도 한다.

다섯째, 발달은 순환적이며 반복적이다. 다른 시기에 유사한 발달이 다시 일어나기도 한다. 노령기에 나타나는 퇴행과 같은 행동이 이러한 사례이다.

여섯째, 발달은 가변적이다. 모든 영역에서 동일 속도로 발달이 이루어지지 않는다. 영역에 따라 발달의 속도와 정도가 다르며 성숙 시기도 달라진다. 신체적 발달과 성적 발달을 비교하여 보면 속도와 정도가 일치하지 않으며 성숙 시기도 다름을 알 수 있다.

일곱째, 발달에는 개개인의 차이가 나타난다. 모든 아동이 성장 발달하여 성인이 되지만 아동에 따라 발달 특성이 다르며 발달의 속도와 정도가 같지 않다. 똑같은 아동이 없으며 개개 아동마다 독특성을 드러낸다.

여덟째, 발달에는 문화성이 함축되어 있다. 시대적으로나 지리적으로 문화가 다르면 신체적 성장뿐만 아니라 반응과 태도, 가치관, 규범 등의 발달에 차이가 나타난다.

아홉째, 발달은 상호적이다. 발달은 여러 영역들이 서로 밀접하게 관련되어 있으면서 상호 영향을 미치며 이루어진다. 또한 성인과 환경이 아동의 발달에 영향을 미치기도 하지만 동시에 아동의 존재가 성인과 환경에 영향을 미치기도 한다.

2) 아동발달 쟁점

발달이론학자들은 아동발달 과정을 이해하기 위하여 아동의 발달이 본성으로 이루어지는가 아니면 양육으로 이루어지는가, 연속적으로 이루어지는가 아니면 불연속적으로 이루어지는가, 보편적인가 아니면 특정 문화적인가에 대해 상반된 입장을 가지고 격론을 벌여왔다. 발달이론학자들이 상반된 입장으로 주장하여 온 쟁점을 열거하여 보면 다음과 같다(Hughes, 2002; Seifert & Hoffnung, 2000).

(1) 본성 대 양육

본성 대 양육은 학자에 따라서 성숙 대 경험으로 불리기도 한다. 아동발달은 유전요인과 양육요인의 상호작용으로 이루어진다고 본다. 신체적 특성에서 유전요인을 발견할 수 있으며 교육을 통한 지적 성장에서 양육요인을 찾을 수 있다. 유전요인이 있더라도 학습과 같은 외부 자극이 없으면 아동의 발달은 제대로 이루어지지 않는다. 또한 유전요인의 뒷받침 없이 외부 자극만 가지고 아동의 발달이 이루어진다고 보기 어렵다. 신체적 결함이 있게 되면 인지능력이 습득되지 못하거나 심리·사회성이 발달하지 못할 수도 있다. 양육에 있어서 가정환경이 가장 중요한 요소이며 그 가운데서도 보호자, 특히 어머니의 역할이 결정적이다.

(2) 항상성 대 변동성

발달은 항상성과 변동성 모두를 내포하고 있다. 피부색과 체형과 같은 신체적 특성은 전 생애에 걸쳐 거의 바뀌지 않은 채 유지되며 일부 성격은 평생 이어진다. 그러나 신체적 성장은 아동의 초기 발달단계에서 급격한 변화를 겪으며, 살아가는 동안 성격의 일부가 변화되기도 한다. 연령이 증가함에 따라 아동은 양적 변화와 질적 변화를 모두 보이며 성장한다. 양적 변화는 주로 신체적 성장과 같이 특정 능력이나 성질의 빈도를 의미한다. 질적 변화는 정신적 성장과 같이 미성숙한 사고에서 보다 더 정교한 추론과 같은 발달을 의미한다. 따라서 연령의 증가와 함께 학습능력도 급격한 변화를 경험하게 된다.

(3) 연속성과 불연속성

발달은 연속성과 불연속성 모두를 내포하고 있다. 일부 발달이론학자들은 연령이 증가함에 따라 아동발달이 점진적으로 이루어진다고 본다. 발달의 속도가 다를 수는 있으나 도중에 멈추지 않고 연속적이며 꾸준하게 발달한다. 발달이 느리고 정지한 것처럼 보여도 다음 단계를 위한 발달이 이루어지는 것이다. 반면 일부 학자들은 아동발달이 뚜렷한 발달단계를 거치며 이루어진다고 본다. 신체적 발달과 정신적 발달이 분명하게 구분되는 단계를 보이면서 진행된다는 것이다. 특히 이차 성징과 같은 신체적 특성은 시작 시기와 종결 시기가 분명하다. 또한 말하기 능력과 같이 질적으로 차별화된 전혀 새로운 형태의 발달을 보이기도 한다. 이러한 견해를 가지는 학자로는 프로이드(S. Freud 1856~1939), 에릭슨(E. Erikson, 1902~1994), 피아제(J. Piaget, 1896~1980)가 대표적이다. 현재 발달이론학자들의 대부분은 아동발달이 연속성과 불연속성을 모두 포함하고 있다는 데 동의하고 있다.

(4) 보편성 대 문화적 특수성

한 사회 안에서 혹은 한 국가 내에서 아동은 조금씩의 개인차를 나타내기는 하지만 모두 공통된 발달단계를 거치면서 성장하게 된다. 이러한 아동발달의 보편성이 개개 사회마다 조금씩 다른 차이를 드러내게 된다. 아동이 살아가는 사회의 지원체계가 더 지지적일수록 아동발달이 더 잘 이루어진다고 본다. 물적 자원과 인적 자원과 같은 사회의 환경 특성이 아동 양육의 질과 양을 결정지을 수 있기 때문이다.

따라서 아동의 유전요인과 가정요인 외에 사회의 환경요인이 결정적인 영향력을 행사하게 된다. 즉 아동발달에 있어서 더 큰 환경요인이 있다고 보는 것이다. 중요한 환경요인 가운데 하나가 문화적 요인이다. 한 사회의 문화적 특성은 아동의 소속감과 정체성과 같은 심리·사회성 발달에 중대한 영향을 미치는 것으로 나타나고 있다. 특히 아동발달에 영향을 미치는 체계요인을 설명하는 생태체계이론이 여기에 해당한다.

2. 아동발달 이론

아동발달을 설명하는 이론으로 정신분석이론, 심리사회이론, 인지발달이론이 대표적이며, 행동주의이론과 사회학습이론도 아동발달을 설명하는 데 자주 활용되고 있다. 생태체계이론은 환경적 관점에서 아동발달을 이해하는 데 도움이 되는 이론이다(Hughes, 2002; Santrock, 1998; Seifert & Hoffnung, 2000).

1) 정신분석이론

(1) 의식구조

프로이드(S. Freud, 1856~1939)[1]의 정신분석이론(Psychoanalytic Theory)에

의하면 인간의 의식은 전의식, 의식, 무의식의 세 가지 요소로 구성되어 있다. 의식은 인간이 감각기관을 통해 아는 정신세계이며, 무의식은 기억하지 못하는 정신세계로서 본능, 관념, 감정 등이 내재된 곳이다. 전의식은 무의식과 의식 사이에 존재하며, 억압되어 있으나 주의를 집중하고 노력하면 의식으로 회상시킬 수 있는 정신세계를 말한다.

(2) 성격구조

프로이드에 의하면 인간의 성격은 원초아(id), 자아(ego), 초자아(superego)로 형성된다. 원초아는 성격의 본능적 요소를 의미하며 출생할 때의 무의식 상태를 나타낸다. 쾌락을 추구하고 고통을 피하려는 원리에 따르며 인간의 선천적인 본능적 충동만으로 이루어진다. 정신에너지의 근본이 되나 완전히 무의식이다. 신생아는 본능적 충동만을 가진 원초아이다.

자아는 성격의 이성적 요소를 의미하며 출생 후 발달하는 인간 의식의 일부이다. 원초아의 충동과 현실 사이에서 문제해결을 추구하는 역할을 하게 된다. 현실 원리에 따르며, 끊임없이 갈등, 협상, 조정을 거쳐 원초아의 욕구를 충족시키거나 통제한다. 원초아와 현실 사이에 자아의 중재가 잘 이루어지지 않는 경우 부적응 행동이 발생할 가능성이 크다. 자아가 합리적 방식으로 불안감에 대처하지 못할 때 무의식 상태에서 비현실적 방식으로 불안감을 해소하려고 한다. 이러한 무의식적인 심리적 기제를 방어기제라 하며, 방어기제에는 억압, 억제, 합리화, 반동, 투사, 퇴행, 저항, 부정, 동일시, 보상, 치환, 승화 등이 있다.

초자아는 성격의 도덕적 및 윤리적 요소를 말하며 양심과 이상을 대표하는 기능을 한다. 사회문화적 제 규범이 내면화된 것으로 부모나 주위 사람의 영

---

1) 오스트리아 정신과 의사이자 정신분석학 창시자.

향을 크게 받는다. 프로이드는 정신을 본능적인 성적 에너지로 리비도(libido)라고 하며 리비도가 집중된 곳을 성감대라고 하였다. 리비도는 행동과 사고의 동기가 되는 것으로 보았다.

프로이드의 방어기제

- 억압(Repression): 수용할 수 없는 생각 또는 충동을 무의식 속으로 밀어 넣거나 고통스러운 사실에 대하여 자동적이며 강압적으로 의식을 끊는 기제. 방어기제 가운데 가장 원시적이고 일차적인 형태를 취함. 억압된 충동은 말실수, 농담, 꿈 등을 통하여 나타나기도 함.
- 억제(Suppression): 자각하는 갈등을 해결하지 않고 의식적으로 눌러서 지우거나 참아냄(사례: 나쁜 짓을 하고 싶지만 적발된 후 받아야 할 징벌이나 손해를 생각해서 참는 것).
- 합리화(Rationalization): 자신의 실수나 실패, 그릇된 판단에 대해 지적이고 합당한 이유를 들어 정당화하는 기제(사례: 여우의 신포도).
- 반동(Reaction): 억압된 무의식적 생각, 욕구, 충동 등과 반대되는 행동이나 태도를 보임(사례: 미운 놈 떡 하나 더 주기).
- 투사(Projection): 자신이 용납할 수 없는 행동, 태도의 원인을 다른 사람이나 환경 탓으로 돌림(사례: B사감과 러브레터).
- 퇴행(Regression): 고통, 스트레스, 욕구불만, 갈등과 마주할 때 현재 성장단계 보다 이전 단계로 후퇴하여 불안을 해결하려 함(사례: 동생을 본 맏이의 행동).
- 저항(Resistance): 괴롭고 고통스러운 기억을 의식하지 않으려 함. 중요한 문제가 아니라고 스스로 판단함(사례: 상담자의 질문 회피, 차후 상담 회피).
- 부정(Denial): 욕구, 현실이 위협적이거나 불쾌하여 대면하기 어려울 때 부인하거나 거부함. 현실에 대하여 눈을 감는 것임(사례: 가족의 죽음을 잠시 다른 곳에 가 있다고 믿음).
- 동일시(Identification): 자신의 생각, 태도, 사고방식을 어떤 대상과 무의식적으로 동일시하면서 자신의 약함을 부정함(사례: 오이디푸스 콤플렉스).
- 보상(Compensation): 고통과 불안이 발생하면 다른 일에 몰두함으로써 이를 피하려는 기제. 열등감이나 결함을 극복하기 위하여 자신의 다른 특성을 강조하여 우월감을 살리고자 함. 다른 방어기제와 달리 건설적인 특성이 나타나기도 함(사례: 직접 보상과 간접보상).
- 승화(Sublimation): 방어기제 가운데 유일하게 바람직한 행동으로 표출. 공격성, 충동, 분노를 운동, 문학, 예술 등의 창조적 행동을 표현함.

(3) 성적 발달단계

프로이드는 5개의 성적 발달단계를 거쳐 인간의 성격이 형성된다고 보았다. 각각의 발달단계마다 성격의 구성요소인 원초아, 자아, 초자아가 나타나서 통합되며 각기 다른 지각 수준인 의식, 전의식, 무의식의 기능을 담당하게 된다. 이러한 과정을 구강기(0~1세), 항문기(1~3세), 남근기(3~6세), 잠복기(6~12세), 생식기(12세 이후)로 구분하며 각각의 발달단계마다 리비도가 집중하게 되는 성감대가 의미 있는 역할을 한다. 프로이드는 출생에서 항문기까지 생후 5년 이내가 성격 형성의 결정적인 시기로 보았다. 프로이드의 정신분석이론에 의하면 아동은 성장과정에서 적절한 만족과 좌절을 경험하며 자아와 초자아가 조화를 이루면 정신적으로 건강한 사람이 되지만, 만족과 좌절의 경험이 지나치게 편중되면 정상적 발달은 손상을 입게 되고 문제행동이나 부적응행동이 유발된다고 보았다.

표 2-1 프로이드의 성적 발달단계 특성

단계	연령	내용
구강기	0~1세	입의 2가지 행동. 흡입에 고착(흡연, 음주, 키스, 낙천적, 의존적 성격) vs. 뱉음에 고착(적대감, 질투, 공격적, 타인 통제 성격)
항문기	1~3세	배변기. 욕구충족이 시간과 장소의 구애를 받거나 유예해야 함을 배우는 시기. 배변활동을 통한 쾌락과 욕구 충족. 적절한 훈련(배설물은 자신의 창조물, 창의적, 생산적 성격) vs. 엄격한 훈련(적대적, 가학적, 파괴적 성향, 결벽증, 융통성 없는 성격, 구두쇠)
남근기	3~6세	접촉을 통한 쾌감. 성 차이 인식과 출생에 대한 관심. 성적 애착의 대상. 동성 부모의 성역할을 학습함으로써 해소(오이디푸스 콤플렉스, 엘렉트라 콤플렉스)
잠복기	6~12세	신체 특정 부위의 자극이 아니라 친구, 취미, 스포츠 등 사회활동을 통해 성적 욕구 만족. 쾌락 원칙보다 현실 원칙이 앞섬. 아버지의 권위, 금지, 양심에 따라 사회적 도덕적 자아 형성
생식기	12세 이후	성욕기. 성적 충동 시기. 정서적 해방과 독립 추구 심리. 앞 단계에 고착되지 않으면 이성과의 정상적인 관계 형성

2) 심리사회이론

에릭슨(E. Erikson, 1902~1994)[2]의 심리사회이론(Psychosocial Theory)에 따르면 아동의 발달이 8개의 심리사회적 발달단계를 거치며 이루어진다고 주장하였다. 아동은 성인이 될 때까지 발달단계마다 심리사회적 위기(crises)를 경험하게 되는데 각 단계의 위기를 잘 해결하여야만 다음 단계로 발달해 나갈 수 있다. 각 단계의 심리사회적 위기를 잘 대처하면 성격의 강점 혹은 장점을 획득하게 되고 다음 단계로 발달하는 데 도움이 된다. 단계별 심리사회적 위기는 상반된 개념으로 설명된다.

(1) 1단계(0~1세): 신뢰감 대 불신감

아동은 긍정적 측면에서 신뢰감을, 부정적 측면에서 불신감을 형성한다. 아동이 태어나서 맺는 모든 사회적 관계는 어머니와의 관계를 통해서이다. 따라서 아동을 돌보는 방법에 일관성이 있고 아동의 욕구를 잘 충족시켜 주면 신뢰감을 형성한다. 그러나 아동을 돌보는 방법에 일관성이 없고 욕구를 충족시키는 데 적절하지 못하면 불신감을 형성한다. 이 시기 형성된 아동의 신뢰감은 순기능적인 자아와 긍정적 세계관을 형성하게 되며 모든 사회관계의 밑거름이자 성격의 기초가 되기도 한다.

(2) 2단계(1~3세): 자율성 대 의심·수치심

자기 발로 서서 걷게 되면서부터 주변을 탐색하게 되고 남의 도움을 받지 않고 자신의 힘으로 하려고 한다. 아동은 독립하고자 하는 욕구를 가지게 되며 자신의 행동에 대한 통제나 간섭을 싫어한다. 스스로 해보려고 하며 이를

---

2) 독일 태생의 미국 아동정신분석학자로 하버드대학교 인간개발학 교수.

부모가 허용하고 격려하면 자율성이 형성된다. 아동의 행동에 대한 지나친 간섭과 과잉통제는 아동이 자신의 능력에 대해 의심과 수치심을 갖도록 한다. 수치심이란 타인의 눈에 자신이 좋지 않게 보인다고 생각할 때 나타나는 감정이다. 아동의 미숙하고 부적절한 행동에 대해 수치심을 갖게 하면 이후 자율성, 독립심, 자아존중감이 손상된다.

(3) 3단계(3~6세): 주도성 대 죄책감

아동은 전 단계의 자율성에 부가하여 자신의 행동을 스스로 계획하고 추진하며 외부 세계에 도전하고자 한다. 아동은 운동능력, 인지능력, 언어능력을 바탕으로 적극적이고 능동적인 신체활동, 사고활동, 언어사용이 발달한다. 이 시기 아동이 스스로 탐색하도록 허용하고 문제해결에 적극적 의지를 가질 수 있도록 격려하면 주도성이 늘어나게 된다. 아동의 주도성을 제한하고 질문이나 탐색 활동을 무시하면 죄책감이 형성된다. 순수한 주도성은 이후 포부와 야망을 형성하는 기초가 된다.

(4) 4단계(6~12세): 근면성 대 열등감

학교에 입학할 시기에 아동은 지적 호기심과 성취동기를 유발하게 된다. 자신의 능력과 가능성을 확인하려는 욕구가 나타나며 성취함으로써 인정을 받고자 한다. 아동이 성취의 기회를 부여받고 성취한 과업에 대해 인정을 받으며 재시도해 보도록 격려를 받으면 성취감이 길러진다. 그러나 성취할 기회를 부여받지 못하고 과업에 대한 낮은 평가를 받으며 좌절감을 경험하게 되면 열등감으로 이어진다.

(5) 5단계(12~19세): 자아정체성 대 정체성 혼란

신체적 성숙이 이루어지며 심리적 혁명이 일어나는 사춘기로 가장 왕성한 심리사회적 위기를 경험하게 된다. 청소년은 부모로부터 심리적 독립을 하게 되며 끊임없는 자기 질문을 통해 자신을 통찰하고 자아상을 찾기 위해 노력한다. 그 결과 통합된 하나의 정체성을 형성하게 된다. 자아정체성은 장래의 진로 결정, 직업과 배우자 선택 등에 중요한 역할을 한다. 통합된 자아정체성이 형성되지 못할 때 역할혼돈(role confusion) 또는 정체성 혼란(identity diffusion)을 겪는다. 소아병적 정체성이나 부정적인 정체성을 가지게 되며 인생관과 가치관 확립에 손상을 입는다.[3)]

3) 인지발달이론

피아제(J. Piaget, 1896~1980)[4)]는 인지발달이론(Cognitive Development Theory)으로 아동발달을 설명하고 있다. 정신구조의 변화과정, 즉 인지 형성과정이 아동의 발달과정이라는 것이다. 인지란 기억, 생각, 이해하는 정신적 활동으로 능동적 성숙요인과 물리적·사회적 환경과의 상호작용으로 구성된다(Seifert & Hoffnung, 2000: 47). 주어진 환경을 이해하고 적절하게 적응하기 위하여 정신구조를 변화시켜 간다. 아동은 이러한 인지발달을 통하여 외부환경에 대한 적응력을 배양하면서 발달한다.

인지발달이론의 중심개념으로 도식, 동화, 조절, 평형이 있다. 아동은 인지구조인 도식(scheme, 스키마)이라는 사고와 행동의 기본 틀을 바탕으로 새롭

---

3) 6단계(19~25세) 친밀감 대 고립감, 7단계(25~50세)의 생산성 대 침체성, 8단계(50세 이후)의 통합성 대 좌절감.

4) 스위스 발달심리학자.

게 경험하는 대상이나 문제를 해석하거나 이에 반응한다. 아동이 새로운 대상과 문제를 경험할 때 기존의 도식을 빠르게 바꾸어서 적응(adaptation)하는 과정에 들게 된다. 적응에는 동화(assimilation)와 조절(accommodation)의 두 가지 방식이 있다. 동화는 기존의 도식에 맞도록 새로운 대상이나 새로운 경험을 받아들이고 해석하고 이해하는 과정이다. 새로운 경험이 기존의 도식에 맞는다면 유기체는 인지적으로 평형상태(equilibrium)가 된다. 조절은 불평형의 상태를 벗어나고자 기존의 도식을 변경하거나 새롭게 만드는 것으로, 도식의 질적인 변화가 발생한다. 즉 사과를 사과로 알게 되기까지가 동화이고, 그 대상의 특성에 집중하는 것이 조절이다. 그러나 동화와 조절은 동전의 양면으로 독단적으로 존재할 수 없다. 적응이란 결국 동화와 조절이라는 두 가지 작동으로 인지적 평형(equilibrium)을 이루는 것을 의미한다.

(1) 감각운동기(0~2세)

이 시기 아동의 인지 활동은 감각과 동작이 주를 이룬다. 따라서 감각과 신체적 활동을 통한 경험이 인지발달의 기초가 된다. 단순한 반사행동이 점차 감각과 동작이 통합된 복잡하고 정교한 행동으로 발달해 간다. 개념적 사고가 시작되며 대상영속성(objective permanence) 개념이 획득된다.

(2) 전조작기(2~7세)

이 시기 아동은 언어발달과 더불어 상징적 표현력이 습득된다. 단순한 감각 동작놀이가 점차 상징적 놀이로 바뀌게 된다. 소꿉놀이나 병원놀이와 같은 가상놀이를 통하여 상징적 행동을 보이며 비언어적 상징 행동을 하다가 3세 이후에는 언어적 상징 행동을 한다. 사물과 대상의 변화에 대한 유추와 판단이 가능해진다. 그러나 단지 외형적 모양이나 가시적 조건에 근거하여 판단하기 때문에 객관적이지 못하며 자기중심적이다. 자기중심적 사고를 하여 상대방의 관점과 자신의 관점을 혼동하며, 물활론적 사고를 하여 무생물체에 생명과 감정을 부여하기도 한다. 외형적 모양이나 가시적 조건에 근거하여 판단하고 한 가지 속성에 집중하는 직관적 사고를 하고, 점차 사물과 대상의 변화에 대한 유추와 판단이 가능해진다.

(3) 구체적 조작기(7~11세)

이 시기 아동은 사고의 구체적 조작이 가능하다. 가역성, 범주화, 서열화, 탈중심화와 같은 논리적 조작 능력이 발달한다. 가역성은 어떤 변형된 상태를 반대 절차를 밟음으로써 본래의 상태로 되돌릴 수 있다고 상상하는 능력이며, 범주화는 전체와 부분과의 관계, 상위 유목과 하위 유목과의 관계 등을 분류하는 능력을 의미한다. 서열화는 초보적인 연역적 사고를 의미하며, 탈중심화는 자기중심적 사고에서 벗어나 한 상황에 대해 여러 면을 동시에 고려할 수 있는 능력으로 공감이나 역지사지와 같은 개념이다. 논리적 조작을 통하여 구체적인 문제를 해결할 수 있다.

(4) 형식적 조작기(11세 이상)

이 시기 아동은 추상적인 사고를 하며, 문제해결을 위하여 가설과 연역적 방법을 사용하는 등 성인과 같은 사고능력을 갖춘다. 문제가 발생하였을 때 가장 타당한 해결 방안을 찾기 위해 문제를 해결할 수 있는 모든 방법을 고안하고 검토한 후 결론을 내린다.

4) 학습이론

학습이론은 환경적 결정요인으로 인하여 관찰될 수 있는 행동적 반응에 대한 이론을 말한다. 학습이론에 의하면 선행하는 조건의 결과로 인간의 행동이 나타난다는 것이다. 행동을 학습하는 방식으로 고전적 조건반사, 조작적 조건화, 모방의 세 가지 유형이 있다.

파블로프(I. P. Pavlov, 1849~1936)[5]가 밝힌 고전적 조건반사는 무조건적인 자극에 대해 학습되지 않은 무조건적 반사행동과 조건적 자극에 대한 조건적 반사행동을 포함하고 있다.

스키너(B. F. Skinner, 1904~1990)[6]의 행동주의이론(Behaviorism, Behavioral Theory)에 의하면 조작적 조건화에 따라 행동이 유지, 강화, 소멸한다고 본다. 조작적 조건화에는 보상과 처벌이라는 긍정적 강화와 부정적 강화가 있다. 긍정적 강화에는 보상, 칭찬, 혜택이 있고, 부정적 강화에는 처벌, 꾸지람, 배제가 그 예이다. 부정적 강화가 제거되면 행동의 빈도가 증가하는 것이 나타난다. 그러나 보상이 늘 행동의 빈도를 높여주는 것이 아니며, 처벌이 늘 통제 효과가 있는 것이 아니다. 특히 스키너는 강화된 행동이 습관이 되고 성격으로 굳어진다고 보았다.

반두라(A. Bandura, 1925~)[7]의 사회학습이론(Social Learning Theory)은 스키너의 행동주의이론을 근간으로 하되, 모방과 같은 아동의 인지능력을 고려하고 있다. 즉 행동이 바뀌기 전에 먼저 행동을 바꿀 수 있다는 믿음이 전제되어야 한다는 자기효능감 개념을 도입하였다. 아동발달에 있어서 행동, 환경, 인지가 모두 중요하다는 것을 강조한다. 반두라에 의하면 외적 강화 없이

---

5) 러시아 생리학자. 노벨 의학상 수상자.

6) 미국 행동주의 심리학자. 하버드 대학교 심리학과 교수.

7) 캐나다 출생 미국 심리학자. 스탠포드 대학교 교수.

다른 사람의 행동을 관찰하는 것으로 학습이 일어난다고 하였다. 아동의 행동은 사람들의 행동을 관찰하고 모방한 결과로 일어난다는 것이다. 아동의 사회적 행동은 주변의 중요한 사람, 특히 부모의 행동을 관찰하고 이를 모방함으로써 습득된다. 즉 기본적 학습과정이 사회적 행동과 성격 발달에 중요한 역할을 한다고 강조하였다.

5) 생태체계이론

브론펜브레너(U. Bronfenbrenner, 1917~2005)[8]는 환경적 관점에서 아동발달을 이해할 수 있는 생태이론(Ecological Theory) 혹은 생태체계이론(Ecological Systems Theory)을 창안하였다. 생태체계이론은 인간과 환경 간의 상호작용으로 아동발달이 이루어진다는 사회환경적 관점을 고수하고 있다. 브론펜브레너에 의하면 아동발달은 환경 속에서 여러 생태체계들이 서로 긴밀하게 상호작용하며 영향을 주어 이루어진다고 본다.

생태체계이론은 아동발달에 영향을 미치는 환경을 가까운 것에서부터 먼 것까지 5가지 체계로 정리하고 있다. 미시체계(microsystem)는 가족, 학교, 또래, 놀이터와 같이 일상생활에서 아동이 직접적으로 참여하거나 관계를 맺는 환경을 의미한다. 미시체계는 아동과 상호작용하면서 직접적인 영향을 주지만, 시간이 지남에 따라 영향력이 변화할 수 있다. 가족, 친구, 학교가 대표적인 미시체계이다.

중간체계(mesosystem)는 아동이 참여하거나 관계를 맺는 2개 이상의 미시체계들 사이의 상호작용을 의미한다. 예를 들어 아동은 가족, 학교, 또래와 관계를 형성하는데, 부모님 사이, 부모와 교사, 친구와 친구, 부모와 학교, 부

8) 러시아계 미국 발달심리학자.

모와 친구 간의 상호작용이 아동의 발달에 영향을 주며 미시체계를 둘러싼 중간체계가 되는 것이다.

외체계(exosystem)는 아동이 직접적으로 참여하거나 관계를 맺지는 않으나 미시체계에 영향을 주는 체계를 의미한다. 외체계로는 부모의 취업 및 직업, 대중매체, 정부, 제도, 복지서비스 등이 있을 수 있다.

거시체계(macrosystem)는 사회의 문화, 신념체계, 가치관과 같이 미시체계, 중간체계, 외체계 모두에게 영향을 미치는 최상위 체계를 말한다.

마지막으로 시간체계(chronosystem)는 앞서 네 가지 환경체계에 영향을 끼칠 수 있는 시대적 사건이나 역사적 상황 또는 여건을 의미한다. 따라서 아동발달은 아동 내에서 일어나는 것이 아니라 아동이 소재한 환경 내에서 일어나는 것이며, 인간의 성격은 개인과 환경 사이의 상호작용의 산물이라고 주장하였다. 프로이드부터 브론펜브레너까지 아동발달이론을 비교하면 다음의 표와 같이 요약할 수 있다.

표 2-2 아동발달이론 비교

이론학자	주요 초점	핵심 개념	아동발달 기본 가정
프로이드	성격 (사회적, 정서적)	원초아, 자아, 초자아 성 심리적 갈등 방어기제	– 단계별 발달 – 성숙 < 경험 – 강한 능동적 역할
에릭슨	성격(사회적, 정서적, 정체성)	생애주기 발달 심리사회적 위기	– 단계별 발달 – 성숙 < 경험 – 강한 능동적 역할
피아제	인지 (사고, 문제해결)	도식, 동화, 적응, 평형	– 단계별 발달 – 성숙 > 경험 – 능동적 역할
파블로프 스키너	학습반응	고전적 조건화 조작적 조건화 강화와 처벌	– 점진적 발달 – 성숙 << 경험 – 강한 능동적 역할

반두라	학습행동 인지적 반응유형 사회역할	모방, 사회학습, 모델링, 인지학습	– 점진적 발달 – 성숙 《 경험 – 강한 능동적 역할
브론펜브레너	환경적 영향 환경적 상호작용	생태학적 환경 미시체계, 중간체계, 외체계, 거시체계, 시간체계	– 점진적 발달 – 성숙 〉 경험 – 강한 능동적 역할

출처: Seifert, K. L. & Hoffnung, R. J.(2000). Child and Adolescent Development. p. 58.

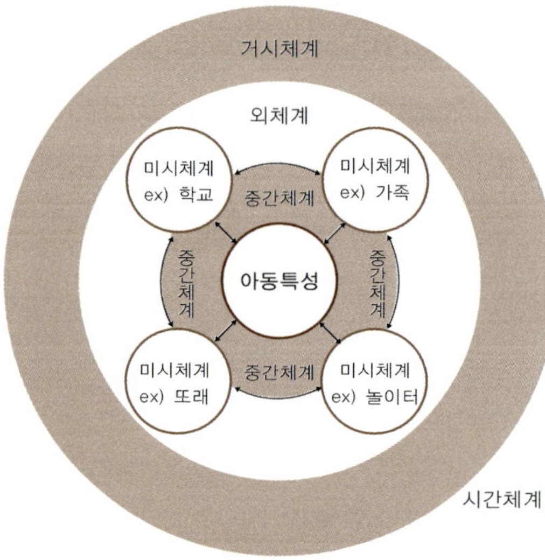

그림 2-1 브론펜브레너의 생태체계모델

출처: Santrock, J. W.(1998). Child Development. p. 51.

- **아동특성**: 성, 연령, 건강상태, 장애유무
- **미시체계**: 가족, 학교, 또래, 놀이터, 휴대폰, 컴퓨터
- **중간체계**: 미시체계와 미시체계의 상호교류
- **외체계**: 확대가족, 이웃, 정부 조직, 교육제도, 법제도, 복지서비스, 대중매체
- **거시체계**: 문화적 환경, 인식, 가치체계, 사회문화성
- **시간체계**: 아동의 일생에 일어나는 시대적 사건이나 역사적 상황

3. 아동발달 영역

아동의 발달은 여러 영역에서 복잡한 과정을 거치며 이루어진다. 발달에 있어서 가장 뚜렷하게 구분되는 신체적, 인지적, 심리사회적 발달의 세 가지 영역을 살펴보기로 한다(Hughes, 2002; Santrock, 1998; Seifert & Hoffnung, 2000).

1) 신체적 발달

(1) 신체

아동은 영유아기(0~2세)에 가장 급격한 신체적 성장을 이룬다. 성장은 머리에서 하체로 그리고 중심에서 주변으로 이루어진다. 출생 시 평균 2.5kg에서 4.5kg이던 몸무게는 2세가 되면 3~4배까지 증가하고, 출생 시 평균 45cm에서 55cm의 키는 2세가 되면 1.5배 정도 성장하여 성인 신장의 약 절반에 이른다. 아동은 놀이기(2~3세)에 뇌의 발달이 주로 이루어지며 3~4세에 뇌 기능이 가장 빠르게 성장한다. 보육기(4~5세)에 아동은 팔다리가 확장되고 전체 신장에서 머리가 차지하는 비율이 줄어든다. 학령기(6~11세)에는 여아가 남아보다 성장이 오히려 빠르다. 청소년기(11~18세)에는 체중과 신장이 급격히 성장하며 특히 생식기관의 급속한 성장과 성적 발달을 나타낸다. 이 시기에 남아가 여아보다 성장이 빠르다.

(2) 운동 · 동작

아동의 운동발달은 머리 들기(1개월)를 시작으로 가슴 들기(2개월), 구르기

(3개월), 앉기(5개월), 붙잡고 서기(9개월), 붙잡고 걷기(8개월), 혼자 서기(10개월), 혼자 걷기(12개월), 손잡고 계단 오르내리기(16개월), 달리기 및 혼자서 계단 오르내리기(24개월)를 한다. 걸음마기·유아기(2~3세)에는 달리기와 뛰기와 같은 기초 동작을 익히기 시작하며 옷 벗기와 부분적으로 옷 입기가 가능하다. 놀이기·보육기(4~5세)에는 신발 신기, 젓가락 사용과 같은 보다 복잡하고 정교한 동작이 가능하며 학령기(6~11세)에는 다양한 게임과 스포츠를 할 수 있다. 12세가 되면 신체의 운동기능이 완전하게 성장하여 성인의 수준에 도달하게 된다.

2) 인지적 발달

(1) 인지기능

영유아기(0~2세)에 아동은 자신의 감각과 운동을 조절함으로써 외부환경에 대한 정보와 지식을 얻는다. 영유아기(9~20개월)에 특별하게 발달하는 인지능력으로 대상영속성(object permanence)이 있다. 눈앞에서 어떤 존재가 보이지 않아도 그 존재가 영원히 사라지는 것이 아님을 알게 된다. 놀이기·보육기(2~6세)는 피아제(J. Piaget, 1896~1980)의 인지발달단계 가운데 전조작적 사고단계로 상징적 기호 즉 언어를 사용하며 직관적 사고능력이 생긴다. 또한 모방이나 상상과 같은 정신적인 영상 능력도 가능하다. 학령기(7~11세)는 피아제의 구체적 조작단계로 아동의 사고능력과 기술이 급격한 진전을 보인다. 이 시기 아동은 보존, 분류, 조합 등 지적 조작이 가능하고 논리적 사고가 가능하다. 청소년기 이후(12세 이후)는 형식적 조작기로 가설 설정 및 검증과 같은 상징적 추론이 가능한 인지구조를 갖게 된다. 조합적 사고, 가설연역적 사고, 추상적 사고가 가능하다.

(2) 기억력

기억이란 정보를 저장하였다가 시간이 지나면서 필요한 경우 꺼내어 사용하는 과정을 의미한다(Santrock, 1998: 246). 기억은 저장시간에 따라 감각기억, 단기기억, 장기기억으로 분류된다. 감각기억의 경우 성인은 1/10초 만에 자신이 본 물체를 형상화할 수 있으나, 7세 아동은 1/7초가 소요된다. 작업기억 혹은 단기기억은 30초 정도 저장되는 것을 말한다. 2~3세 유아는 2개, 7세 아동은 5개, 12~13세 아동은 7개 정도를 기억한다. 장기기억은 정보를 오랫동안 보존하여 유지하는 것을 의미한다. 몇 주, 수년간, 혹은 영영 사라지지 않고 저장된다.

기억의 인출유형은 재인(recognition memory)과 회상(recall memory)으로 나누어진다. 재인은 현재의 지각으로 과거에 경험한 것과 동일하거나 유관한 것으로 떠올리는 것을 의미한다. 반면 회상은 현재의 지각없이 스스로 기억해 내는 능력을 의미한다. 모든 연령에 걸쳐 회상보다 재인이 더 잘 이루어진다.

투입된 정보를 시연(rehearsal)할수록 기억력은 더욱 발달한다. 즉 정보를 거듭 반복할수록 기억력을 증진하는 전략이다. 또한 길거나 복잡한 정보를 기억하고자 할 때 범주화나 형상화 방식을 활용하기도 한다. 또 다른 방법은 선택성이 있는데 기억해야 할 중요한 정보와 그렇지 않은 정보를 구분하는 방식이다. 이 때문에 아동은 성장함에 따라 기억의 속도와 용량이 커지고 정보의 부호화 전략이 향상되므로 기억력이 증진된다. 그러나 아동의 기억력이 지닌 제한성으로 인해 학대 관련 상담이나 면접 결과에 의문을 제기하기도 한다.

(3) 지능

지능이란 언어능력과 문제해결 능력을 포함한 일상의 경험으로부터 배우는 일반적인 능력을 말하며 추론하는 능력도 포함된다(Santrock, 1998: 287). 반면 지능지수(Intelligence Quotient: IQ)는 선천적 사고 및 문제해결 능력이 아니라 지적 수행능력을 측정하는 것이다. 아동의 지능과 가정환경 사이에는 밀접한 관련성이 있는 것으로 나타나고 있다. 좋은 가정환경에서 자란 아동의 지능지수는 시간의 경과에 따라 안정성을 보이거나 혹은 증가하는 반면 빈곤가정이나 해체가정과 같은 열악한 환경에 처한 아동은 지능지수에서 누진적인 결손을 보이는 것으로 보고되고 있다.

(4) 언어

출생 직후 영아는 울음으로 욕구를 나타내기 시작한다. 2개월부터 옹알이를 시작하는데 언어의 시작이라고 할 수 있다. 생후 6개월부터 음성을 인식하기 시작하며 8개월이면 소리를 식별한다. 15~18개월경 사물의 이름을 기억하기 시작하며 2세에 도달하면 두 단어로 만든 문장을 사용하게 된다. 연령의 증가와 함께 기억력이 증가함에 따라 언어습득이 활발해진다. 3~4세에 이르면 점차 다양한 어휘를 구사하면서 의사를 표현할뿐더러 의문문과 부정문과 같은 문법 규칙을 활용하기도 한다. 학령기(7~11세)는 아동의 인지능력과 언어기술이 풍부하게 발달하는 시기로 언어를 사회적 의사소통의 도구로 사용하는 것을 완전히 습득하게 된다.

3) 심리사회적 발달

(1) 정서

영아기(2~3개월) 아동은 미소를 통해 만족함을 드러낸다. 2세가 되면 웃음으로 만족함을 표현하며 3세가 되면 언어를 활용하기 시작한다.

아동기는 정서적으로 안정된 시기로 혼란이나 흥분을 겪는 경우는 오히려 적다. 가장 먼저 경험하는 정서가 공포감이다. 영유아기(1~2세)에 나타나는 낯가림은 공포에 대한 불안 반응이다. 2~3세에 이르면 소리에 대한 청각적 공포감과 어둠에 대한 시각적 공포감을 느낀다. 3세 이후 시각적 공포가 강화되나 5세 이후에 사라진다. 6세에 이르면 비현실적이고 초자연적인 상상과 가상의 공포감이 커진다. 공포감과 직접적으로 연관된 정서가 불안이다. 특히 불안 반응은 아동의 상상력 발달과 관련성이 크다. 학교생활에 대한 불안감이 커져 공포증이라는 정서장애로 나타나기도 하며, 신체적 이상 증상을 보이거나 등교 거부를 노출하기도 한다.

아동기에 빈번하게 표출되는 정서가 분노이다. 욕구가 좌절될 때 분노를 나타내고 또는 욕구를 관철하고자 분노를 활용하기도 한다. 사회적 관계의 범위가 가정에서 학교로 확대되면서 분노가 빈번하게 발생하게 된다. 유아기(2~3세)에는 주로 떼쓰기, 고집부리기, 말 안 듣기 방식을 사용하다가 언어능력이 발달함에 따라 언어적 방법을 활용하여 분노를 표출한다. 학령기(7~11세)에 이르면 분노를 조절하기 시작하며 간접적 방식으로 분노를 나타내기도 한다.

(2) 애착

애착이란 두 사람 사이의 독특한 밀착된 관계성이라고 정의하고 있다(Santrock, 1998: 349). 애착은 두 사람 사이에 있는 정서적 유대감을 의미하며 인간관계 확립의 기초가 된다. 아동기에 안정적인 애착과 애착행동을 보이면 성인이 된 후 적응 성향을 나타내지만 불안정한 애착과 애착행동을 보이면 성인이 된 후 부적응과 문제행동을 노출한다고 한다. 아동기에는 애정을 쏟는 대상이 가족에서부터 또래 친구에게로 옮아간다. 친구와 같이 있고 싶어 하고 질투심도 느낀다. 청소년기(12세)에 이르면 애정의 대상도 넓어지게 되며 이성 친구의 관심으로 옮아간다.

(3) 자아개념

아동은 성장하면서 자신이 가진 신체적 특성, 성격, 가치관, 역할, 사회적 신분 등으로부터 자아 개념을 확립하게 된다. 영아기(2~6개월)부터 아동은 이미 자신을 외부환경과 구분할 수 있다. 유아기(18~24개월)에는 성별, 나이를 인식하게 되고 놀이기 · 보육기(2~6세)에는 비교와 평가를 인식하게 되며 자부심과 자존감을 느끼게 된다. 나이가 들수록 자기에 대한 이해도 커지고 구체적이고 추상적인 언어로 자기를 표현할 수 있다. 아동기에는 특히 옷차림과 놀이를 통해 성역할 개념을 익히게 된다. 이 시기 처벌과 강화를 통한 부모의 문화적 성역할 기대에 따라 아동의 성역할 기대가 내면화되게 된다.

(4) 사회성

사회성이란 혼자가 아니라 타인과 더불어 지내려는 성향으로 정의된다(Santrock, 1998: 357). 사람은 본능적으로 타인과 더불어 공동생활을 하려는 사회적 욕구가 있다. 영아기를 거쳐 성장해 감에 따라 이러한 욕구는 점차 증가한다. 사회성이 발달함에 따라 타인과 자신을 이해하고 사회적 상호작용을 실천하게 된다. 이 때문에 걸음마기 · 유아기(2~4세)의 자기중심적 상징놀이에서 놀이기 · 보육기(5~6세)에 동질성을 찾을 수 있는 또래와 사귀면서 집단놀이를 즐기게 된다. 집단활동을 통해 자기중심적 태도에서 벗어나 타인에 대한 동정, 공정성, 준법성, 인내심 등을 형성해 간다.

4) 단계별 발달욕구

이상을 정리하여 보면 아동발달 단계별로 신체, 인지, 심리사회 영역에서 성취하여야 할 독특한 욕구가 있음을 알 수 있다. 발달단계별로 및 발달영역별로 각각의 욕구가 충족되어야지만 아동은 건강한 성인으로 성장해 나갈 수 있다. 아동의 발달욕구가 무엇인지에 대하여 올바르게 이해하는 데에서 아동복지가 시작된다. 아동의 발달욕구가 어느 정도 적절하게 충족되느냐에 따라서 아동의 삶의 질이 달라지기 때문이다. 그러나 아동발달에 있어서 신체, 인지, 심리사회 영역은 서로 밀접하게 관련되어 있다. 세 가지 영역이 각각 독립적이거나 배타적으로 발달하는 것이 아니라 상호의존적으로 결합하면서 아동의 발달은 통합적으로 이루어진다. 신체적 발달 없이 인지적 발달이 이루어질 수 없으며, 인지적 발달이 기반으로 작용하여야만 심리사회적 발달이 가능하다. 또한 인지적 발달과 심리사회적 발달이 뛰어나면 신체적 발달도 빠른 것이 일반적 경향이다.

표 2-3 발달단계별 및 발달영역별 발달욕구

발달단계	발달영역		
	신체적	인지적	심리사회적
출생 후	- 잡기 - 빨기	- 시각, 청각 - 기억력	- 울음 - 안정감
영아기(0~1세) 걸음마기(1~2세)	- 서기, 걷기 - 손 뻗기, 붙들기	- 물건 찾기 - 언어능력	- 보호자와의 애착 형성
놀이기·보육기 (2~5세)	- 계단 오르기 - 공 던지기 - 그리기, 쓰기	- 어휘 증가 - 놀이	- 친구 만들기 - 성 차이 인식 - 인종 인식
학령기(6~12세)	- 달리기 - 던지기 - 자전거 타기 등	- 읽기, 쓰기 - 수학 - 문제해결	- 또래 관계 - 규칙에 따른 행동 - 도덕성, 사회성
청소년기(13~18세)	- 급격한 신체적 성장 - 사춘기 - 2차 성징 발달	- 추상적 사고 - 호기심 발달	- 이성에 대한 관심 - 이성교제 - 진로 교육

출처: Seifert, K. L. & Hoffnung, R. J.(2000). Child and Adolescent Development. p. 6.

CHAPTER 03

아동현황

1. 아동인구

2020년 말 통계청 주민등록인구 가운데 만 18세 미만 아동은 7,710,946명으로 전체 인구 가운데 14.9% 비중을 차지하고 있다. 남녀 성비는 51.4%와 48.6%로 남아가 여아와 비교해 조금 많은 편이다. 또한 1960년 도시지역에 거주하는 아동의 비율은 30%에 미치지 못하였으나 도시화와 인구이동으로 40년이 지난 2000년에 80%를 넘어섰으며, 2010년 이후부터 85%에 이르기까지 증가하였다. 반면 농촌지역에 거주하는 아동의 비율은 급격히 줄어 15% 정도밖에 되지 않는다(통계청 국가통계포털).

표 3-1 연도별 아동 등록인구

		총인구수	남자	여자	B/A(%)
2010	전체(A)	50,515,666	25,310,385	25,205,281	20.1
	아동(B)	10,156,455	5,307,952	4,848,503	
2015	전체(A)	51,529,338	25,758,186	25,771,152	17.4
	아동(B)	8,961,805	4,637,933	4,323,872	
2020	전체(A)	51,829,023	25,841,029	25,987,994	14.9
	아동(B)	7,710,946	3,966,799	3,744,147	

출처: 통계청 국가통계포털.

1960년 전체 인구의 절반 가까이였던 아동 비율은 40년이 지난 2000년에 26%로 대폭 감소하였으며 이후 꾸준히 감소가 전망되어 2050년 이후에는 11% 선에 그칠 것으로 전망된다. 이는 곧장 노령화 사회로 이어짐을 알 수 있다. 아동인구의 절대적 감소와 지역별 구성비의 변화는 제도 마련 및 정책 수립, 프로그램과 서비스 제공, 재정 규모 등 아동복지 전반에 미치는 영향이 매우 크다고 할 수 있다.

표 3-2 아동인구 추계

	1960	1980	2000	2010	2020	2030	2040	2050
총인구	25,012	38,124	47,008	49,554	51,974	52,941	52,198	49,433
아동인구(천 명)	12,004	15,621	12,077	10,064	7,958	7,431	6,855	5,832
비율(%)	48.0	41.0	25.7	20.3	15.3	14.0	13.1	11.8

출처: 통계청 국가통계포털.

2. 아동건강

1) 신체건강

아동 비만율은 해를 거듭할수록 증가하는 것으로 나타났다. 2006년 전체 아동 비만율은 11.6%였으나 10년 후 2016년에는 22.9%, 이어서 2017년 23.9%, 2018년 25.0%까지 증가하였다. 특히 신체활동 감소와 패스트푸드 및 탄산음료 섭취량 증가로 인하여 전년도에 비해 1.1%포인트 증가하였음을 알 수 있다. 학교급별로는 고등 남학생이 29.1%로 가장 높고, 초등 남학생 26.8%, 중등 남학생 26.7% 순으로 높게 나타났다.

표 3-3 아동 비만율

		저체중군	정상군	비만군		
					과체중	비만
2016년		5.9	71.2	22.9	10.0	12.9
2017년		5.8	70.3	23.9	10.3	13.6
2018년		5.5	69.5	25.0	10.6	14.4
초	남자	4.9	68.3	26.8	11.3	15.5
	여자	6.0	72.9	21.1	10.2	10.9
중	남자	5.7	67.6	26.7	10.6	16.0
	여자	4.8	72.9	22.4	9.9	12.4
고	남자	6.3	64.6	29.1	10.7	18.4
	여자	5.2	69.7	25.1	10.4	14.7

출처: 통계청·여성가족부(2020). 2019 청소년통계.

2) 정신건강

수업 시간에 집중하지 못하여 산만하고, 선생님의 질문에 엉뚱한 대답을 하고, 교실을 돌아다니거나, 또래들과 다투는 아이들을 볼 수 있다. 또 지나치게 활동적이거나 반면 자극에 대한 반응이 전혀 없는 사례도 있다. 이런 아이들의 증상을 주의력결핍과잉행동장애(Attention Deficit Hyperactivity Disorder: ADHD)라고 한다. ADHD는 학령 전기 또는 학령기 아동들에게서 일반적으로 나타나는 소아정신과 질환 중 하나이다. 지속적인 주의력결핍(inattention), 과잉행동(hyperactivity), 충동성(impulsivity) 혹은 공격성(aggression)의 세 가지 주요 증상을 수반한다. ADHD 아동은 충동성, 공격성, 부주의 때문에 사회적 기술과 상호작용의 기회를 상실하게 되어, 사회적응이 어렵고 공감능력이 부족하여 친구관계를 형성하는 데 부정적인 영향을 줄 수 있다. 그 결과 ADHD는 학령기 아동의 학교부적응을 초래하거나 정상적인 학교생활 및 가정생활에 큰 지장을 야기한다.

ADHD 출현율 조사결과는 가변적이어서 연구자들에 따라 큰 차이를 보이고 있으나 아동의 약 5%가 ADHD를 노출하는 것으로 보고되고 있다. 최근에는 ADHD가 급속도로 증가하여, 연구에 따라서 1~10% 이상으로 다양한 출현율을 보여주고 있다. 특히 남아에게 많이 나타나는 장애로 간주 되는데, 적게는 남아가 여아와 비교해서 3배가량, 많게는 5배 이상으로 보고된다(교육부, 2015). 전문가들에 의하면 ADHD는 지능이나 성격과 전혀 상관없이 부분적인 뇌손상이거나 뇌기능을 활성화하는 신경물질의 이상으로 인한 일종의 신경질환으로 약물치료, 인지행동치료를 통해 정상화할 수 있다고 한다.

표 3-4 ADHD 진단기준

ADHD 진단기준(DSM-IV)		
	주의력결핍(Inattentive)	과잉행동/충동성(Hyperactive-Impulsive)
1	부주의로 실수를 잘함	손발을 가만히 두지 못하고 앉은 자리에서 계속 꼼지락거림
2	집중을 오래 유지하지 못함	제자리에 있어야 할 때 마음대로 자리를 이동
3	다른 사람 말에 경청하지 못함	안절부절하거나 가만히 있지 못함
4	과제나 시킨 일을 끝까지 완수 못함	집중을 하지 못하거나 활동에 조용히 참여하지 못함
5	계획을 세워 체계적으로 실행하는 데 어려움	끊임없이 움직임, 마치 모터가 달린 것처럼 행동함
6	지속적인 정신집중을 필요로 하는 공부, 숙제 등을 싫어하거나 회피하려 함	지나치게 말을 많이 함
7	필요한 물건을 자주 잃어버림	질문이 끝나기 전에 불쑥 대답함
8	외부자극에 의해 쉽게 정신을 빼앗김	차례를 기다리지 못함
9	일상적으로 해야 할 일을 자주 잊어버림	다른 사람의 활동에 끼어들거나 방해함
	이상 9개 중 최소 6개 이상이어야 함	이상 9개 중 최소 6개 이상이어야 함

출처: 구은미 외(2009). 21세기 아동, 청소년복지. p. 121.

3. 아동안전

1) 실종

아동이 부모로부터 격리되면 극도의 불안감과 스트레스를 경험할 뿐만 아니라 평생 심리적 충격으로 남기도 한다. 부모 또한 일상생활을 포기하고 실종아동을 찾는 일에 전념하게 되고 그 상황이 장기화할수록 죄책감과 우울 등 부정적인 감정, 경제적인 어려움, 가족 갈등 및 해체 등을 겪게 되어 사회적 문제로까지 이어진다.

1991년 개구리소년 사건 등 전국을 흔드는 아동 실종사건이 발생하자 국가 차원의 실종예방 및 실종아동 등의 조기 발견 대책이 마련되어야 할 필요성이 대두되었다. 실종아동 발생을 예방하고 신속한 가정 복귀를 도모하고자 2005년 실종아동 등의 보호 및 지원에 관한 법률(약칭: 실종아동법)이 제정되었다.

정부에서는 실종아동이 발생하였을 때 보호자의 신고, 상황 전파와 경보발령, 출입구 감시 및 수색 등의 규정을 포함한 실종아동 등 조기발견 지침을 마련하였다. 실종아동전문센터 위탁 운영을 통하여 실종아동 등 가족에게 의료비·상담비·부모활동비·전단제작 지원비 등을 지원하여 실종아동 가족에게 경제적 부담을 완화해 주고 있다. 또한 실종아동 가족을 위한 교육·상담 등의 프로그램 지원, 실종아동 발생예방을 위한 교육·홍보 강화 등의 노력을 기울이고 있다. 실종아동 신상카드, 유전정보 DB 구축운영, 실종아동가족 지원 등 실종아동 조기발견 체계구축 및 장기실종아동가족 지원을 통한 가족해체 예방을 주요 사업이 추진되고 있다.

표 3-5 실종아동 발생 및 복귀 현황(경찰청 182센터)

연도	총계		18세 미만 아동		장애인(지적·자폐·정신)	
	접수	미발견	접수	미발견	접수	미발견
2015	27,739	4	19,428	1	8,311	3
2016	28,412	8	19,870	5	8,542	3
2017	28,481	12	19,956	5	8,525	7
2018	30,861	22	21,980	10	8,881	12
2019	29,911	174	21,551	99	8,360	75

출처: 보건복지부 홈페이지.

2) 안전사고

아동이 건강하고 안정적인 삶을 누리며 성장하기 위해서는 그 기반으로서 아동의 안전을 보장할 수 있는 사회환경이 구성되어야 할 것이다. 그러나 우리 사회 여러 영역에서 아동 안전이 위협받고 있는 것이 현실이다.

통계청이 해마다 발표하는 사망원인통계에 의하면 아동 안전사고 사망자 수는 꾸준하게 줄어든 것으로 나타난다. 2003년 14세 이하 아동 안전사고 사망자 수는 1,015명이었으나 2013년 287명으로 크게 줄어들었다. 즉 2003년부터 2013년까지 10년 동안 14세 이하 아동 안전사고 사망자 수는 절반 이하로 감소한 것이다. 이와 함께 14세 이하 아동 10만 명당 안전사고 사망자 수도 2003년 10.57명에서 2013년 3.86명으로 현저하게 감소한 것으로 나타났다. 그러나 2013년 우리나라 아동 10만 명당 안전사고 사망자 수 3.86명은 주요 선진국들이 2005년에 이미 달성한 수치에 비하면 여전히 높은 수준이다. 2005년 아동 10만 명당 안전사고 사망자 수는 스웨덴 2.7명, 영국 3.3명, 독일 3.7명이었다(배화옥 외, 2015).

통계청 자료에 의하면 2019년 14세 이하 아동은 1,417명이 사망한 것으로 나타났으며 전체에서 0.5%를 차지하는 것이다. 2019년 질환이 아닌 비의도적 손상을 원인으로 사망한 아동은 240여 명으로 추산되며, 이는 전체 연령 가운데 1.0% 비중을 차지하고 있다(통계청 국가통계포털). 즉 아동은 성인에 비교하면 질병이 아닌 비의도적 손상으로 사망하는 수와 비율이 상대적으로 높은 것임을 알 수 있다. 아동 안전을 달성하기 위한 가장 효과성이 있는 대책으로는 아동을 대상으로 하는 안전교육의 강화이다. 아동기부터 안전에 대한 철저한 교육이 선행되지 않고서는 위급한 상황을 벗어나거나 적절한 대처 능력을 기를 수 없으며 결과적으로 안전을 보장받을 수 없기 때문이다.

표 3-6 14세 이하 아동 사망자수와 10만 명당 사망률

구 분	2007	2008	2009	2010	2011	2012	2013	2014	2015	2016	2017	2018
14세 이하 인구(천 명)	8,734	8,458	8,180	7,907	7,643	7,624	7,433	7,337	7,151	6,982	6,845	6,701
아동안전사고 사망자(명)	538	508	443	387	322	326	287	215	225	196	196	163
아동 10만 명당 사망자(명)	6.16	6.01	5.42	4.89	4.21	4.28	3.86	2.93	3.15	2.81	2.86	2.43

출처: 보건복지부 홈페이지.

표 3-7 사망원인별 아동 사망자수와 10만 명당 사망률(2019년)

	운수·기계		추락		익사		질식·화재		자살		타살	
	사망자수	사망률	사망자수	사망률	사망자수	사망률	사망자수	사망률	사망자수	사망률	사망자수	사망률
전연령	4,648	9.0	2,665	5.2	470	0.9	1,243	2.4	13,799	26.9	408	0.8
0세	4	1.3	3	1.0	2	0.7	18	5.9	0	–	15	4.9
1~4세	21	1.3	9	0.6	9	0.6	4	0.3	0	–	16	1.0
5~9세	22	0.9	8	0.3	7	0.3	4	0.1	2	0.1	20	0.9
10~14세	9	0.4	7	0.3	7	0.3	1	0.0	43	1.9	9	0.4
	56		27		25		27		45		60	

출처: 통계청 국가통계포털.

4. 아동과 가족

1) 저출산

아동을 둘러싼 환경 가운데 일차적이며 아동의 삶에 직접적인 영향을 미치는 환경이 바로 가족이다. 현재 우리나라 가족에게서 발견되는 가장 큰 사회적 문제가 바로 저출산이라고 할 수 있다. 저출산은 우리나라 아동인구가 줄어든 결정적인 원인이 된다. 저출산 현상에 영향을 미치는 직접적인 원인을 살펴보면 비혼 및 만혼 증대, 출산적령기 인구 감소와 출산 기피이다. 이러한 원인의 배경에는 여성의 교육수준 향상과 사회참여 증가, 결혼 가치관과 자녀 가치관의 변화, 자녀양육 비용의 증가, 청년 실업과 경기침체 등이 지적되고 있다.

(1) 합계출산율 저하

아동인구수 감소는 합계출산율 저하에서 바로 확인할 수 있다. 합계출산율이란 15~49세 가임여성 1명이 낳는 평균 출생아 수를 의미한다. 우리나라는 전 세계에서 합계출산율이 극단적으로 낮은 국가의 하나이다. 1970년 합계출산율은 4.5명이었으나, 1980년 2.8명, 1990년 1.6명, 2000년 1.47명, 2010년 1.23명으로 감소한 후, 2021년 현재 0.84명으로까지 떨어져 OECD 국가 중에서도 합계출산율이 1을 밑도는 유일한 나라가 되었다(통계청 국가통계포털). 합계출산율 0.84명이란 인구대체수준의 절반에도 못 미치는 '초저출산 국가'에 해당한다.

이러한 저출산 현상은 우리 사회를 지탱하는 데 필요한 인적 자원을 제공하지 못하는 심각한 인구문제를 낳을 수 있다. 또한 개별 가정에 자녀가 1명도 되지 않는다는 것으로 아동발달에 부정적인 영향이 없지 않다. 부모가 한 명의 아동에게 애정과 주의를 집중할 수 있는 긍정적인 면도 있지만, 형제자매를 통하여 사회화, 공정한 경쟁, 배려와 나눔을 배울 기회가 줄어들어 자기중심적 성격들이 노출되는 단점도 지적되고 있다.

(2) 결혼 가치관 변화

출산율 저하 현상의 일차적 원인은 미혼 남녀의 결혼 및 출산에 관한 가치관 변화에서 찾을 수 있다. 2018년 전국 출산력 및 가족보건·복지 실태조사에 의하면 20~44세 미혼 남녀를 대상으로 결혼의 필요성에 대한 태도를 질문한 결과, 미혼 남성은 '반드시 해야 한다'는 의견이 14.1%, '하는 편이 좋다' 36.4%, '해도 좋고 안 해도 좋다' 39.2%, '하지 않는 게 낫다' 6.6%로 나타났다. 반면 미혼 여성의 경우 '반드시 해야 한다' 6.0%, '하는 편이 좋다' 22.8%, '해도 좋고 안 해도 좋다' 54.9%, '하지 않는 게 낫다' 14.3%였다. 결혼에 대한 긍정적 태도의 응답률이 남성은 50.5%로 절반이 넘은 반면, 여성의 경우 28.8% 수준에 그치면서 부정적인 태도가 우세한 편이었다. 특히 2015년 조사결과와 비교하면 미혼 남녀 모두 결혼에 대해 긍정적인 태도가 줄어든 것으로 나타났다. 또한 이상적인 결혼 연령을 물은 결과, 미혼 남녀의 압도적인 비율이 30대 연령을 꼽고 있다. 남성의 경우 '30~31세' 29.4%, '32~34세' 29.3%, '35세 이상' 28.7%이고, 여성의 경우 각각 22.2%, 34.9%, 36.1%로 남성과 비교하면 이상적인 혼인 연령이 더 높은 것으로 나타났다(한국보건사회연구원, 2019).

이와 같은 변화는 만혼 비율을 증대시킨다. 성별 초혼연령을 살펴보면 1960년 남자 25.4세, 여자 21.6세였던 초혼 연령이 꾸준히 증가하여 2005년 남자 30.9세, 여자 27.7세였다가 최근 2020년에는 남자 33.3세, 여자 30.8

세로까지 상승하였다. 특히 여성의 초혼연령 상승은 여성의 교육수준 증가와 취업 확대, 자아 성취 욕구의 증대에 기인한 것으로 보인다. 초혼연령 상승에 따라 연간 혼인건수도 1980년 40만 3천 건이었으나 2000년 33만 2천 건으로 줄어들었으며, 이후 꾸준히 줄면서 2018년 257,622건, 2019년 239,159건, 2020년 213,502건으로 줄어들었다. 2020년 말 현재 인구 천 명당 혼인비율인 조혼인율은 4.2명에 불과하다(통계청 국가통계포털).

표 3-8 성별 평균 초혼연령 추이

연도	남	여
1960	25.4	21.6
1990	27.8	24.8
1995	28.4	25.3
2000	29.3	26.5
2005	30.9	27.7
2010	31.8	28.9
2015	32.6	30.0
2020	33.3	30.8

출처: 통계청 국가통계포털.

(3) 자녀 가치관 변화

결혼 가치관의 변화와 함께 자녀 가치관도 상당한 변화를 경험하였다. 현대 사회에서 자녀의 필요성은 과거 사회에 비교해서 상당히 감소하였기 때문이다. 과거 유교 사회에서 중시되던 가문의 계승이라는 전통적 가치가 스러지면서 자녀의 효용가치가 감소하게 되었다. 과거 농경사회와 달리 현대 산업사회에서는 자녀가 재화를 생산할 수 있는 경제적 효용가치 또한 감소하였기 때문이다. 더불어 가족중심주의 사고에서 부부 중심주의 사고로 변화하여 소자녀 혹은 무자녀 규범을 형성하게 된 것도 원인의 하나로 작용하고 있다.

이와 더불어 자녀의 자질을 향상하고자 높은 비용을 투입함으로써 생기는 자녀 양육비 부담은 저출산으로 이어진다. 특히 현대 사회에서 부모들이 경험하는 사회적 스트레스를 자녀가 경험하게 하고 싶지 않은 태도도 저출산으로 이어지는 주요 원인이 되고 있다.

2018년 전국 출산력 및 가족보건·복지 실태조사에 의하면 20~44세 미혼 남녀를 대상으로 자녀가 꼭 있어야 한다고 생각하는지 그 필요성에 대해 알아본 결과, 남성은 '있는 것이 없는 것보다 나을 것이다'라고 응답한 비율이 34.2%, '꼭 있어야 한다'고 응답한 비율이 33.6%, '없어도 무관하다'라고 응답한 비율은 28.9%로 나타난 반면, 여성은 '없어도 무관하다'는 비율이 48.0%로 매우 높고, 그 다음이 '있는 것이 없는 것보다 나을 것이다'라고 생각하는 비율이 28.8%, '꼭 있어야 한다'고 응답한 비율은 19.5%로 나타나 자녀의 필요성에 대한 태도에 있어서 남성과 여성의 분명한 차이를 확인할 수 있다(한국보건사회연구원, 2019).

2) 가족구조 변화

아동인구수 감소와 더불어 아동의 일차적인 보호와 양육을 책임지는 가족에게도 큰 변화가 나타났다. 대표적인 가족구조의 변화로 가족해체와 한부모가족의 증가, 가족구조의 다양화 등을 들 수 있다. 이러한 가족구조의 변화는 아동의 삶과 아동복지 정책 수립에 영향을 미치는 주요 요인이다.

(1) 가족해체

가족해체의 직접적인 원인은 이혼, 사별이지만 그 이면에는 경제적 침체로 인한 가구주 실업, 부부 갈등과 희박해진 가족 응집력 등이 작용하고 있다.

자녀가 있는 가족의 경우 이혼으로 인한 가족해체가 가장 많다. 특히 이혼이나 사별로 인하여 생성된 한부모가족의 경우 빈곤선 이하로 추락할 가능성이 커 예방대책이 요구된다.

가족해체는 장기적으로 자녀 출산과 가족형성에 부정적인 영향을 미치지만, 단기적으로는 한부모가족 등 해체가정에서 자라는 아동의 수가 늘어나는 것으로서 사회적 보호가 요구되는 아동의 수가 증가함을 의미한다. 또 가족해체는 가족기능과 역할의 축소를 의미하는데, 이는 자녀 양육을 대신해 줄 보육서비스에 대한 욕구가 증대됨을 의미하기도 한다. 이혼가정의 자녀들은 부모의 이혼에 따른 충격이나 스트레스로 문제행동을 노출하거나 학교 부적응을 드러내기도 하므로 이에 대한 복지적 관심도 필요하다고 하겠다(배화옥, 2010).

표 3-9 가구주 혼인상태별 가구수

연도	가구주	가구수(천 가구)	미혼	유배우	사별	이혼	여성가구주 비율
2000	전체	14,507	10.1	75.2	11.0	3.8	
	남성	11,824	7.5	88.5	1.9	2.1	
	여성	2,683	21.4	16.2	51.1	11.2	18.5
2010	전체	17,495	15.1	66.3	11.1	7.4	
	남성	12,926	12.2	81.2	2.4	4.2	
	여성	4,568	23.5	24.3	35.8	16.4	26.1
2020	전체	20,174	17.8	60.7	11.1	10.3	
	남성	13,803	14.8	76.4	2.6	6.1	
	여성	6,372	24.2	26.8	29.6	19.4	31.6
2030	전체	21,641	20.4	56.0	11.2	12.3	
	남성	14,117	17.6	71.4	3.3	7.7	
	여성	7,524	25.7	27.1	26.2	21.0	34.8

출처: 통계청 국가통계포털.

(2) 가족구조 다양화

가족해체와 더불어 가족구조도 점차 다양화되고 있다. 대표적 2세대 가족형태는 1970년 55.5%에서 1990년 74.1%까지 증가하였으나 2000년 73.1%, 2010년 66.7%로 줄어들었으며 2020년 62.1%, 2030년 59.9%로 점차 줄어들 것으로 예상된다. 특히 2세대 가족 가운데 부부+자녀로만 구성된 가족은 급격하게 감소하는 반면 한부모가족은 꾸준하게 증가하는 것으로 예상되고 있다. 특히 부자가정은 2000년 1.5%에서 2030년 3.3%로 두 배 이상 증가하며, 모자가정 또한 2000년 6.3%에서 2030년 7.6%로 증가할 것으로 전망된다.

한부모가족 외에도 계부모, 조손가정, 친인척 등과 사는 아동의 수와 비율도 꾸준히 증가하는 추세이다. 1인 가구도 대폭 증가한 것을 알 수 있으며, 그 밖에 비혈연가구나 집단가구도 증가하고 있다. 이와 더불어 평균 가구원 수도 지속적으로 줄어들어 1960년 가구당 5.6명이었던 것이 1990년 3.8명으로 줄어들었으며 2015년에는 2.53명으로 절반 가까이 줄어들었고 2045년에는 2.1명까지 감소할 전망이다. 평균 가구원 수의 감소는 자녀의 수가 그만큼 감소했다는 것을 의미한다. 그 원인에는 가족해체와 단독가구의 증가가 있다고 해석할 수 있다. 단독세대, 즉 1인 가구는 최근 가파르게 증가한 것을 볼 수 있는데 1990년 전체 가구 가운데 구성비가 9.0%였으나 2020년 기준 30.1%로 3배 이상 증가한 것으로 나타났다(통계청).

표 3-10 가족유형

		1세대		2세대							3세대	
연도	가구수 (천가구)	1인 가구	형제 자매 + 기타	부부	부부+ 자녀	부부+ 자녀+ 기타	부+ 자녀	모+ 자녀	부부+ 부(모) + 기타	조부 (모)+ 손 자녀	부부+ 자녀+ 부(모)	비 친족 가구
2000	14,507	15.5	1.9	12.3	48.2	0.7	1.5	6.3	3.4	0.7	8.3	1.1
2010	17,495	23.9	2.1	15.0	37.4	0.3	2.0	7.2	4.0	0.6	6.2	1.2
2020	20,174	30.1	1.8	16.9	27.8	0.4	3.0	7.9	5.6	0.6	5.7	1.2
2030	21,641	33.3	1.9	19.7	21.5	0.3	3.3	7.6	6.9	0.6	3.7	1.2

출처: 통계청 국가통계포털.

PART 02

아동복지 기초

CHAPTER 04

아동복지 이해

1. 아동복지 개념

1) 아동복지 개념

아동복지의 개념은 사회복지의 개념을 빌려서 정의할 수 있다. 사회복지는 인간의 욕구를 충족시키고 문제를 해결하려는 사회적 차원의 노력과 책임으로 정의하는데, 이에 따라 아동복지는 아동의 욕구를 충족시키고 문제를 해결하기 위하여 투입되는 사회적 차원의 노력과 책임으로 정의한다.

가장 고전적인 아동복지의 개념은 미국의 아동복지학자인 카두신(A. Kadushin, 1916~2014)이 정의한 것으로, 부모가 아동 양육의 책임을 제대로 이행할 수 없거나 아동에게 적절한 보호를 제공할 수 있는 능력이 되지 못할 때 국가와 사회가 가족기능을 강화, 보완, 대리하는 것이다(Kadushin, 1967: 4). 반면 현대적 아동복지의 개념은 아동의 기본적 욕구가 충족되며 아동에게 지속적인 양육, 보호, 지지를 제공하는 환경에서 자라고 성장할 기회를 마련한다는 포괄적인 의미를 띄고 있다. 아울러 부모와 가정이 아동의 기본적인 발달, 건강, 교육, 사회, 문화, 종교, 주거 욕구를 충족시킬 수 있는 역량을 갖추었을 때 아동복지라고 일컫기도 한다(Pecora et al., 2000: 5).

우리나라의 아동복지법 제3조(정의)는 아동복지를 '아동이 행복한 삶을 누릴 수 있는 기본적인 여건을 조성하고 조화롭게 성장·발달할 수 있도록 하기 위한 경제적·사회적·정서적 지원'이라고 규정하고 있다. 미국 보건복지부(Department of Health and Human Services: DHHS)는 아동을 보호하고, 발달을 진작시키고, 학대와 방임을 예방하며, 의존성을 극복하도록 도와주며, 가정으로부터 분리된 아동에게 적절한 보호를 제공하고자 부모의 양육능력을 보완하고 대리하는 사회적 서비스를 아동복지로 정의하였다. 같은 맥락에서 아동을 보호하는 가장 최상의 방법은 가족의 노력을 지지하고, 강화하고, 보완하는 것이 아동복지라고 천명하고 있다(Downs et al., 2004: 3). 이와 함께 아동의 발달과 삶의 질에 긍정적인 영향을 미칠 수 있도록 건강하고 지지적이며 강화된 지역사회를 구축하는 것을 목표로 삼고 있다.

이상을 요약하면 아동복지란 아동의 행복을 추구하기 위하여 아동의 욕구를 충족시키고 문제를 해결하기 위하여 제공되는 서비스와 제도를 말하며, 가정이 아동의 보호·양육·교육·사회화 욕구를 적절하게 충족시키지 못하거나 기능이 부족할 때 실행되는 사회제도 혹은 정책 및 서비스를 의미한다.

2) 아동복지 목표

우리나라의 아동복지법은 제1조(목적)에 아동복지의 목적을 '아동이 건강하게 출생하여 행복하고 안전하게 자랄 수 있도록 아동의 복지를 보장하는 것'이라고 천명하였다. 미국아동복지협회(Child Welfare League of America)는 '모든 아동이 안전하고, 안정되고, 자상한 부모에게서 자라는 것'을 비전으로 삼고 있다. 이에 따라 부모가 아동이 안전하고 안정된 가정환경을 제공하지 못할 때 혹은 아동이 필요로 하는 자원과 보호를 지역사회가 제공하지 못할 때 아동과 가족에게 사회서비스를 제공해야 함을 아동복지의 목표로 정하고 있다.

아동복지의 목표는 아동 안전, 아동의 욕구 충족, 안정된 가정환경 제공으로 크게 세 가지이다(Pecora et al., 2000). 구체적으로 살펴보면 아동복지의 가장 으뜸 목표는 아동의 안전이다. 아동은 어떠한 형태의 학대로부터 안전하게 보살핌을 받아야 하는데 이를 위해서 가정이 먼저 안정되어야 한다. 원가정에서 아동이 안전하게 보호받지 못할 때 일시적으로 위탁가정이나 시설보호로 옮겨가게 된다. 만약 아동의 안전이 극단적으로 위협될 경우 아동은 대체가정에서 영구적으로 생활하게 된다.

아동복지의 둘째 목표는 아동의 욕구 충족이다. 아동은 의식주와 같은 기본적 욕구가 충족되며 지속적인 양육, 지지, 격려를 제공하는 환경에서 자라고 성장하는 기회가 부여되어야 한다. 기본적 욕구가 충족되며 안정된 가정환경에서 보호를 받게 되면서 아동은 건강한 자아정체성, 사회화 기술, 대처능력 등을 깨친 후 건강하고 성숙된 시민으로 성장할 수 있다.

아동복지의 셋째 목표는 아동을 위한 안정된 가정이 마련되어야 한다. 부모와 가정은 아동의 기본적 욕구, 즉 아동의 발달, 건강, 교육, 사회, 문화, 종교, 주거 욕구를 충족시킬 수 있는 역량을 갖추어야 한다. 따라서 부모의 아동 보호기능과 안정된 가정을 지원하기 위해서 국가와 사회는 이를 지지하고 지원할 수 정책과 서비스를 제공할 책임이 있다. 결론적으로 아동복지의 가장 으뜸 목표는 아동의 안전과 보호를 위하여 안정된 가정환경을 마련하고 가족기능을 강화하는 것이라 할 수 있다.

3) 아동복지 의의

아동복지의 의의와 필요성은 아동의 기본적 생활 보장, 미래 인력의 보호와 육성, 사회문제 예방의 세 가지로 정리할 수 있다(이재연 외, 2017). 첫째, 아동복지의 의의와 필요성은 아동의 기본적 생활 보장이다. 즉 아동복지가 가장 필요한 이유가 아동의 기본적 생활을 보장해 주는 것이라 할 수 있다. 아동은 독립적인 성인으로 자라기까지 외부로부터의 보호와 양육이 절대 필요하다. 특히 영유아는 생존을 거의 외부로부터의 도움에 의존하게 된다. 산업사회 이전 아동 보호와 양육은 부모를 비롯한 가족의 책임이었으나 현대사회에 들면서 여성의 경제활동 참여, 다양한 가족구조의 출현 등 사회적 변화는 아동의 기본적 생활 보장의 책임이 가족에서 사회로 이전되게 하였다. 가족 해체와 같이 부모와 가족이 아동의 보호 및 양육기능을 다할 수 없을 때 아동의 건강한 발달과 안전한 보호를 위하여 사회가 그 기능과 역할을 담당해야 한다.

둘째, 아동복지의 의의와 필요성은 미래 인력의 보호와 육성이라고 할 수 있다. 아동은 나라의 미래를 이끌어갈 인적 자원이므로 아동이 건강하게 올바르게 자라도록 양육하고 교육하는 일은 미래 국가인력의 양성을 위한 적극적 투자이다. 이를 위하여 아동이 경제적 결핍이나 신체적 장애 등으로 불이익을 받지 않고 건전한 성장과 발달을 도모할 수 있도록 교육, 문화, 의료 지원을 제공해야 하며, 빈곤이나 장애로 인하여 기회가 박탈되거나 배제되지 않고 공평한 기회를 보장받도록 아동의 보호 및 교육에 대한 국가적 관심과 제도를 갖추어야 한다.

셋째, 아동복지를 실행함으로써 사회문제를 예방하는 것도 아동복지의 의의와 필요성 가운데 하나이다. 아동이 가진 기본적 욕구가 충족되지 못할 때,

빈곤 등으로 인해 물리적, 교육적, 문화적 박탈을 경험할 때 아동의 성장과 발달이 손상을 입어 신체적 장애나 정신적·정서적 장애를 낳거나 반사회적 문제행동 등을 노출할 수 있다. 이러한 손상과 장애는 이후 성인이 되어서 사회문제로 유발될 수 있으므로 가정이 아동의 기본적 욕구를 충족시키지 못할 때 국가와 사회로부터의 지원이 필요하다. 즉 아동복지 제도 및 프로그램을 마련함으로써 사회문제를 예방하는 것이 아동복지의 의의가 된다. 결론적으로 아동복지는 그 사회가 지지하는 아동의 가치와 아동을 발달하는 인간이자 미래 시민으로서 권리를 가진 존재로 인식하는지를 반영해 준다고 말할 수 있다. 아동복지는 결국 아동, 가족, 사회를 연결하는 중요한 역할을 하는 것이다(Downs et al., 2004).

4) 아동복지 유형

전통적으로 아동복지는 아동의 입양, 위탁, 시설 등 아동에게 직접적으로 제공하는 서비스를 의미하였다. 오늘날 현대적 의미의 아동복지는 전통적 서비스와 더불어 아동과 가족의 욕구를 충족시키고 이를 지원하기 위한 광범위한 정책과 프로그램을 말한다(Downs et al., 2004: 2-3). 이와 같은 차원에서 협의의 아동복지와 광의의 아동복지로 분류할 수 있다. 협의의 아동복지는 전통적으로 요보호아동에 대한 사후적 복지서비스를 말하며, 광의의 아동복지는 모든 아동과 가족을 대상으로 하는 체계적 복지서비스를 말한다. 즉 좁은 의미의 아동복지는 특수한 욕구를 지닌 아동과 가족을 대상으로 제공되는 복지서비스를 의미하고, 넓은 의미의 아동복지는 모든 아동의 신체적·정신적·심리적 발달을 도모하기 위하여 실행되는 정책 혹은 대책을 의미한다. 이러한 분류에 따라 아동복지는 사회복지의 영역 안에서 크게 두 가지 역할을 취하게 된다. 하나는 심각한 문제가 발견된 아동과 가족에게 직접적인 서비스를 제공하는 것이고, 다른 하나는 모든 아동의 전반적인 삶의 질과 복지수준을 증진시킬 수 있는 정책을 마련하는 것이다.

2. 아동복지 이념

1) 아동복지 이념 정의

이념어란 한 사회의 이데올로기, 즉 한 사회에 편만해 있는 사상을 의미한다. 아동복지 이념은 전체 사회 이데올로기의 하위 이데올로기로 아동과 관련된 한 사회의 가치나 신념체계를 일컫는다. 아동복지 이념은 아동과 아동문제를 바라보는 관점이라고 할 수 있다. 따라서 아동복지 이념은 아동의 복지와 삶의 질을 위하여 가족과 국가 간의 책임 소재와 책임 강도를 정하고 이에 따라 개입 정도와 방식, 관련법 제정과 제도 시행 등에 대한 가치체계를 제공하게 된다.

대한민국헌법과 아동복지법은 아동복지 이념을 명시하고 있다. 헌법 제10조는 '모든 국민은 인간으로서의 존엄과 가치를 가지며, 행복을 추구할 권리를 가짐'을 명시하였으며, 제34조는 '모든 국민은 인간다운 생활을 할 권리를 가지며, 국가는 여자, 노인, 청소년의 복지향상을 위하여 사회보장·사회복지의 증진에 노력할 의무를 짐'을 명시하여 아동도 인간으로서의 존엄과 가치를 가지며, 행복을 추구할 권리를 가지고, 인간다운 생활을 할 권리가 있음을 밝히고 있다.

아동복지법은 제1조에서 아동이 건강하게 출생하여 행복하고 안전하게 자랄 수 있도록 아동의 복지를 보장하는 것을 아동복지의 목적으로 명시한 후, 제2조에서 아동복지의 기본 이념으로 무차별 원칙, 가정과 행복권, 아동이익 최우선 원칙, 보호와 지원받을 권리를 명시하였다.

아동복지법 제2조(기본 이념)

① 아동은 자신 또는 부모의 성별, 연령, 종교, 사회적 신분, 재산, 장애유무, 출생지역, 인종 등에 따라는 어떠한 종류의 차별도 받지 아니하고 자라나야 한다.
② 아동은 완전하고 조화로운 인격발달을 위하여 안정된 가정환경에서 행복하게 자라나야 한다.
③ 아동에 관한 모든 활동에 있어서 아동의 이익이 최우선적으로 고려되어야 한다.
④ 아동은 아동의 권리보장과 복지증진을 위하여 이 법에 따른 보호와 지원을 받을 권리를 가진다.

대한민국 어린이헌장 또한 모든 어린이가 차별 없이 인간으로서 존엄성을 지니고 나라의 앞날을 이어나갈 사람으로 존중되며 아름답고 씩씩하게 자라야 함을 이념으로 명시하고 있다. 어린이헌장 본문 가운데는 아동이 건전하게 태어나 따뜻한 가정에서 자라야 하며, 영양, 치료, 환경, 문화, 놀이와 오락을 제공받으며 건강한 민주 시민으로 자라야 함이 명시되어 있으며, 학대나 버림, 착취로부터 보호받아야 한다는 이념을 내포하였다.

2) 아동복지 이념 비교

아동복지 이념은 한 사회의 역사와 문화와 같은 시대적 배경 속에서 발달하여 왔기 때문에 변화를 거듭하였다. 따라서 현대 아동복지의 이념은 과거 아동복지의 이념에 비해 상당한 차이가 드러난다. 학자에 따라 조금씩 차이는 있을 수 있으나 아동복지의 이념은 국가-가족-아동 간의 관계 특성을 기준으로 크게 자유방임주의, 국가부권주의, 가족중심주의, 아동권리주의로 구분된다.

자유방임주의(laissez-faire and patriarchy) 국가의 최소한(minimum) 역할을 핵심으로 한다. 자유방임주의 국가는 최소한의 역할만 감당하게 된다. 국가의 개입은 개인의 자유에 대한 억압과 간섭이므로 가정과 아동에 대해 불간섭주의 태도를 보인다. 아동의 우선 책임은 부모에게 둔다. 따라서 자녀 양육의 책임자인 부모의 권리를 중시하며 그 결과 가부장제를 강화한다. 정상적인 가정에 구성원으로 존재하는 한 아동의 이익은 보장된다고 보고 국가는 가정이 아동을 보호해 주지 못하는 극단적인 상황에만 개입하게 된다. 자유방임주의는 아동의 문제가 부모의 심리적 결함이나 경제적 어려움 등을 원인으로 발생한다고 본다.

가족중심주의(pro-family/defence of the birth family) 가족의 보호 및 유지에 초점을 둔다. 즉 아동보다 가족 자체에 초점을 둔다. 아동을 부모 및 가족과 분리해서 보지 않으며 그에 따라 부모와 아동의 복지를 분리하지 않는다. 아동이 누릴 수 있는 최상의 이익은 친부모의 양육을 받는 것이라고 본다. 따라서 원가정을 가장 중요하다고 보고 아동과 부모의 혈통적 유대에 초점을 두어 다양한 종류의 서비스를 제공한다. 대리적 서비스보다 가족의 보호와 유지를 위하여 지지적 서비스를 제공하게 된다. 아동이 불가피하게 가정 외 보호를 받게 되는 경우 국가는 아동이 원가정으로 돌아갈 수 있도록 가족을 지원해야 한다고 보는 것이다.

국가부권주의(state paternalism) 아동복지란 아동의 욕구를 최적(optimum) 충족시키는 것을 의미하므로 광범위한 국가의 개입이 요구된다. 부모의 양육 능력이 부족할 때 아동의 보호와 양육을 위해서 국가의 적극적인 개입을 인정한다. 부모의 복지보다 아동의 복지를 더 중요시하게 생각하여 아동의 양육과 보호를 위하여 아동의 권리를 강조한다. 국가부권주의는 아동을 부모나 가족과 구별되는 독자적 존재로 간주한다. 따라서 부모와 자녀 사이 혈통적 유대보다 심리적 유대를 중시함으로써 친부모에게 문제가 발생했을 경우 대리 보호자에게 아동의 보호를 위임하는 것이 낫다고 판단한다. 입양이나 위탁 등 대리적 서비스를 강조하게 되며, 특히 입양은 아동보호를 위한 최종 해결책으로 본다.

아동권리주의(children's rights and child liberation) 아동을 성인과 같은 자유와 자율성을 가진 독립된 존재로 보고 아동권리의 극대화(maximum)를 주장한다. 아동에게도 시민의 권리를 부여함으로써 아동이 성인으로부터 독립하도록 국가가 보장해 주어야 한다는 관점이다. 성인이나 국가의 통제는 아동의 사고, 감정 등을 무시하는 것이기 때문에 이를 배격한다. 따라서 성인과 국가는 아동의 자유로운 행동을 허용하고 존중해 주어야 한다. 아동권리의 개념은 보호나 복지보다 자유, 자기결정, 자율성을 의미하므로 국가는 아동의 권리 확보를 위해 적극적이어야 하나 최소한의 개입과 통제를 구사해야 한다.

표 4-1 아동복지 이념 비교

구분	자유방임주의	가족중심주의	국가부권주의	아동권리주의
아동에 대한 시각	의존적 존재	의존적 존재	성인과 다른 존재	성인과 같은 존재, 자율권과 선택권 소유
아동문제의 원인	부모의 심리적 결함	가족	빈곤, 자원의 결여, 사회환경 원인	부당한 처우, 인권침해
가족	핵가족 선호	혈연관계, 친족 및 확대가족 고려	친부모와 무관, 양부모 등 대안가족 강조	아동의 선택에 따른 대안가족, 지역사회 혹은 집단가정
아동복지	부모·자녀 간 심리적 안정	친부모에 의한 양육, 가족지지 중시, 가족 자체가 복지의 대상	아동이익의 최우선	시민권 개념 아동자유의 극대화
아동보호의 책임	부모(1차)	부모(1차) 〉 국가(2차)	부모(1차) 〈 국가(2차)	국가개입에 회의적
국가의 개입정도	최소한 개입 (불간섭주의)	아동의 최저욕구 충족	광범위한 개입(간섭주의), 아동의 최적 욕구 충족	최소한 개입, 아동권리증진에 역점
개입방식	미시적 실천, 심리치료, 원조기능 강조	예방적, 지지적 서비스 강조	대리적 서비스 (입양, 위탁보호 등)	권리증진, 권리부여
권리의 개념	부모권리 중시	친권 강조	아동권리 강조	아동 자기결정권 강조

출처: 배화옥(2010). 아동과 복지. p. 80.

3. 아동복지 전제 요건

아동복지를 구현하기 위하여 아동, 부모, 환경 등 여러 측면에서 통합적으로 접근하는 것이 필요하다. 아동복지의 구현을 위해서 먼저 필수적인 요건이 갖추어져야 할 것이다. 국내외 관련 법령과 학자들은 아동복지를 실행하기 전 갖추어야 할 전제 요건을 몇 가지 영역으로 제시하고 있다. 이를 종합하여 보면 가정, 소득, 건강, 교육, 노동, 놀이의 여섯 가지로 정리할 수 있다.

표 4-2 아동복지 전제 요건 정리

연도	법령 및 학자	전제 요건
국제	유엔아동권리국제협약	가정환경 및 대안양육, 생활수준, 보건서비스, 교육, 여가, 오락활동, 문화, 장애아동
국내	어린이헌장(1988)	건전한 가정, 영양, 질병 예방과 치료, 환경, 평등한 교육, 문화, 놀이와 오락, 유해 환경·학대·노동로부터의 보호, 장애아동 보호
	아동복지법(2000)	가정환경, 장애아동 권익, 교육, 안전 및 건강지원, 경제적 지원, 사회적 지원, 정서적 지원, 놀이활동
국외	Pecora et al. (2000)	건강, 교육, 안전, 소득과 고용, 주택, 가족
	Downs et al. (2004)	경제적 보장, 의료보호, 교육, 사회환경, 다문화성
국내	이순형 외(2011) 오정수·정익중(2017) 공계순 외(2019)	안정된 가정과 부모, 경제적 안정, 교육, 보건과 의료, 복지서비스, 교육, 놀이와 여가, 유해노동으로부터의 보호, 특별보호

특히 2002년 개최된 미국의 아동가족통계기관간연합포럼(Federal Interagency Forum on Child and Family Statistics)은 경제적 보장, 의료보호, 교육, 행동과 사회환경, 다문화성의 5가지 영역을 아동복지가 갖추어야 할 전제 요건인 동시에 추구해야 할 목표로 삼았다. 동시에 이러한 전제 요건을 갖추는 데 기준으로 삼을 지표를 선정한 바 있다(Downs et al., 2004).

표 4-3 아동복지 전제 요건과 지표

전제 요건	지표
경제적 보장	빈곤아동과 가구소득, 부모의 안정적인 고용, 주거
	식품 보장과 식품의 질, 보건의료에의 접근성
의료보호	일반적 건강수준, 활동제한 정도
	면역과 접종, 신생아 저체중, 영아사망률, 아동사망률, 10대 출산율
교육	부모 문해력

	조기보육과 조기교육, 기초 산수와 국어 성취도
	고등학교 진학률과 졸업률, 비진학 학생 수, 대학진학
사회환경	음주와 흡연
	범죄 혹은 폭력 피해아동과 가해아동
특수욕구	다문화성

출처: Downs et al.(2004). Child Welfare and Family Services: Policies and Practice. p. 11.

1) 가정

아동의 성장에 있어 부모와 가정은 대체될 수 없는 고유한 기능이다. 가정은 아동의 보호, 교육, 보건의료 욕구를 충족시키는 일차적 사회제도이자, 아동의 환경을 구성하는 핵심적 요소이다. 가정은 아동의 보호와 복지를 제공하는 중심 역할을 맡는다. 아동복지의 전제 요건 가운데 안정된 가정은 필수적이다. 가정에서 아동은 기본적으로 생리적 욕구를 충족시키며 정서적 인간관계의 형성과 사회화 습득 등 이차적 욕구를 충족시킨다. 특히 산업화 이전의 가정은 아동의 보육과 교육을 전적으로 담당하던 장소였다. 따라서 안정된 가정이 마련되지 않으면 성장기 아동은 충분한 보호, 양육, 교육을 받을 수 없게 되고 건강한 성인으로 자라는 데 손상을 입을 수 있다.

산업화 이후 자녀의 보호와 양육 책임이 점차 국가 및 사회로 이전되었으나 가정은 여전히 사회를 지탱하는 가장 기초적 단위로서 기능하고 있다. 경제침체와 더불어 증가하는 가족해체는 가정의 안정성을 크게 위협하는 요인으로 작용하고 있다. 자녀 가치관의 변화, 부모의 양육기술 미흡으로 인하여 아동학대 등 가정에서 아동의 안전을 위협하는 일이 자주 발생한다. 안정된 가정을 지원하기 위하여 가족기능을 지지하고 보완하는 정책 및 서비스가 제공되어야 한다. 일반가정을 지원하는 예방적 및 제도적 정책으로는 누리사업과 같은 보육 정책이 있으며, 위기가정을 지원하는 사후적 복지서비스로는 가족상담, 가족치료, 가족지원서비스 등이 있다.

2) 소득

안정된 가정을 위하여 일차적으로 경제적 안정, 즉 최저한의 소득이 보장되어야만 한다. 경제적 불안정은 아동의 기본적 욕구를 충족시킬 수 없는 빈곤을 낳는다. 빈곤은 가족 구성원 모두에게 영향을 미치나 잠재적인 악영향을 고려하면 성장기 아동에게 끼치는 폐해가 가장 크다. 아동의 신체적 성장과 발달을 저해하는 직접적인 요인이 될 뿐만 아니라, 심리적·정서적 발달 손상, 교육 기회 박탈 등 여러 측면에 부정적 요인으로 작용하기 때문이다.

특히 빈곤은 가족해체의 주요 요인이 되고 있다. 가구주 실직은 이혼·가출로 이어지며 그에 따라 한부모가족이나 조손가정의 비율이 증가하게 된다. 경제위기와 사회 양극화, 해체가족의 증가는 사회적 보호와 지원이 요구되는 빈곤아동의 수를 증가시킨다. 빈곤아동에 대한 개입이 빠를수록 아동의 인지적 및 심리사회적 발달이 제대로 이루어져 성인기에도 정상적인 삶을 살 수 있지만, 개입이 늦어지면 의존성을 키워 사회가 짊어져야 할 부담이 가중될 수밖에 없다. 빈곤아동을 지원하는 정책으로 아동수당과 가족수당 등의 소득보장이 있을 수 있다. 대부분 빈곤아동은 국민기초생활보장법을 근거로 기본적인 경제적 보장을 받고 있다.

3) 교육

대한민국헌법 제31조는 모든 국민이 균등하게 교육을 받을 권리가 있으며,

아동에게 법률이 정하는 교육을 받게 할 권리가 있음을 명시하고 있다. 아동은 아동이 가진 능력, 필요, 흥미 수준에 따라 적절한 교육 기회가 부여되어야 한다. 교육은 아동의 잠재력이 최대한 발휘될 수 있도록 사회적 기회를 보장하는 것을 의미한다. 교육은 단순한 지식의 전수뿐만 아니라 아동의 전인격적 성장을 목표로 삼아야 한다. 따라서 아동은 경제적 조건이나 사회적 신분 등을 이유로 균등한 교육 기회로부터 배제되어서는 아니 된다.

2004년 아동복지법 개정과 함께 지역아동센터는 빈곤아동을 대상으로 교육과 문화사업을 개진하는 동시에 학령전기 아동에게 보육서비스를 제공한다. 2007년 교육부는 교육복지우선지원사업을 도입하였는데, 교육복지우선지원사업이란 교육·문화적 여건이 상대적으로 열악한 저소득층 등 교육취약계층 학생이 밀집한 학교를 대상으로 학교와 지역사회가 연계하여 교육·문화·복지 등의 통합적인 지원을 함으로써 교육취약계층 학생의 실질적인 교육기회를 보장하고 교육격차를 해소하는 사업이다. 빈곤아동 및 저소득층 아동의 교육기회 확충을 목표로 삼고 아동의 학습지원과 학력증진을 위한 프로그램을 실행하고 있다.

2008년 보건복지부 주도로 드림스타트(Dream Start) 사업을 시행하여 오고 있다. 드림스타트는 미국이 1964년부터 저소득가정의 아동을 위하여 오랫동안 실행해 온 헤드스타트(Head Start) 사업을 벤치마킹한 것이다. 헤드스타트는 빈곤아동이 일반아동에 비해 인지능력과 학습능력이 뒤처지는 것을 보완하기 위해 취학 준비, 교과목 지도 등을 내용으로 하는 대표적인 빈곤아동 교육지원 정책이다. 드림스타트 사업의 실행목표는 빈곤아동 개개인의 능력을 함양하여 공평한 출발기회를 보장하는 것이다. 아동에게 건강·복지·보육 등 전문적 통합서비스를 제공하여 아동의 전인적 발달을 지원하고 있다.

균등한 교육 기회를 언급할 때 장애아동이 포함된다. 현재 우리나라는 의무교육과 무상교육을 통해 장애아동의 교육권을 보장하고 있다. 장애아동을 위한 교육시설이 확대되어야 하며, 장애의 유형과 정도에 따라 다양한 교육 내용의 개발과 적절한 교육 방법이 활용되어야 할 것이다. 이로써 장애아동이 가진 잠재능력을 최대한 발휘할 수 있도록 하여 이들이 자립하여 사회에 참여할 수 있도록 지원해야 한다.

4) 건강

아동복지법 제1조는 아동이 건전하게 출생하여 행복하고 건강하게 육성되도록 복지를 보장할 것을 명시하였다. 아동은 건강한 성인으로 자라기까지 질병으로부터 보호받고 최상의 건강 수준을 누릴 수 있어야 한다.

아동건강은 출생 후 성장기뿐만 아니라 출산 전 태아기 건강과 모성건강까지 고려해야 한다. 모성건강은 아동건강과 직결되어 있다고 할 수 있다. 특히 산모의 영양상태, 건강 수준에 따라 장애를 입은 신생아가 태어날 수도 있기 때문이다. 아동의 건강을 위한 대책으로는 모자보건법에 근거한 모자보건사업이 있는데 모성건강을 보장하고 건강한 아동의 출산과 양육을 도모하는 것이다. 지방자치단체는 모자보건기구를 보건소에 설치하여 임산부의 산전·산후관리 및 분만관리와 응급처치, 영유아 건강관리와 예방접종, 모성 생식건강 관리와 건강증진 프로그램 개발, 심신장애아 발생 예방과 건강관리 등을 담당하게 하고 있다.

아동의 건강은 신체적 건강뿐만 아니라 정신적·정서적 건강도 포함한다. 보건복지부는 심각한 사회문제로 대두되고 있는 아동·청소년의 우울증, 자살, ADHD, 인터넷 중독 등 정신건강 문제에 대처하기 위하여 전국에 정신건강복지센터를 운영하면서 만 18세 이하 아동·청소년을 대상으로 정신건강증진사업을 시행하고 있다.

5) 놀이

놀이와 오락은 아동이 신체적 활동과 정서와 감정 표출의 통로가 되어 아동이 건강하고 건전하게 성장할 수 있도록 도와준다. 어린이헌장 제5조는 아동에게 즐겁고 유익한 놀이와 오락을 위한 시설과 공간을 제공해야 할 것을 명시하였다. 아동은 놀이를 통하여 신체활동과 인지기능의 진작, 또래와의 관계형성과 사회화, 정서적 및 심리적 교류를 습득할 수 있다. 또한 놀이는 효과적인 학습의 장이 되기도 한다.

모든 아동에게 적절한 놀이기회, 놀이장소, 놀이시설, 놀이도구가 다양하게 제공되어야 한다. 아동복지법 제52조 7항은 아동전용시설의 설치를 규정하고 있다. 아동전용시설에는 어린이공원, 어린이놀이터, 아동회관, 체육·연극·영화·과학실험전시시설, 아동휴게숙박시설, 야영장 등 아동에게 건전한 놀이와 오락, 그 밖의 각종 편의를 제공하여 심신의 건강유지와 복지증진에 필요한 서비스를 제공하는 것을 목적으로 하는 시설이다.

우리나라 아동들은 또래들과 놀 수 있는 놀이장소와 놀이시설이 절대 부족할 뿐만 아니라, 어릴 때부터 입시 위주의 학원교육과 사교육에 얽매여 놀이기회가 절대적으로 박탈당하고 있다. 지역사회의 어린이놀이터는 안전기준 미흡 및 관리 소홀로 각종 사고 위험에 노출되어 있음이 언론에서 자주 지적하고 있다. 컴퓨터 게임, 스마트폰과 인터넷 이용이 거의 모든 아동의 주요 놀이 수단이 되고 있으며 중독에 빠져드는 비율도 높은 것으로 나타나고 있다 (통계청·여성가족부, 2020).

6) 특수욕구

이상에서 살펴본 바와 같이 모든 아동이 안정된 가정, 소득, 균등한 교육기회, 건강 수준, 놀이와 여가활동을 보장받아야 하는데 이를 위하여 보편적 복지제도가 마련되어야 한다. 아동 가운데는 특수욕구를 가진 아동들이 있어 이들을 대상으로 선별적 복지서비스도 제공되어야 할 것이다. 특수욕구를 가진 아동으로 장애아동이 대표적이나 다문화가정 아동, 새터민 아동, 재소자 아동, 미혼모 아동 등도 특수한 욕구를 가진 아동으로 복지적 관심이 요구된다고 하겠다.

4. 아동복지 일반원칙

아동의 욕구를 충족시키고 아동이 건강하고 건전하게 자랄 수 있도록 가정, 지역사회, 국가는 다양한 서비스, 프로그램, 정책을 개진하여 아동복지를 실천하게 된다. 아동복지를 실천하고자 할 때 보편적으로 적용되는 원칙들이 있는데 각 원칙은 독자성을 지니고 있으면서 서로 유기적 관련성이 있다(이재연 외, 2017; 공계순 외, 2019; Downs et al., 2004; Pecora et al., 2000).

1) 권리와 책임 원칙

아동복지의 권리와 책임 원칙은 아동, 부모와 가족, 국가와 사회 모두가 권리와 책임이 있다. 어느 한 주체만이 책임을 지는 것이 아니라 유기적인 관계를 맺으며 조화롭게 분담해야 한다. 아동은 기본적인 생리적 욕구가 충족되고, 건강하게 성장하고 발달하며, 교육과 문화생활을 누리면서 자기 정체성을 확립할 권리가 있다. 이러한 아동권리를 바탕으로 아동복지의 실천이 이루어져야 한다. 아동권리에 대한 인식과 함께 아동 역시 자신의 성장과 발달에 대한 책임을 져야 한다. 아동은 보호의 대상만이 아니라 권리에 대한 적극적 주체로서 책임이 강조되는 것이다. 즉 아동은 독립된 인격체로서 자신의 성장과 발달을 능동적으로 지향해야 한다는 의미이다.

아동의 보호 및 양육의 일차적 책임은 부모에게 있다. 부모는 아동을 가정에서 건강하고 안전하게 양육하여야 한다. 이를 위하여 아동을 위한 재정적 지원, 신체적 보호, 정서·심리적 지지 등 다양한 책임이 뒤따른다. 아동에게 또한 부모는 재산상속권이나 면접교섭권과 같은 부모로서 권리도 구사할 수 있다. 그러나 부모가 아동의 보호와 양육기능을 제대로 하지 못하거나 부적절한 양육 태도를 가질 때 친권 박탈과 같이 부모의 권리를 제한할 수도 있다. 따라서 부모가 책임 역할을 잘 수행할 수 있도록 국가와 사회의 직·간접적 지원이 뒤따라야 할 것이다.

시대의 변화와 함께 아동복지의 책임이 부모로부터 점차 국가와 사회로 이양되고 있으며 그 비중도 커지는 추세이다. 아동의 복지를 위하여 국가와 사회가 어느 정도 권리와 책임을 행사하는가에 따라 아동복지의 수준과 질이 결정된다. 즉 국가와 사회가 아동을 바라보는 관점, 아동복지에 대한 이념, 아동권리 인식 정도, 아동복지를 실천할 수 있는 재원의 양이 아동복지 제도와 프로그램의 구성 등에 막대한 영향을 미친다. 국가와 사회는 입법, 과세 등 거시적 측면에서 권리와 책임을 행사한다. 미시적 차원 혹은 실천적 차원에서는 가족 상담과 치료, 시설보호서비스와 같이 부모의 아동의 양육 및 보호기능을 지지하거나 보완하거나 대리하는 서비스를 제공하기도 한다.

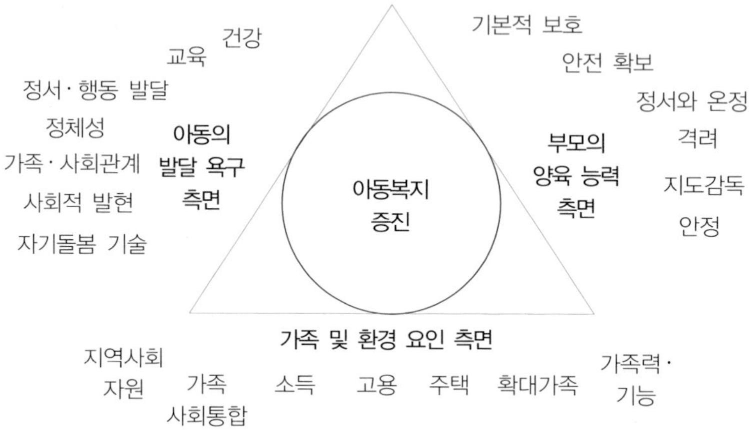

그림 4-1 아동복지의 주체별 권리와 책임

출처: Pecora et al.(2000). The Child Welfare Challenge. p. 72.

2) 보편성과 선택성 원칙

모든 아동과 가족의 욕구를 충족시키기 위해서는 고용, 보육, 주택 등과 같이 포괄적인 서비스를 제공하여야 하며, 아동학대와 같은 특정 문제 혹은 특정 집단을 대상으로 할 때 집중적인 서비스를 제공함으로써 부족한 자원의 효용을 높일 수 있다.

보편성의 원칙은 아동의 개인적 특성이나 부모의 사회경제적 특성에 상관없이 모든 아동에게 균등한 서비스를 제공해야 한다는 원칙이다. 보편성의 원칙은 사회복지의 이념 가운데 평등을 추구하는 것이며 예방적 차원이다. 보편성의 원칙에 따르는 제도로는 아동수당이나 가족수당이 대표적이다. 우리나라에서 교육기본법에 따라 실시하는 의무교육과 영유아보육법에 따라 실시하는 보육아동의 무상교육도 이 원칙에 해당한다. 그러나 모든 아동을 대상으로 보편성의 원칙을 적용하는 것은 막대한 복지비용이 소요된다.

선택성의 원칙은 대상자가 가진 특성이나 조건에 따라 제한적인 서비스를 제공하는 것이다. 선택성의 원칙은 일시적이고 보완적이며 사후적 특성을 가진다. 서비스 제공의 근거는 부모의 아동 양육 및 보호 능력이다. 즉 부모의 부재나 빈곤, 장애, 학대 등과 같이 위기가정의 아동에게 선별적으로 복지서비스를 주는 것이다. 선택성의 원칙에 따르는 제도로 저소득층 가정 아동을 위한 보육료감면제도, 위기가정 아동에 대한 긴급지원, 아동발달계좌(Child Development Account, 디딤씨앗통장) 등이 있다. 아동복지를 완전하게 구현하기 위해서는 보편성의 원칙과 선택성의 원칙이 모두 적용되어야 할 것이다.

3) 예방과 치료 원칙

예방 원칙은 아동문제를 미연에 방지함으로써 문제의 확대를 방지하고 아동복지를 구현하고자 하는 원칙이다. 여기에는 아동문제도 예방 가능하다는 전제가 깔려있다. 주로 사회적 제도적 접근으로 이루어지며 아동학대 의무신고와 같은 제도가 예방 원칙에 따르는 것이다. 치료 원칙은 아동에게 문제가 발생하였을 때 치료와 상담 같은 사후서비스를 적시에 제공하는 것이다. 예방 원칙에 비해 치료 원칙은 개별적 접근방식으로 이루어진다. 장애아동의 진단과 치료나 피학대아동의 치료와 보호에는 이 원칙이 적용된다. 모든 위기가정이 반드시 사후 치료서비스를 필요로 하는 것은 아니다. 따라서 서비스가 딱히 필요하지 않은 위기가정은 고용, 보육, 주택과 같은 포괄적인 서비스를 제공함으로써 위기를 예방해야 하며, 위기가 발생했을 경우 조기 개입이 가장 결정적이다.

4) 개발 원칙

개발 원칙은 아동의 능력과 잠재력을 최대한 발휘하도록 지원하여 아동의 발달을 도모하는 것이다. 모든 아동이 대상이 되지만 특히 장애아동이나 빈곤아동과 같이 특수욕구를 가진 아동이 대상이 된다. 장애인복지의 기본원칙 가운데 장애아동의 발달보장 추구의 원칙이 있다. 이 원칙은 장애아동이 가진 잠재능력을 개발하여 아동의 발달을 극대화하여야 한다는 것이다. 이를 통하여 장애아동의 발달을 지지하고 자립과 사회통합의 가치를 실천할 수 있다고 본다. 또한 빈곤아동의 경우 빈곤으로 인한 열악한 환경이 아동의 성장과 발달을 저해하고 학업성취를 가로막아 성인이 된 후 성공적인 사회생활을 하는 데 어려울 수 있다. 따라서 빈곤아동에 대한 개입이 빠를수록 아동의 인지적 및 심리사회적 발달이 가능하여 성인이 된 후 정상적인 직업생활, 사회생활을 영위할 수 있는 것이다.

5) 포괄성과 개별성 원칙

포괄성의 원칙은 아동의 욕구와 문제의 다양성과 우선성을 고려하여 복지서비스를 제공하는 것을 말한다. 아동의 욕구나 경험하고 있는 다양한 요인들이 복잡하게 연계되어 있으므로 이에 대한 종합적 접근이 필요하다. 장애아동의 경우 장애 특성에 따라 의료, 심리, 직업 등 다양한 재활서비스가 필요하고, 장애아동을 보호하는 가족의 경제적 부담과 정서적 및 관계적 문제를 해결하기 위해서는 가족지원서비스가 필요하다. 따라서 장애아동의 다양한 욕구를 충족시키기 위해서는 어느 한 영역의 접근만으로는 어렵고 포괄적 서비스가 필요하다. 따라서 아동과 가족이 필요로 하는 다양한 욕구를 충족시킬 수 있도록 지역사회 내 관련 기관 간의 연계망을 구축하고 통합적 서비스를 제공해야 한다.

개별성의 원칙은 개개 아동의 발달 정도가 다르며 가정환경에 차이가 있음을 고려하여 아동의 특성에 맞추어 개입이 이루어져야 한다는 원칙이다. 빈곤아동의 경우 소득수준과 가구주의 취업 여부에 따라 극빈층, 차상위층, 저소득층, 근로빈곤층 등으로 구분할 수 있고, 부모의 유무 및 가족구조에 따라 양부모가정, 한부모가족, 조손가정으로 분류될 수 있다. 즉 아동의 사회경제적 및 가족 특성에 따라 맞춤 복지서비스를 제공하여야 할 것이다.

아동의 문화적 배경을 존중하는 것도 개별성의 원칙이 적용되는 것이다. 아동복지의 효과는 아동의 다양한 문화적 특성을 고려하는 프로그램과 정책을 실행함으로써 얻어질 수 있다. 다문화아동을 대하는 사회복지사의 태도와 행동강령이 확인되어야 하며, 모든 다문화아동이 아동복지 서비스 접근성, 이용가능성, 수용성, 질적 우수성이 보장되어야 한다.

6) 아동보호와 가족보존 원칙

아동보호를 강조하다 보면 가족이 분리될 가능성이 커지지만, 아동이 학대와 같은 위기 상황에 놓여 있음에도 불구하고 가족보존을 강조하다 보면 아동이 그 상황에서 벗어나지 못할 수 있다. 특히 우리나라에서는 부모의 친권 박탈이 쉽지 않아 학대 가정으로부터 아동을 분리하지 못하여 학대 재발 피해가 계속될 수밖에 없다. 다른 한편에서는 아동을 가정으로부터 분리하여 대체가정이나 시설보호에 두는 것이 오히려 위기 상황을 만들고 아동복지를 저해하기 때문에 가족기능을 지지하는 방식의 가족보존 원칙이 타당하다는 주장도 있다.

7) 전문성 원칙

전문성의 원칙은 아동복지 전문인력과 전문기관에 의해 아동복지가 실천되어야 함을 의미한다. 오늘날 아동을 둘러싼 문제는 점점 다양화해지며 복잡해져서 일방적인 혹은 일차원적인 접근으로 해결하기가 어려워지고 있다. 따라서 아동 및 아동복지에 관한 전문지식과 기술을 바탕으로 아동복지의 실천과 아동문제의 해결을 도모할 수 있는 유능한 전문인력의 투입이 요청된다.

기존의 일반 사회복지사 외에 정신보건사회복지사, 의료사회복지사, 학교사회복지사 등으로 세분되고 있는데 전문성의 원칙이 적용되는 것이라 할 수 있다. 아동복지 서비스를 제공하는데 사회복지사의 전문성은 필수적인 요소이다. 아동복지 전 분야에서 자원봉사자, 자조집단, 비공식적 지원자 등도 전문인력 못지않은 서비스 원천이 되고 있다. 따라서 사회복지사를 비롯한 전문인력은 비전문인력과의 협력적 관계를 맺으며 아동복지 서비스를 실천하는 것이 바람직하다.

8) 체계성과 시의성

아동복지를 실천하는 데 효율적인 전달체계의 확보와 서비스 제공의 체계성과 시의성은 효과성을 측정할 수 있는 준거가 된다. 즉 아동복지 효과성은 주로 가시적이고 객관적인 결과를 생산해 내는 것으로 측정하게 된다. 아동복지 실천을 위한 시의성은 다음과 같은 기준으로 판단한다.

- 일차적으로 문제가 발생하기 전에 예방한다.
- 위기나 문제가 발생하게 되면 아동의 안전과 가족의 정서적 건강 및 아동

보호 역량을 유지하도록 지지한다.

• 동일한 문제의 재발생이나 파생된 문제의 발생을 방지하고 현재 상황을 더 악화시키지 않는다.

9) 단기비용과 장기이익

아동복지를 포함한 사회복지의 장기적 이익은 빈곤율 감소, 범죄 발생률 저하, 보건·의료비용 감소, 생산인력 증가, 사회갈등 축소 등으로 측정할 수 있다. 그러나 장기적 이득을 얻기 위하여 투입되는 단기적 비용 또한 만만찮다. 특히 아동인구의 증감은 투입되는 비용과 직결되어 있다. 이 때문에 한정된 예산으로 어느 영역에 가장 먼저 비용을 투입할 것인가 우선순위를 매기는 것이 중요하다.

CHAPTER 05

아동권리

1. 아동권리 발달

1) 아동권리사상

아동은 전통적으로 보호와 양육의 대상으로 인식되어 왔기 때문에 권리의 주체로 인식하지 못하였다. 고대사회에서부터 근대사회에 이르기까지 아동은 부모의 소유라는 개념이 지배적이었다. 따라서 아동의 권리는 아예 보호받지 못하거나 매우 소극적으로 보호받아 왔다. 20세기에 들어 아동은 독립된 인간으로서의 기본적 권리의 주체가 되어야 한다는 아동권리사상이 대두되었다. 아동권리사상은 스웨덴의 페미니스트 작가이자 교육가인 키이(E. Key, 1849~1926)가 20세기를 아동의 세기로 부르면서 퍼지기 시작하였다. 아동권리사상은 아동을 온전한 인격적 존엄성과 권리를 지닌 존재로서 가치를 인정하고 보호하려는 사상이다. 즉 아동은 수동적인 보호의 대상에서 능동적인 권리의 주체라는 사상이다. 이러한 아동권리사상은 아동복지의 이념과 실천의 기초로서 강조되고 있다.

아동권리사상이 대두된 시대적 사회적 배경으로 아동기의 발견, 가족 내

아동의 지위 향상, 아동의 성장기 연장, 과학과 의학의 발달, 의무교육을 비롯한 교육의 보편화, 가족 구조의 변화, 자녀수 감소, 영아 사망률 감소 등을 꼽을 수 있다. 아동권리사상은 부모 및 국가의 책임과 국가의 지원이 있어야만 가능하며 사회 전체의 공감대 형성과 법의 제정, 제도 확립과 실행으로 이루어질 수 있다. 이와 더불어 여러 교육학자나 심리학자에 의해 아동 고유의 발달과정과 아동기의 중요성이 강조되었으며 아동에 대한 새로운 개념이 정립되었다. 즉 아동을 성인의 축소모형이 아닌 고유한 인격을 가진 권리의 주체로 인식하게 되면서 아동권리를 실현하기 위한 사회적 옹호운동이 전개되기 시작하였다(이재연 외, 2017).

2) 아동권리 기본요소

(1) 수동적 권리

아동은 천부적으로 보편적 인권을 누릴 수 있는 존재이며 성인과 같은 인권을 가진 존재이다. 그러나 아동은 성인의 보호가 필요한 의존적인 존재이므로 부모와 가족, 사회, 국가의 보호와 양육을 받아 성장하고 발달한다. 따라서 아동의 권리는 보호와 양육을 제공하는 주체의 의식과 행동에 따라 수동적으로 보호되는 특징을 가지고 있다.

(2) 능동적 권리

아동권리는 수동적 권리의 특성을 가지면서도 동시에 인간의 자율적 판단과 참여를 기초로 한다는 점에서 능동적 권리로서의 요소를 가진다. 능동적 권리란 아동이 권리의 주체로서 자신의 삶에 영향을 미치는 사안에 대하여 자신의 의견을 표현하고 주장하며, 결정하며, 참여할 수 있는 권리를 가진다는 특성이 있다.

3) 아동권리 발달역사

아동권리 옹호운동은 1950년대 들어 시민권운동과 여성운동과 더불어 움트기 시작하였다. 아동권리 옹호운동은 아동을 고유한 인격체로 받아들이고 이를 위한 다양한 사회제도를 마련하려 한 것이다. 아동권리 옹호운동은 국제사회에서 관련 국제법 제정·개정 같은 제도적 결실을 맺게 된다.

1959년 유엔아동권리선언(UN Declaration of the Rights of the Child)과 1979년 유엔인권위원회에서 세계아동의 해 선포(International Year of Child)에 이어 1989년 유엔아동권리협약(United Nations Convention on the Rights of the Child: CRC)이 제정되었다. 유엔아동권리협약이 제정된 후 90년대 이후에도 아동권리를 위한 국제사회의 노력이 지속되었는데, 1990년 9월 유엔본부에서 세계아동정상회담(World Summit for Children)이 개최되었다. 정상회담의 주요 목표는 세계적 차원에서 추진되어 온 아동의 권리 옹호, 복지향상에 대한 성과 평가, 미래를 위한 제언을 하는 것이었으며, 이를 실행하기 위하여 행동계획선언(Declaration and Plan of Action)을 채택하였다.

2002년에는 제27차 유엔아동특별총회가 개최되었다. 이는 1990년 세계아동정상회담에서 채택된 행동계획선언의 실행 성과를 검토하고 차후 10년간 전 세계의 아동을 위해 새로운 목표 및 행동계획을 설정하는 회의였다. 그 결과 향후 10년간 성취해야 할 중점과제를 담은 '아동에게 적합한 세상(A World Fit for Children)'이라는 문건을 채택하였다. 문건에는 향후 10년간 아동권리를 증진하기 위한 국제적인 기준이 마련되어 있으며 4가지 주요 목표와 21개 성취목표가 들어있었다.

한편 2002년 유엔총회에서는 유엔아동권리협약의 선택의정서 2개를 채택하였다. 2002년 5월 유엔총회에서 채택된 선택의정서는 '아동매매, 성매매 및 아동음란물에 관한 선택의정서(Optional Protocol to the Convention on the Rights of the Child on the Sale of Children, Child Prostitution and Child Pornography)'와 '아동무력분쟁 참여에 관한 선택의정서(Optional Protocol to the Convention on the Rights of the Child on the Involvement of Children in Armed Conflicts)'이다.[9)]

2. 유엔아동권리협약

1) 제정 역사

유엔아동권리협약(United Nations Convention on the Rights of the Child: CRC) 제정의 효시가 된 것은 1924년 국제연맹에 의하여 채택된 제네바아동권리선언(Geneva Declaration of the Rights of the Child)이다. 총 5개 조항으로 구성되어 있으며 아동의 생존권, 선별주의 아동보호, 아동구호 우선원칙, 독립성 보장, 노동으로부터의 착취 방지가 명시되어 있다. 1948년 국제연맹은 무차별 권리, 안정된 가정환경의 2개 조항을 덧붙여 제네바선언을 보완하였다.

1959년 국제연합은 유엔아동권리선언(United Nations Declaration of the Rights of the Child)을 채택하게 된다. 유엔아동권리선언은 아동은 신체적으로 정신적으로 성숙하지 못하기 때문에 법적 보호를 포함하여 특별한 보호와

9) 우리나라는 서명은 했으나 아직 비준하지 않은 상태임.

돌봄이 필요함을 강조하였다. 총 10개 조항으로 구성되어 있으며, 아동의 차별금지, 건전한 성장과 보호, 이름과 국적, 사회보장 혜택, 장애아동의 교육과 보호, 가족 분리 금지와 국가의 이차적 책임, 의무교육, 학대와 착취로부터의 보호 등을 명시하고 있다. 그러나 제네바선언과 유엔아동권리선언은 실천적이 아니라 선언적 의미의 아동권리를 촉구하는 것으로 법적 효력이 발생하지 않아 위반하더라도 제재를 조치할 수 없다.

1989년 11월 20일 유엔은 유엔아동권리선언 30주년과 세계아동의 해 10주년을 기념하기 위하여 유엔아동권리협약을 채택하였다. 유엔아동권리협약은 1990년 9월 2일 발효되었으며, 이후 세계 각국에 의해 비준되었다.[10] 우리나라는 1990년 서명하였으며, 협약 내용 가운데 국내법과 모순되는 일부 조항을 유보하면서[11] 1991년 인준하고 비준서를 제출하여 1991년 12월 20일부터 협약 당사국이 되었다. 아동권리협약의 인준이 의미하는 것은 헌법에 따라 체결된 조약으로 국내법과 같은 효력을 가진다. 즉 아동권리협약의 54개 조항은 아동의 보호와 복지를 위하여 마련된 법적 강제조항이라고 할 수 있다.

협약 당사국으로서 우리나라는 아동권리를 증진하는 국내법과 제도를 만들어야 하며 실행 보고서를 유엔에 정기적으로 제출할 책임과 의무가 발생하게 되었다. 지금까지 한국정부는 유엔아동권리협약 비준국으로 협약이 정하고

10) 2015년 소말리아가 비준함으로써 미국을 제외하고 유엔에 가입한 196개국이 전부 비준한 상태이다. 미국만이 인준하지 않은 유일한 국가로 남아 있다.

11) 1991년 협약 비준 당시 협약의 제9조제3항(부모로부터 분리된 아동의 면접교섭권 보장), 제21조(공인된 기관에 의한 아동입양 허가 절차), 제40조제2항(아동의 항고권 보장)을 유보하였다. 민법 제837조 2항에 의해 부모의 면접교섭권은 보장되어 있으나 아동의 부모면접교섭권은 보장되어 있지 않았으나 2007년 민법 개정으로 유보가 철회되었다. 국내 입양의 경우 입양을 원하는 당사자 쌍방의 합의 및 신고에 의해 이루어지는 일반입양이었다. 2005년 민법 개정을 통해 양자는 친생부모와의 법률관계가 단절되는 친양자제도(full adoption)를 도입하고 2008년부터 시행하여 왔다. 2013년 미성년자의 입양에 대해 가정법원의 허가를 받도록 민법을 개정한 2017년 이후 유보를 철회하였다. 군사법원법 제534조에 의하면 비상계엄 하의 군사재판에서는 단심제만 허용되어 아동의 상소권이 제한된다. 우리나라가 처한 특수한 군사적 상황에서 군사법원법 제534조의 개정은 고려되지 않아 여전히 유보가 철회되지 않은 상태이다. 이를 개정해 만 18세 미만의 아동은 그 적용대상에서 제외하여야 한다.

있는 아동권리를 위해 노력하고 아동인권 상황과 노력 정도를 정리한 국가보고서를 제출해오고 있다. 1994년 제1차 국가보고서, 2000년 제2차 국가보고서, 2011년 제3~4차 국가보고서 제출, 2017년 제5~6차 국가보고서를 제출하였다.

2) 구성

유엔아동권리협약은 전문과 본문으로 구성되어 있으며 본문은 총 54개 조문으로 구성되어 있다. 유엔의 6개 공식 언어인 영어, 프랑스어, 스페인어, 러시아어, 중국어, 아랍어로 작성되어 있다.

표 5-1 유엔아동권리협약의 구성

전문		유엔의 기본원칙과 인권선언
본문	제1부(제1조~제42조)	아동의 권리와 가입국의 아동보호 의무규정
	제2부(제43조~제45조)	협약의 국제적 이행 조치규정
	제3주(제46조~제54조)	부칙(서명, 가입, 비준서 제출, 개정철자, 유보, 폐기, 원본 규정

(1) 전문

전문(Preamble)은 협약의 제정 목적인 세계 시민의 기본인권과 인간의 존엄성 및 가치에 대한 신념을 재확인하면서 자유의 확대, 사회 진보, 생활 수준의 향상을 촉진한다. 전문의 핵심은 아동은 세계 시민이 되기 위하여 특별한 보호와 지원을 받을 권리가 있음을 인정하는 것이다. 아동의 성장과 복지를 위하여 사회환경이자 자연환경인 가족 안에서 성장케 함으로써 사람과 자연에 대한 사랑, 평화, 존엄, 관용, 자유, 평등, 연대의 정신을 가질 수 있도록 기회를 제공하여야 한다. 이에 따라 아동은 개성을 지닌 한 인격체로서 인류의 평화와 인간에 대한 존엄성을 성취하는 성인으로 성장할 수 있다는 내용을 담고 있다. 특히 예외적인 상황에서 자라는 아동이나 착취와 같이 비상 상태를 경험하는 아동이 주위에 존재하고 있음을 환기하면서 국가의 책임, 가정의 중요성, 전 세계인의 인식을 진작시키고 각각의 역할을 담당하도록 촉구하고 있다(Hodgkin & Newell, 1998).

(2) 본문

총 54개 조항으로 구성되어 있는데, 시민적 권리와 자유, 가정환경과 대안양육, 기초보건과 복지, 교육과 여가 및 문화생활, 특별조치의 다섯 가지 영역으로 묶을 수 있다.

표 5-2 유엔아동권리협약 본문 내용

영역	해당 조항
시민적 권리와 자유	이름과 국적(제7조), 신분의 유지(제8조), 표현의 자유(제13조), 사상, 양심 및 종교의 자유(제14조), 결사 및 집회의 자유(제15조), 사생활의 보호(16조), 정보접근권(제17조), 고문 및 기타 비인도적 취급을 받지 않을 권리(제37조 1항)
가정환경, 대안양육	부모의 지도와 책임(제5조, 제18조 1항과 2항), 부모로부터의 분리(제9조), 가족의 재결합(제10조), 아동을 위한 양육비 회수(제27조 4항), 가정의 보호를 받지 못하는 아동(제20조), 입양(제21조), 불법 해외이송 및 미귀환(제11조), 아동학대, 유기 및 신체적·심리적 회복과 사회복귀(제9조, 제39조), 양육 및 보호기관에 대한 심사(제25조)
기초보건, 복지	생존 및 발달(제6조 2항), 장애아동(제23조), 보건서비스(제24조), 사회보장 및 아동보호시설(제26조, 제18조 3항), 생활수준(제27조 1~3항)
교육, 여가, 문화생활	교육에의 권리(제28조), 교육의 목표(제29조), 여가, 오락활동 및 문화적 활동(제31조)
특별조치	법적 분쟁: 난민아동(제22조), 무력분쟁하의 아동(제38조), 소년사법(제40조), 자유가 박탈된 아동(제37조 2항, 4항), 아동에 대한 사형 및 종신형 금지(제37조 1항), 사회복귀지원(제29조) 착취 상황: 경제적 착취(제32조), 마약(제33조), 성적착취 및 성적학대(제34조), 기타 형태의 착취(제36조)

3) 일반원칙

유엔아동권리협약은 다음의 네 가지 일반원칙을 표방한다(Hodgkin & Newell, 1998). 대한민국 정부는 협약의 네 가지 일반원칙을 아동복지 정책 및 대책 수립에 적용하고 있다.

첫째, 차별금지 원칙이다. 모든 아동은 어떠한 배경과 상관없이 협약이 규정하는 권리를 보장받아야 한다. 아동은 부모 혹은 보호자의 인종, 피부색, 성, 언어, 종교, 정치적 견해, 민족적·인종적·사회적 태생, 재산, 장애, 출생, 신분과 관계없이 어떠한 형태의 차별로부터 보호되어야 한다. 또한 아동의 부모, 보호자, 가족구성원의 신분, 활동, 의사표현, 신념을 근거로 차별받거나 처벌받아서는 아니 된다.

우리나라 헌법은 모든 영역에서 아동의 차별금지를 천명하고 있다. 2004년 제정 「청소년복지 지원법」, 2006년 개정 「아동복지법」, 2007년 제정 「장애인차별금지 및 권리구제 등에 관한 법률」, 「장애인 등에 대한 특수교육법」, 2008년 제정 「다문화가족지원법」 등은 차별금지의 원칙을 적극적으로 반영하고 있다. 이러한 법령을 바탕으로 다문화아동, 새터민아동이 차별 없이 안정된 생활을 영위하도록 지원하고 있다.

둘째, 아동이익 최우선 원칙이다. 모든 공공 및 민간사회복지기관, 법원, 행정당국, 국회의 조치는 아동의 이익을 최우선으로 고려해야 한다. 또한 국가는 부모, 보호자, 후견인, 아동에 대하여 법적 책임이 있는 자가 아동을 보호하고 양육할 수 있도록 적절한 법적 행정적 수단을 활용하도록 해야 한다. 아동의 양육이나 보호를 담당하는 안전, 보건과 같은 영역의 기관, 서비스, 시설은 당국이 세워 놓은 규준에 부합하여야 하며 직원의 적정 수와 엄격한 지도·감독이 있어야 한다.

우리나라 국민기초생활 보장법, 한부모가족지원법, 건강가정기본법 등은 아동이익 최우선 원칙을 반영하고 있다. 이를 바탕으로 아동을 보호하고 있는 가족에 대한 적극적인 지원정책을 개진하고 있다. 2004년부터 지역사회 아동의 보호·교육·놀이·오락을 제공하기 위하여 시작한 지역아동센터와 2007년부터 시행되고 있는 0~12세 미만의 취약계층 아동과 가족을 지원하는 드림스타트가 대표적인 사례이다.

셋째, 아동의 생명·생존 및 발달의 존중이다. 이와 더불어 독립적 인격체로서의 장애아동에 대한 특별한 관심과 권리를 보장할 것과 장애아동의 생존, 성장, 발달을 강조하고 있다.

아동의 생존과 발달을 보장하고자 하는 차원에서 아동 안전사고 사망자 수를 줄이기 위해 2003년을 '어린이안전원년'으로 선포하고 제1차 아동안전종합대책(2003~2007), 제2차 아동안전종합대책(2008~2012), 제3차 아동안전종합대책(2013~2017)을 연이어 수립하였다. 2004년 학교폭력 예방 및 대책에 관한 법률(약칭: 학교폭력예방법)을 제정하고 제1차 학교폭력 예방 및 대책 5개년 계획(2005~2009), 제2차 학교폭력 예방 및 대책 기본계획(2010~2014), 제3차 학교폭력 예방 및 대책 기본계획(2015~2019)을 수립하여 추진해 왔다. 2014년 아동학대범죄의 처벌 등에 관한 특례법(약칭: 아동학대처벌법)은 학대로부터 아동을 보호하여 아동이 건강한 사회 구성원으로 성장하도록 함을 목적으로 하여 제정된 법령이다.

넷째, 아동의 의사 표현에 대한 존중이다. 국가는 아동이 자신에게 영향을 미치는 모든 문제에 대해 자신의 견해를 자유롭게 표현할 권리가 있으며, 아동의 견해에 대하여 연령과 성숙도에 따라 적절한 비중을 부여해야 한다. 이를 위하여 아동에게 영향을 미치는 사법 및 행정 절차 과정에서 직접적이던 대변인을 통한 간접적이던 아동의 의사가 표현될 기회가 제공되어야 한다.

우리나라는 아동의 의사표현 권리를 정책적으로 보장하기 위하여 아동복지법, 청소년기본법 등 관련법을 제·개정하였으며, 아동이 지역사회 및 학교에서 자신과 관련된 정책 결정과정에 참여할 수 있도록 제도적인 보장과 다양한 기회를 제공하고 있다. 특히 협약이행을 위하여 2006년부터 아동권리모니터링센터를 설치하여 운영하고 있으며, 효과적인 모니터링을 수행함으로써 아동이 실질적으로 체감하는 아동권리 및 이행상태를 점검하기 위함이다. 아동권리모니터링 활동에는 아동권리 옹호활동, 아동권리 침해사례 보호, 아동관련 정책, 아동 생활환경에 대한 평가, 분석, 제안 등이 포함되어 있다. 아울러 아동정책의 주요 분야별 전문가와 다양한 특성을 가진 아동으로 구성된 26명의 옴부즈퍼슨을 운영하고 있다. 옴부즈퍼슨은 16명의 아동권리옴부즈맨과 10명의 옴부즈키드로 구성된다.

우리나라 2004년부터 대한민국아동총회를 매년 개최하고 있다. 총회는 지역대회와 전국대회로 나누어 열리고 있으며, 각 지역의 아동대표들이 모여 아동과 관련된 문제를 토론하고 그 결의문을 정부에 제출한다.

4) 아동권리 유형

유엔아동권리협약은 한마디로 아동권리보장 실현을 위한 국제적인 기준이라고 할 수 있다. 아동권리협약에서 표명된 아동권리란 환경과 조건과 관계없이 아동의 욕구가 충족되며, 어떠한 폭력으로부터 자유로우며, 잠재력이 최대한 개발되고, 이들의 의사가 존중되는 것을 의미한다. 즉 아동권리협약은 아동의 권리가 보장되도록 하는 것을 목표로 하는 국제적 법령이다.

아동권리협약은 무차별, 아동이익 최우선의 원칙, 생명·생존·발달 권리, 아동의사 존중을 4개 기본원칙으로 하고 있는데, 이를 바탕으로 권리 유형을 분류한다. 대표적인 4개 권리유형이 생존의 권리(Right to Survival), 보호의 권리(Right to Protection), 발달의 권리(Right to Development), 참여의 권리(Right to Participation)이다. 즉 아동의 생존과 발달을 위하여 필요한 자원의 제공, 유해한 환경과 착취 및 학대로부터의 보호, 자신의 삶에 능동적인 참여의 권리가 원리가 적용되어야 한다는 뜻이다. 이를 제공(provision), 보호(protection), 참여(participation)라는 3P 개념으로 분류한다(오정수·정익중, 2017).

표 5-3 유엔아동권리협약의 권리 유형

권리 유형	권리 내용	관련 조항
생존의 권리 (Right to Survival)	적절한 생활수준을 누릴 권리, 안전한 주거지에서 살아갈 권리, 충분한 영양을 섭취하고 기본적인 보건서비스를 받을 권리 등, 기본적인 삶을 누리는 데 필요한 권리	제6, 7, 8, 9, 19, 20, 21, 23, 24, 26, 27, 30, 32, 33, 34, 35, 38조
보호의 권리 (Right to Protection)	모든 형태의 학대와 방임, 차별, 폭력, 고문, 징집, 부당한 형사처벌, 과도한 노동, 약물과 성폭력 등 어린이에게 유해한 것으로부터 보호받을 권리	제2, 7, 10, 11, 16, 19, 20, 21, 23, 25, 32, 33, 34, 35, 36, 37, 39, 40조
발달의 권리 (Right to Development)	잠재능력을 최대한 발휘하는 데 필요한 권리, 교육받을 권리, 여가를 즐길 권리, 문화생활을 하고 정보를 얻을 권리, 생각과 양심과 종교의 자유를 누릴 수 있는 권리	제5, 6, 9, 10, 11, 12, 13, 14, 15, 17, 24, 28, 29, 31조
참여의 권리 (Right to Participation)	자신의 생활에 영향을 주는 일에 대해 의견을 말하고 존중받을 권리, 표현의 자유, 양심과 종교의 자유, 평화로운 방법으로 모임을 자유롭게 열 수 있는 권리, 사생활을 보호받을 권리, 유익한 정보를 얻을 권리	제12, 13, 15, 17, 18조

아동권리 3P 개념

a. 제공(Provision): 아동의 욕구의 충족, 생존과 발달에 필요한 인적·물적 자원의 제공과 이것을 사용할 권리이다. 일반아동에 대한 시민적 권리와 자유의 제공, 건전한 가정환경, 기초보건과 복지 등 모든 제공은 이 원리에 해당된다.

b. 보호(Protection): 무력분쟁을 포함하여 법적 분쟁이나 착취상황, 자유의 박탈, 법적으로 금지된 노동 등으로부터 아동에 대한 보호와 지원이 이루어져야 하며 모든 형태의 착취

와 학대로부터 보호받아야 할 권리가 있다.
c. 참여(Participation): 아동이 자신의 삶에 중요한 영향을 미치는 결정에 대하여 알고 능동적으로 참여할 수 있는 권리이다. 아동의 동의가 필요한 의사결정, 친권상실, 이혼, 입양 등에 아동의 의사가 존중되어야 한다.

3. 대한민국 어린이헌장

1) 제정 역사

우리나라 전통사회에서 아동은 혈통 계승의 수단으로서 부모의 예속물이나 자산 취급을 받았으며, 아동의 세계를 인정받지 못하고, 성인의 규범에 따르며 아동답게 자라지 못하였다. 1920년대 초 유럽에서 아동권리에 대한 인식이 대두되던 비슷한 시기에 우리나라에서도 최초로 아동권리 옹호운동이 시작되었다. 방정환(1899~1931)을 중심으로 하여 시작된 소년운동은 아동에게 권리를 찾아주자는 운동이었다. 방정환은 색동회와 천도교의 협력으로 1923년 5월 1일을 어린이날[12]로 정하고 어린이선언문과 아동권리공약 3장을 발표하였다. 아동권리공약 3장은 우리나라 최초의 아동권리선언이라고 할 수 있다.

아동권리공약 3장

a. 어린이를 재래의 윤리적 압박으로부터 해방하여 그들에 대한 완전한 인격적 예우를 허하라.
a. 어린이를 재래의 경제적 압박으로부터 해방하여 만 14세 이하의 그들에 대한 무상 또는 유상의 노동을 폐하라.
a. 어린이에게 그들이 고요히 배우고 즐거이 놀만한 각양의 가정 또는 사회적 시설을 행하라.

12) 1946년 해방 후 어린이날을 지낸 첫 일요일이 5일이었던 것을 계기로 어린이날은 5월 5일로 정착됨.

대한민국 어린이헌장은 1957년 5월 5일 어린이날을 맞이하여 우리나라 전체 아동의 복지를 도모하기 위한 국민적 약속을 마련하고자 선포된 것이다. 어린이헌장의 의의와 중요성은 다음과 같다. 첫째, 어린이에 대한 기본적 규범이다. 즉 아동의 양육과 보호에 관하여 성인이 지켜야 할 윤리적 규범이다. 둘째, 국법이 아니고 국민의 약속을 선포한 것으로서 강제력은 없으나 국민 각자의 자유로운 인식에서 나오는 자율적 효과를 기대하는 것으로 형식적으로는 약하나 실질적으로는 강할 수도 있다. 셋째, 어린이의 본질을 명확히 이해하고 아동을 어떻게 육성하는지를 정한 것이다. 마지막으로 어린이헌장은 부동의 것이 아니라 발전하며 진보하고 필요하다면 국가와 사회의 변화에 따라서 같이 변화될 수 있다(배화옥, 2010).

2) 구성

1957년 제정 당시 어린이 헌장은 전문과 9개 조항으로 이루어졌으나 1988년 2개 조항을 더하여 전문과 11개 조항으로 개정하였다. 대한민국 어린이헌장은 아동이 누려야 할 기본적 인권을 명시하고 있다. 전문은 아동이 인간으로서 존엄성을 지닌 것과 차별을 받아서는 안 된다는 선언적 권리를 표방하고 있다. 본문은 실천적 권리를 지향하고 있다. 아동의 출생과 성장, 성장과정에 필요한 가정, 영양, 건강, 교육, 문화의 전승, 놀이 및 오락에 대한 권리가 있음을 천명하고 있고, 예절과 질서, 책임감, 능력과 태도 개발 등 태도와 계발 등을 제시하고 있으며, 학대, 위험, 비행 등으로부터 보호받아야 하며 장애아동에 대한 특수교육을 명시하고 있다.

대한민국 어린이헌장

대한민국 어린이 헌장은 어린이날의 참뜻을 바탕으로 하여, 모든 어린이가 차별 없이 인간으로서의 존엄성을 지니고, 나라의 앞날을 이어 나갈 새 사람으로 존중되며, 바르고 아름답고 씩씩하게 자라도록 함을 길잡이로 삼는다.

1. 어린이는 건전하게 태어나 따뜻한 가정에서 사랑 속에 자라야 한다.
2. 어린이는 고른 영양을 취하고 질병의 예방과 치료를 받으며, 맑고 깨끗한 환경에서 살아야 한다.
3. 어린이는 좋은 교육시설에서 개인의 능력과 소질에 따라 교육을 받아야 한다.
4. 어린이는 빛나는 우리 문화를 이어받아, 새롭게 창조하고 널리 펴 나가는 힘을 길러야 한다.
5. 어린이는 즐겁고 유익한 놀이와 오락을 위한 시설과 공간을 제공받아야 한다.
6. 어린이는 예절과 질서를 지키며, 한겨레로서 서로 돕고 스스로를 이기며, 책임을 다하는 민주시민으로 자라야 한다.
7. 어린이는 자연과 예술을 사랑하고 과학을 탐구하는 마음과 태도를 길러야 한다.
8. 어린이는 해로운 사회환경과 위험으로부터 먼저 보호되어야 한다.
9. 어린이는 학대를 받거나 버림을 당해서는 안 되고, 나쁜 일과 힘겨운 노동에 이용되지 말아야 한다.
10. 몸이나 마음에 장애를 가진 어린이는 필요한 교육과 치료를 받아야 하고, 빗나간 어린이는 선도되어야 한다.
11. 어린이는 우리의 내일이며 소망이다. 나라의 앞날을 짊어질 한국인으로, 인류의 평화에 이바지할 수 있는 세계인으로 자라야 한다.

4. 아동권리헌장

우리나라 아동권리헌장은 유엔아동권리협약의 주요 원칙을 충실히 이행하기 위하여 2016년 제정되었다. 1991년 우리나라는 유엔아동권리협약을 비준하였고 이후 아동권리에 대한 국가보고서를 제출하는 등 아동권리 증진을 위하여 큰 노력을 투입하였음에도 불구하고 아동의 삶의 질과 만족도는 여전히 낮은 수준이다. 특히 아동권리에 대한 일반인의 인식 수준도 높지 않다. 아동권리헌장은 전문과 9개 조항으로 이루어져 있는데 유엔아동권리협약의 조항들을 함축적으로 정리한 것이다.

아동권리헌장

모든 아동은 독립된 인격체로 존중받고 차별받지 않아야 한다. 또한 생명을 존중받고, 보호받으며, 발달하고 참여할 수 있는 고유한 권리가 있다.

부모와 사회, 국가와 지방자치단체는 아동의 이익을 최우선적으로 고려해야 하며, 다음과 같은 아동의 권리를 확인하고 실현할 책임이 있다.

1. 아동은 생명을 존중받아야 하며 부모와 가족의 보살핌을 받을 권리가 있다.
2. 아동은 모든 형태의 학대와 방임, 폭력과 착취로부터 보호받을 권리가 있다.
3. 아동은 출신, 성별, 언어, 인종, 종교, 사회경제적 배경, 학력, 연령, 장애 등의 이유로 차별받지 않을 권리가 있다.
4. 아동은 개인적인 생활이 부당하게 공개되지 않고 보호받을 권리가 있다.
5. 아동은 신체적·정신적·사회적으로 건강하게 성장하고 발달하는 데 필요한 기본적인 영양, 주거, 의료 등을 지원받을 권리가 있다.
6. 아동은 자신이 살아가는 데 필요한 지식과 정보를 알 권리가 있다.
7. 아동은 자유롭게 상상하고 도전하며 창의적으로 활동하고 자신의 능력과 소질에 따라 교육받을 권리가 있다.
8. 아동은 휴식과 여가를 누리며 다양한 놀이와 오락, 문화·예술 활동에 자유롭고 즐겁게 참여할 권리가 있다.
9. 아동은 자신의 생각이나 느낌을 자유롭게 표현할 수 있으며, 자신에게 영향을 주는 결정에 대해 의견을 말하고 이를 존중받을 권리가 있다.

CHAPTER 06

아동복지 역사

1. 유럽

1) 고대사회

고대 처음으로 나타난 사회는 혈연을 중심으로 한 씨족공동체 사회였다. 씨족사회에서 아동은 종족 보존의 수단으로 여겨졌다. 씨족공동체 이후 부족사회가 형성되었다. 이 시대 아동은 생산 수단으로 여겨졌기 때문에 부족사회에 이바지할 수 있는 능력, 즉 생산능력을 갖춘 아동만이 생존할 수 있었다. 따라서 고대 부족사회에서 아동이 병약하거나 장애를 가지고 태어나면 유기되거나 살해되는 경우가 종종 발생했다. 아동은 생명과 안전을 크게 위협받는 무력한 존재였으며, 인격적 존재로 인정받지 못하였다. 이 시기 아동복지는 거의 실천되지 못했으며 아동의 생명과 안전을 해치는 일이 자주 일어났다. 그릇된 미신이나 풍속에 의해 희생되거나 극단적인 사례로 종교 제물로 바쳐지기도 하였다.

고대사회는 자원이 부족하였으므로 영아살해나 유기는 인구와 자원의 균형을 유지하는 방편이었다. 마찬가지로 영아살해나 유기는 가정경제의 균형을 맞추는 수단이 되기도 하였다. 산모가 사망하거나, 쌍둥이가 태어나거나, 보육해야 할 다른 형제자매가 있는 경우 양육 부담으로 인해 영아살해나 유기를 실행하였다. 또한 아동을 사유재산으로 여겨 빈곤하거나 양육 능력이 없는 부모는 아동을 파는 등 아동의 생사여탈을 결정하였다. 인신매매가 빈번하게 행해졌으며 암상인에게 팔린 아동은 불구로 만들어져 구걸에 이용되기도 하였다. BC 4세기경에 이르러 생명을 중시하는 기독교 사상으로 인해 영아살해와 유기는 죄악시되고 금기시되었다. BC 318년 콘스탄티누스 법전은 영아살해를 죄로 규정하고 부모가 부양 능력이 없을 때 옷과 음식을 제공하여 아동을 양육하도록 명시하였다(문선화 외, 2009; 이순형 외, 2011).

2) 중세사회

중세사회는 엄격한 신분제도를 바탕으로 한 봉건사회였다. 따라서 아동의 지위는 부모의 신분에 따라 결정되었다. 아동은 장원을 유지하는 데 필요한 군사력과 경제력 확보를 위한 수단적 존재로 보았다. 아동 자체나 아동복지에 관한 관심은 전혀 없었다. 기독교적 생명 존중 사상이 전개되면서 영아살해와 유기는 조금씩 줄어들기는 하였으나, 18세기까지 영아살해 관습의 잔재가 지속되었다.

중세사회 초기 수도원을 중심으로 아동 시설보호가 활용되기 시작하였는데 오늘날 사회복지시설의 효시라고 할 수 있다. 구빈원 형태의 집단 보호시설에 고아와 기아 외에 병자, 노약자, 부랑자 등을 수용 보호하였다.

17세기에 들어 비로소 아동을 하나의 인격체로 보는 아동존중 사상이 대두되었다. 철학자이자 교육학자인 코메니우스(J. A. Comenious, 1632~1670)는 중세의 아동관인 성인의 축소모형(miniature adult) 개념을 거부하고 아동을 하나의 인격체로 보고자 시도하였으며 교육의 중요성을 강조하여 아동복지 이념의 시발점이 되었다. 코메니우스의 사상은 18세기 이후 프랑스 철학자 루소(J. J. Rousseau, 1712~1778)가 창시한 자연주의 교육철학의 실천교육자인 페스탈로치(J. H. Pestalozzi, 1746~1827)의 교육사상에 영향을 미쳤다. 그러나 이 시기 아동복지는 종교적 자선 차원을 넘지 못했으며, 아동의 존엄성이나 권리를 보장하는 본격적인 아동복지가 전개되었다고 보기 어렵다(문선화 외, 2009; 이순형 외, 2011).

3) 근대사회

산업혁명과 더불어 자본주의 경제가 형성되면서 봉건제도가 붕괴하고 근대사회가 도래하였다. 자본주의 사회에서 자본가와 노동자 계층으로 나누어지고, 농노들은 대거 도시로 이주하여 도시빈민으로 전락하였으며, 종교개혁에 따른 수도원의 해산은 시설의 피보호자들을 대거 부랑인으로 내몰았다. 도시빈민과 부랑인의 발생은 국가적 차원의 개입을 끌어냈다. 1601년 제정된 엘리자베스 구빈법(Elizabethan Poor Law)은 노동 능력이 있는 빈민과 노동 능력이 없는 빈민으로 나누었으며, 요보호아동의 규정을 포함하여 아동복지 제도의 효시를 이루었다. 동 법이 가진 의의는 요보호아동에 대한 국가의 책임을 최초로 규정하였다는 것이다.

보호가 필요한 아동은 유료 혹은 무료로 양육 의사가 있는 가정으로 위탁하였으며, 다른 가정에 도제로 보내는 등 아동노동이 이루어졌다. 1802년에 제정된 공장법(Factory Act)은 아동의 노동시간을 1일 12시간 내로 제한하였다. 1833년에는 9세 이하 아동의 노동을 금지하였으며, 1847년에는 아동의 1일 노동시간을 10시간 이내로 제한하였다.

19세기 중반에 이르기까지 구빈원과 같은 기아와 고아에 대한 시설보호가 이루어졌으나 그 목적은 아동의 복지를 위해서라기보다 사회의 안정을 위한 것이었다. 빈곤 모자가정을 위해서는 미흡하나마 재가복지서비스가 실행되었다. 20세기를 거치면서 고아와 장애아를 위한 다양한 시설보호를 마련하였으며, 아동이 가진 보호, 보육, 교육에 대한 욕구를 충족시키기 위한 다양한 각도의 인식이 이루어졌다고 할 수 있다(Downs et al., 2004).

4) 현대사회

현대사회로 넘어오면서 프로이드(S. Freud, 1856~1939), 에릭슨(E. Erikson, 1902~1994), 피아제(J. Piaget, 1896~1980) 등 여러 아동발달학자의 연구를 통해 아동기의 중요성이 부각하였다. 이에 따라 아동은 고유한 인격체를 가진 독자적 존재로 인식되기 시작하였다. 20세기 이후 아동권리는 아동복지의 이념으로 자리 잡았다. 아동권리를 보장하기 위하여 아동의 욕구가 충족되고 복지를 누릴 수 있도록 국가는 체계적인 아동복지 정책을 수립하게 되었다. 이와 함께 아동복지의 개입 형태도 다양성과 전문성이 강화되었다.

20세기 이후 현대에 이르기까지 아동복지의 발달역사를 살펴보면 집단시설 수용에서 소규모 시설보호로, 시설보호에서 재가 및 지역사회 보호로, 단순한 서비스 제공에서 다양하고 특화된 서비스 제공으로, 비전문적 서비스에서 전문적 서비스로 바뀌어 온 것을 알 수 있다(오정수·정익중, 2017).

2. 미국

미국의 아동복지 발전역사를 살펴보면, 20세기를 기점으로 제도 및 제도의 방향이 바뀌었음을 알 수 있다. 20세기 이전까지는 학대 가정으로부터 아동 분리정책(child seperation policy) 기조를 고수하면서, 요보호아동을 주로 시설에 수용하는 시설보호(institutional protection)를 활용하였다. 20세기에 들면서 아동을 원가정에서 보호하도록 하는 가족보존정책(family preservation policy)을 강조하게 되었다. 20세기 이후 지방분권(decentralization)과 복지축소주의(devolution) 정책으로 방향을 바꾸면서 지역사회 보호로 발전하여 왔다(Downs et al., 2004; 배화옥, 2010).

1) 구호기

19세기 이전은 보충적 구호 시기였다. 구호가 필요한 아동과 가족에 대한 책임은 전적으로 지역사회가 담당하였다. 아동의 노동 능력에 따라 구호방식은 세 가지로 분류할 수 있다. 노동 능력이 없는 장애아동, 고아, 유기아, 일탈 아동 등을 대상으로 하는 구호방식은 위탁과 시설보호였다. 아동의 나이가 어리면 아이를 맡겠다는 가정에 위탁하면서 소량의 현금이나 현물을 제공하는 방식이다. 그러나 아동 대부분은 구빈원에 수용되어 정신병자, 범법자, 노쇠자 등과 같이 살아야만 하였다. 구빈원은 음산하고 비위생적이어서 수많은 아동이 살아남지 못하였다. 둘째, 노동 능력이 있고 나이가 든 아동은 주로 도제 계약을 맺었다. 도제 계약은 아동이 노동의 대가로 장사나 직업기술을 습득하도록 하는 것이다. 도제 계약은 구빈원과 같은 시설보호에 비하면 아동보호의 진일보한 구호방식이었다. 산업화와 함께 도제 방식은 점차 소멸하였고 19세기 말 거의 자취를 감추었다. 셋째, 재가복지서비스의 초기 형태로, 빈곤가정의 아동에게 미미한 공공부조를 제공하는 것이었다. 다른 형태의 구호방식과 비교해 보면 다수의 아동을 대상으로 하였다는 점이다.

2) 시설보호

19세기 초반 대두된 대표적인 미국의 아동복지 형태는 시설 수용이었다. 주로 고아, 유기아의 보호를 위하여 고아원을 설립한 것인데, 초기 고아원은 정부의 주도가 아니라 종교단체나 민간기관에 의해서였다. 일부 종교단체에서는 고아뿐만 아니라 빈곤가정의 아동을 수용하여 교육을 제공하기도 하였다. 이러한 시설들은 이후 아동을 위탁가정으로 보내는 아동위탁 사업기관으로 발전하였다. 이민의 급증과 함께 요보호아동이 늘어남에 따라 양육시설과 고아원의 수도 함께 증가하였다. 아동의 시설보호는 19세기 후반까지도 널리 활용되었는데 그 이유는 공공교육제도가 확립되지 못한 당시 수용시설이 요보호아동에게 적절한 교육을 제공하는 수단이라는 인식이 있었기 때문이다.

19세기 후반 미국은 이민사회의 범죄, 악덕, 빈곤으로부터 아동을 구하고자 동부지역의 아동을 중서부와 남부지역의 위탁가정으로 보내도록 하였다. 동부지역에 설립되었던 다수의 아동구호협회(Children's Aid Society)들이 이 기능을 담당하였다. 피학대아동을 보호하기 위한 시설도 설립되었다. 1874년 뉴욕에 아동학대예방협회(New York Society for the Prevention of Cruelty to Children)가 설립되었는데, 이는 최초의 아동학대예방센터로서의 기능을 담당하였다. 20세기가 지나서 아동보호시설과 위탁가정은 아동의 개별적인 욕구에 맞게 보다 효과적인 소규모 유형으로 발전하였다.

19세기 후반에 설립된 민간기관 가운데 주목할 만한 형태는 아동과 가족을 포함하여 지역사회 전 거주민을 대상으로 하는 현대적 의미의 종합사회복지관인 정착촌(settlement house)이다. 사회복지사이자 지역사회 운동가인 아담스(J. Addams, 1860~1935)와 스타(E. G. Starr, 1859~1940)가 공동 설립한 시카고의 헐하우스(Hull House)가 대표적인 예이다. 정착촌은 이민사회가 가진 문제점을 혁신하는 지역사회 운동을 개진하면서 이와 함께 요보호아동과 가족에게 다양한 서비스를 제공하였다.

3) 국가개입

19세기 후반에 들어 미국은 점차 요보호아동을 포함한 특정 빈곤층에 대한 국가개입이 필요함을 인식하게 된다. 이 무렵 장애아동을 위한 특수훈련학교, 자선학교, 비행소년선도학교 등이 건립되었으며, 각 주마다 복지사업을 총괄하기 위하여 자선사업감독위원회(State Board of Charities)가 구성되었다.

자유방임주의 철학이 편만한 미국은 아동복지를 위시하여 사회복지에 대한 중앙정부의 개입을 배제하였다. 전통적으로 아동의 양육과 보호책임은 오로지 부모에게 있으며 국가는 최소한의 역할만 구사하였다. 국가개입의 효시는 1909년 연방정부가 주도하여 개최한 제1차 백악관회의(White House Conference on Children and Youth)라고 할 수 있다. 백악관회의는 아동을 위한 부모의 역할과 가정생활의 중요성을 강조하였다. 시설보호보다 위탁가정을, 위탁가정보다 원가정 보호를 우선하도록 강조하면서 가족보존정책을 표방하였다. 백악관회의를 통해 아동문제에 관한 관심이 전국적으로 확산하였으며, 회의 결과에 따라 아동문제를 전담하는 아동국(Children's Bureau)이 신설되는 계기가 되었다.

1930년대 경제대공황은 사회복지에 대한 국가의 개입을 불가피하게 만들었다. 그 결과 1935년 사회보장법(Social Security Act)을 제정하고, 아동부양가족지원(Aid to Families with Dependent Children: AFDC)을 실행하였다. AFDC는 아동을 부양해야 하는 빈곤가정을 지원하도록 하는 공공부조 정책의 주축이 되었다. 1996년 빈곤가정일시부조(Temporary Assistance for Needy Families: TANF)로 명칭과 실질적인 내용을 바꾸기까지 요보호아동과 가족의 복지를 위한 포괄적 지원정책이었다고 할 수 있다.

4) 관련법 제정

미국의 아동복지 발전역사를 살펴보면, 시대적으로 발생하는 아동의 복지 욕구 혹은 사회문제에 대응하기 위하여 특성별 지원에 초점을 둔 정책을 마련하였으며 관련법도 그에 따라 제정되었다. 미국 최초의 아동복지 관련법은 1875년 뉴욕주에서 제정된 아동법(Children's Act)이나, 아동 보호와 가족 지원을 위한 국가차원의 포괄적 법령은 1935년 제정된 사회보장법(Social Security Act: SSA)이라고 할 수 있다.

1970년대에 들어 아동학대, 청소년 비행, 장애아동 등 아동 특성별로 다양한 법령체계를 갖추기 시작하였다. 1974년 아동학대예방법(Child Abuse Prevention and Treatment Act), 가출·노숙·미아보호법(Runaway, Homeless, and Missing Children Protection Act), 청소년비행예방법(Juvenile Justice and Delinquency Prevention Act)을 제정하였다. 1980년 입양지원아동복지법(Adoption Assistance and Child Welfare Act)이 제정되었다.

1990년 가족지원법(Family Support Act), 1993년 가족보존지원서비스법(Family Preservation and Supporting Services Act), 1997년 입양안전가족법

(The Adoption and Safe Families Act)와 1999년 가정위탁독립법(Foster Care Independence Act)이 제정되면서 아동에 대한 국가적 개입이 활발하게 이루어졌다(이재연 외, 2017).

5) 복지축소주의

1990년대에 들어 미국은 아동 양육과 보호의 책임소재가 국가에서 가족으로 다시 옮겨가게 되었다. 대표적 변화는 AFDC를 TANF로 바꾼 것이다. TANF는 빈곤가정의 근로의욕을 고취하고 미혼모 양산을 억제하려는 목적으로 1996년 개인책임근로기회조정법(Personal Responsibility and Work Opportunity Reconciliation Act) 제정과 함께 만들어진 정책이다. TANF는 아동이 원가정 혹은 친인척가정에서 보호받도록 하는 것과 아동 양육을 지원받으려면 부모가 반드시 근로 요건을 충족시켜야 한다는 점을 골자로 한다.

1990년대 이후 연방정부의 복지재정이 감축되면서 주정부나 지방정부가 개입하도록 하는 새로운 정책 방향에 따라 아동복지에 대한 국가적 지원이 축소되었다. 이에 따라 아동복지는 복지예산 삭감, 적절한 통계자료의 미비, 관련법들의 상충으로 아동학대나 비행 등 심각한 사례만을 대상으로 하는 사후복지서비스 제공으로 범위가 축소되었으며 아동문제에 포괄적으로 대처하지 못하는 것으로 나타났다(Downs et al., 2004).

3. 한국

1) 조선시대 이전

삼국사기에 의하면 삼국시대에 역사상 최초의 아동보호 사업이 기록되고 있다. 신라 3대 유리왕 5년(서기 28년)에 왕명으로 홀아비, 홀어미, 고아, 아들 없는 사람, 병든 사람을 요보호 대상자로 하여 무료급식과 보살핌을 실시하였다. 고아의 민간 수양이 관습적이었다. 또한 삼국시대에는 아동을 포함하여 재해를 당한 사람에게 관곡을 배급하였는데, 대부분의 구제 사업은 천재지변과 같은 위기에 국가의 시혜 차원에서 이루어졌다(도미향 외, 2009: 문선화 외, 2009).

불교가 융성하던 고려시대는 불교의 자비 사상을 바탕으로 사찰이 위탁보호를 실시하였다. 전쟁과 흉년 등으로 인하여 떠돌아다니며 걸식하는 유아, 기아, 고아, 빈민아 등을 수용하여 승려 또는 사역승으로 양육하였다. 민간에서도 고아를 양자 또는 노비로 삼았는데, 수양을 빙자하여 고아의 인신매매, 유괴, 약탈 등을 일삼는 폐단도 있었다. 고려 6대 성종 13년(994년)에는 고아를 관가에서 수양하다가 연한이 지난 후 아동에게 거처를 정해주었다. 충목왕 3년(1347년)에는 관립 영아원이라 할 수 있는 해아도감을 설치하여 유아들을 보호·양육하였다(도미향 외, 2009; 문선화 외, 2009).

2) 조선시대

조선시대는 고아, 기아, 빈곤아동을 위하여 법령을 제정하였다. 제9대 성종

원년(1470년)에 편찬된 경국대전은 부랑아와 노인에게 의료와 식량을 구제할 것을 규정하였다. 고려시대에 이어 조선시대에도 민간에서 유기 또는 부랑아의 수양이 이루어졌다. 제18대 현종 2년(1661년) 이후 관청의 허가에 따라 유기아의 민간 수양이 행해졌다. 수양 아동에게는 의료비, 피복비를 지급하였다. 수양 아동이 자라 10세에 이르면 수양부모가 아동을 사역할 권리를 갖게 하였다. 제19대 숙종 22년(1696년)에는 수양임시사목이 제정되어 흉년에 일시보호를 실시하였다. 제22대 정조 7년(1783년)에는 일련의 아동구호 법령을 집대성하여 자휼전칙을 제정함으로써 유기아와 부랑아를 보호하였다. 자휼전칙에 의하면 흉년이 들어 기근이 심할 때 발생하는 유기아 또는 부랑아를 서울과 지방의 관가에서 수용하여 노비로 삼거나 민간에서 양자녀로 수양하도록 허용하는 것이었다. 수양임시사목이나 자휼전칙은 모두 유기아 또는 부랑아의 생명을 지키기 위하여 국가가 제도적 기반을 마련한 것에 의의가 있다. 조선시대 아동보호 사업을 고찰하여 보면 친족 부양의 책임, 아동 생명의 존중, 집단 수용보호, 수양관계 보호로 요약할 수 있다(도미향 외, 2009; 문선화 외, 2009).

3) 근대

근대는 조선조 말엽부터 일제강점기를 거쳐 광복 이전까지 시기를 말한다. 최초 근대적 아동복지사업은 고종 25년(1883년)에 프랑스 신부에 의하여 명동천주교회에 고아원이 설립된 것이다. 천주교 고아원은 기아, 고아, 빈곤아동을 수용하였다. 고종 32년(1895년)에는 인천 천주교회 부속으로 고아원이 설립되었다.

1905년 이필화에 의해 최초의 아동보호시설인 경성고아원이 설립되었다.

갑오경장 이후 외국 종교단체들이 대거 입국하여 아동구호 및 의료사업을 개시하였다. 1855년 프랑스 신부가 고아 구제사업을 실시하였고, 1880년 프랑스 신부는 당시 한양에 양로원과 고아원을 처음으로 개원하였다.

이 시기 민간 차원에서 아동권리운동이 활발하게 일어났다. 초창기 아동권리운동은 천도교가 주도한 소년운동이었다. 천도교의 소년운동은 봉건시대의 아동관을 불식하고, 시대에 맞는 새로운 아동관의 확립에 힘썼다. 또한 어린이라는 순수 우리 말을 만들어 보급하고, 어린이날을 제정하였으며, 1923년 5월 1일 제1회 어린이날에 소년운동선언을 발표하였다. 이는 우리나라 최초의 아동권리선언이라 할 수 있다. 이 밖에 잡지 『어린이』 창간과 색동회와 같은 아동문제 연구단체를 만들어 아동운동의 범위를 넓혀 갔다.

1921년 감리교 선교사에 의해 우리나라 최초의 사회복지관인 태화사회관이 설립되었다. 초기에는 교육 사업에 치중하였으나 진료소를 중심으로 점차 보건과 사회사업을 전개하였다. 아동건강 진단과 가정방문을 통한 위생교육, 육아법 등을 보급하였고, 빈곤아동을 위한 탁아사업, 무료목욕사업, 우유급식사업 등을 실시하였다.

1944년 제정된 조선구호령은 이름뿐이었으나 우리나라 최초의 근대적 기초생활 보장법이라고 할 수 있다. 생활이 빈곤한 임산부와 13세 이하의 아동을 대상으로 가택 구호를 원칙으로 하고 있으나 가택 구호가 불가능하거나 부적당할 경우 개인 가정에 위탁하거나 구호시설에 수용하도록 조치하였다. 근대사회 아동복지사업의 특징은 서양 선교사에 의한 자선사업 활동, 민간 차원에서의 교육·계몽 사업을 겸한 소년운동, 빈곤에 대한 국가의 책임을 바탕으로 한 공공부조제도인 조선구호령 공포로 요약할 수 있다(도미향 외, 2009; 문선화 외, 2009).

4) 현대

현대의 아동복지 발달과정은 1960년대 이전 태동기, 1960~1970년대 제정기, 1980~1990년대 전환기, 2000년대 이후 성숙기로 나누어 볼 수 있다. 첫째, 1960년대 이전까지 아동복지는 국가 차원의 제도적 개입은 이루어지지 못하였다. 전쟁으로 발생한 고아, 기아, 미아를 보호하기 위하여 아동복지시설을 중심으로 하는 응급 구호적 성격이었다. 빈곤아동 구호를 위하여 민간단체와 해외원조에 의존하였으며, 해외 입양도 활발하였다. 둘째, 1961년 현재 아동복지법의 모태가 되는 아동복리법을 제정하여 요보호아동에 대한 국가적 책임을 법제화하였다. 1970년대에 모자보건법, 입양특례법 등 아동복지 관련법을 차례로 제정하는 등 국가개입이 시작되었으나 여전히 선별주의 원칙에 입각한 복지서비스를 제공하였다. 셋째, 1981년 아동복지법이 제정되었으며, 1980년대 이후 시설보호에서 벗어나서 보편주의에 입각한 다양한 복지서비스를 제공하면서 전환기를 맞이하게 되었다. 넷째, 2000년대 이후 아동의 권리와 인권, 피학대아동 보호, 아동안전 등과 관련 정책을 추진하는 등 보편적 복지서비스를 실행해 오고 있다. 아동복지 발달역사를 정리하면 다음과 같다.

표 6-1 아동복지 발달역사 정리

연대	발달과정	정책 및 사업 내용
1945~50년대	태동기	• 아동노동법규(1946), 미성년자노동보호법(1947) • 후생시설설치기준령(1950) • 시설 중심의 구호사업: 민간기관, 해외 원조 • 해외 입양
60~70년대	도입기	• 아동복리법(1961) • 선별적 차원에서 아동복지 실시 • 민간차원 아동복지 감소와 국가지원 증가

80~90년대	전환기	• 아동복지법(1981), 영유아보육법(1991) • 요보호아동에서 일반아동으로 복지보장 확대 • 국내 입양 활성화 • 유엔아동권리협약 당사국
2000년대 이후	성숙기	• 아동복지법 개정(2000, 2007), 아동학대처벌법(2017), 입양특례법(2017) • 아동권리 강조, 유엔아동권리협약 국가보고서 제출 • 피학대아동 보호 및 지원 • 다양하고 전문적인 아동복지사업 전개

(1) 아동복지 태동단계: 1945~1950년대

이 시기 한국 사회는 정치적으로나 경제적으로 빈곤과 혼란의 시기였다. 광복 후 대한민국 정부가 수립되면서 헌법도 함께 제정되었으나 복지 관련 법령을 정비하거나 제도를 만들 사회적 여력이 전혀 갖추어지지 않았다. 극심한 재정난으로 국가는 사회복지에 관심을 둘 수 없었고 주로 외원단체의 지원에 의존하였다.

미군정 치하 1946년 공포된 아동노동법규는 14세 미만 아동의 노동을 금하고, 16세 미만 아동은 중공업 또는 유해 사업에 종사하지 못하도록 하였다. 또한 16세 미만 아동의 노동시간은 8시간 이내로, 18세 미만 아동은 10시간 이내로 규정했다. 1947년 공포된 미성년자노동보호법은 아동노동법규가 진일보한 것으로 미성년자가 유해하거나 위험한 직업 또는 노동에 종사하지 못하도록 보호하여 건전한 발육과 정당한 이익을 보장한 것이다.

1950년대 한국의 사회복지는 전쟁고아를 위한 시설 중심의 구호사업이었으며, 재원과 서비스는 주로 해외 민간단체의 원조에 의한 것이었다. 당시 전체 수용시설의 80%가 대규모 집단수용 보호시설이었으며 대부분 해외로부터 재정 지원을 받아 운영되었다. 시설보호 외에 해외 민간단체에 의한 아동후원 사업도 전개되었는데 미국 기독교아동복리회[13)], 세계기독교선명회[14)]가

대표적 단체이다. 한국전쟁을 겪으면서 혼혈아동이라는 새로운 문제가 발생했는데 이를 해결하고자 해외 입양이 시작되었다. 이 시기 아동보호는 전적으로 가족의 책임이었으며, 국가는 최소한 개입을 고수하는 소극적 태도였다. 아동복지사업은 요보호아동에 대한 응급구호 방식의 사후적 복지서비스였다.

(2) 선별적 아동복지 도입단계: 1960~1970년대

1960년대 들면서 최초의 아동복지 관련법이 제정되었다. 국가 차원의 정책이 도입되기 시작하였다. 1961년 제정된 아동복리법은 아동복지의 기본사항을 담고 있어 1981년 아동복지법이 제정되기까지 우리나라 아동복지의 성격을 결정짓는 근거법이 되었다. 아동복리법은 요보호아동을 대상으로 하여 선별적 아동복지를 실시하도록 규정하였다.

1960년대 후반부터 아동보호시설의 수가 감소하기 시작하였다. 1967년 당시 568개 시설, 수용아동 65,212명으로 정점을 찍었다가 점차 감소하는 추세를 보였다. 1960년대까지 외원단체가 아동복지시설의 운영 재원의 50% 이상을 구성하였으나 1970년대부터 외원단체의 철수와 사업축소에 따라 점차 국가의 재정 지원이 늘기 시작하였다. 따라서 정부는 요보호아동 발생을 예방하고 복지비용을 감소시키고자 탈시설화 정책을 표방하였으며, 탈시설화 정책의 실현을 위해 아동 양육에 있어서 가정이 최상의 환경임을 명시하면서 가족의 중요성이 강조되었다. 이를 위해 입양, 위탁, 영유아보육서비스 등 다양한 아동복지서비스 형태가 도입되기 시작하였다.

---

13) 1948년 미국 기독교아동복리회 한국지부가 전신임. 1994년 한국복지재단으로 이름을 바꾸었다가, 2008년 어린이재단으로 명칭을 변경함.

14) 1950년 한국전쟁 중 미국선교사에 의해 설립된 한국선명회가 최초임. 1953년 세계기독교선명회 본부에서 한국에 선명회 사무실을 개설함. 1998년 월드비전으로 명칭이 변경됨.

1965년부터 불우아동 발생 예방을 목적으로 아동상담이 시작되었는데 입양, 위탁, 거택보호 및 일시보호와 함께 아동 지도와 감독 기능을 담당하도록 하였다. 이와 더불어 요보호아동의 다양한 욕구를 충족시키고자 아동상담소 등 여러 형태의 아동복지시설이 설립되었다. 1976년 불우아동 건전육성대책을 수립하고 불우아동 결연사업을 전개하였다. 국내 입양의 어려움으로 해외입양은 계속 증가하였다. 또한 산업화와 경제성장으로 인하여 여성 취업인구가 증가함에 따라 보육에 대한 욕구가 증대하기 시작하였다. 이 시기의 아동복지의 특징은 국가적 책임의 법제화, 요보호아동을 대상으로 하는 사후적 서비스, 탈시설화 정책과 가정보호 강조, 아동복지 서비스의 다양화로 요약할 수 있다.

(3) 보편주의 아동복지 전환단계: 1980~1990년대

이 시기는 아동복지 관련법의 제정과 개정이 활발하게 이루어지면서 선별주의 아동복지에서 보편주의 아동복지로 전환한 시기이다. 1970년대 외원의 철수가 본격화되면서 아동복지에 대한 국가의 책임이 증대하였다. 1981년 제정된 아동복지법은 요보호아동 외에 일반 아동까지 대상을 확대하였다.

1986년 아시안게임과 1988년 올림픽 개최를 계기로 해외 입양에 대한 부정적 인식을 개선하고자 국내 입양활성화 정책을 전개하였다. 취업 여성의 증가와 사회적 보육수요 증대에 부응하여 1991년 영유아보육법을 제정하여 빈곤아동뿐만 아니라 일반아동까지 보육서비스를 확대 제공하여 보편적 아동복지를 보장하도록 하였다. 소년소녀가정 지원을 강화하고, 가정위탁보호 지침을 마련하는 등 아동복지사업의 내실화를 추구하였다.

1990년대 들어 아동권리에 대한 논의가 활발해지기 시작하였다. 아동권리 증진을 위하여 1991년 유엔아동권리협약의 당사국이 되었으며, 유엔아동권리위원회가 요구하는 국가보고서를 작성하고 제출하였다. 아동·청소년의 학교 부적응 문제를 해결하고자 교육복지를 구축하기 위하여 학교사회사업이 도입되었으며, 1995년 시범운영을 시작으로 전국적으로 확대되었다. 이 시기 아동복지는 가정과 지역사회 중심의 위탁보호로 전환하였으며, 국내 입양과 보육서비스의 중요성이 강조되었다. 보편적 아동복지로 전환하였으나, 요보호아동을 대상으로 하여 실질적으로는 선별적 아동복지에 머물렀다.

(4) 보편적 아동복지 실시단계: 2000년대 이후

2000년 개정된 아동복지법은 심각한 사회문제로 대두된 아동학대 문제에 초점을 두어 아동학대의 정의와 유형, 아동학대 신고 의무화, 긴급전화, 아동보호전문기관 설치를 의무화하였다. 또한 학대아동의 보호와 아동안전에 대한 제도적 지원을 공고히 하기 위해 아동복지지도원 신분을 별정직 공무원에서 사회복지전담공무원으로 변경하였다. 2004년 개정된 아동복지법은 아동의 권리증진을 위해 5년마다 아동정책기본계획을 수립하도록 하고 있으며 아동정책을 수립하고 관계부처의 의견을 조정하며 그 정책의 이행을 감독하고 평가하기 위하여 국무총리 산하에 아동정책조정위원회를 설치하도록 하였다.

2000년대 이후 아동복지시설은 대규모 수용보호를 지양하고 공동생활가정(group home)과 같은 소규모 가정 유형으로 다양화하였다. 2004년부터 빈곤아동을 대상으로 지역사회에서 보다 전문적이고 직접적인 아동복지서비스를 제공하기 위하여 지역아동센터를 설치하도록 하고 지원을 시작하였다. 2007년에는 0~12세 미만의 취약계층 아동과 가족을 지원하는 드림스타트 사업을 전개하도록 하였다.

2014년 학대로부터 아동을 보호하고 아동이 건강하게 자랄 수 있도록 하기 위하여 아동학대범죄의 처벌 등에 관한 특례법(약칭: 아동학대처벌법)을 제정하였으며, 2020년 개정된 아동복지법은 아동에 대한 상담 및 보호조치, 가정환경 조사, 아동복지시설 지도감독, 아동범죄 예방을 위한 현장 확인 및 지도감독 등 아동복지 증진에 관한 업무를 담당하기 위하여 아동복지전담공무원을 두도록 하였다. 이처럼 아동복지는 한층 더 보편적이자 포괄적 정책을 수립하고 있으며 단순하고 비전문적 서비스에서 다양하고 전문화된 복지서비스를 제공하는 것으로 평가할 수 있다.

표 6-2 우리나라 아동복지 발전역사 정리

구분	발전 방향
이념	사회구호 → 선별주의 → 보편주의
책임 주체	가족 → 국가와 사회
대상	요보호아동 → 일반아동
보호 형태	시설보호 → 가정과 지역사회 보호
시설 유형	집단적 대규모 수용보호 → 소규모 가정보호
서비스 특성	단순하고 비전문적 서비스 → 다양하고 전문화된 서비스

CHAPTER 07

아동복지 제도

1. 법률체계

1) 분류

아동복지 법률체계를 살펴보면, 아동복지법을 기본법으로 하고 관련 법률이 보완적으로 제정되어 있다. 1981년 제정된 아동복지법은 아동복지에 관한 기본사항을 담고 있다. 여기에 입양, 실종, 학대, 안전 등 아동복지 영역별 법률이 부가된 형태로, 총괄법적인 법체계가 갖추어지지 않은 상태이다. 2010년 이후 아동복지 관련 특별법이 몇 개 추가되기는 하였지만, 아직도 이혼·별거 부모로부터 양육비를 징수하는 아동부양법은 제정되지 않은 상태이다(오정수·정익중, 2017). 아동복지 법률체계를 분류하면 다음과 같다.

표 7-1 아동복지 법률체계

법령 특성	영역	법령(제정 연도)	주요 내용
기본법		아동복지법(1981)	아동복지에 관한 기본사항
특별법 (직접)	입양	입양특례법(1976)	입양
	실종	실종아동법(2005)	실종아동 예방

	학대	아동학대처벌법(2014)	아동학대 방지
	보육	영유아보육법(1991)	영유아보육
		아이돌봄지원법(2012)	아이 돌봄
	안전	학교안전사고예방법(2007)	학교안전사고 방지
		어린이놀이시설법(2007)	어린이놀이시설 안전사고 방지
		어린이식생활법(2008)	어린이 식생활 안전
		어린이제품안전법(2014)	어린이 제품안전
		어린이안전법(2020)	어린이 안전사고 방지
	장애	장애아동복지법(2011)	장애아동 복지지원
	지원	아동빈곤예방법(2011)	빈곤 예방 및 지원
		아동수당법(2018)	아동수당 지급
특별법 (간접)	시설	사회복지사업법(1970)	사회복지사업, 시설 운영
	보건	모자보건법(1973)	모자보건
	지원	기초생활보장법(1999)	빈곤아동, 소년소녀가장
		긴급복지지원법(2005)	위기가정 아동
	저출산	저출산·고령사회기본법(2005)	저출산 대책
	가정·가족	가정폭력방지법(1997)	가정폭력 방지
		건강가정기본법(2004)	건강가정 구성 지원
		한부모가족지원법(1989)	한부모가족 지원
		다문화가족지원법(2008)	다문화가족 지원
	교육	초중등교육법(1997)	초중등교육
		특수교육법(2007)	장애아동 특수교육
	비행	소년법(1958)	비행소년
	청소년	청소년기본법(1991)	청소년 기본
		청소년보호법(1997)	청소년 보호
		아동·청소년성보호법(2000)	아동·청소년 성보호
		청소년복지지원법(2004)	청소년복지 지원
	근로	근로기준법(1997)	미성년자 근로
	안전	교통안전법(1979)	교통사고 방지
		보행안전법(2012)	보행 안전

주: 2021년 5월 31일까지 제정·개정된 법령.

2) 아동복지법

1961년 제정된 아동복리법이 전신이다. 1981년 아동복지법으로 내용을 전면 개정하면서 명칭을 바꾸었다. 아동복리법은 요보호아동을 대상으로 시설보호 중심의 선별적 아동복지를 표방하였으나, 아동복지법은 일반 아동을 포함하여 지역사회 보호를 지향하는 보편주의적 아동복지로 선회하였다. 아동을 둘러싼 사회환경의 변화와 아동복지 수요 증가에 따라 부분적인 개정을 거듭하였으며, 특히 2000년, 2011년 대폭 개정하였다. 기본법적 성격을 띠며 아동복지와 관련하여 아동의 정의, 목적, 기본이념, 복지정책 수립 등 아동복지의 기본사항은 모두 이 법에 따른다.

아동복지법은 제1장 총칙, 제2장 아동복지정책의 수립 및 시행, 제3장 아동에 대한 보호서비스 및 아동학대의 예방 및 방지, 제4장 아동에 대한 지원서비스, 제5장 아동복지시설, 제6장 보칙, 제7장 벌칙으로 구성되어 있으며, 총 75개 조항으로 이루어져 있다.

(1) 총칙

제1장 총칙은 아동복지 목적, 기본이념, 국가와 지방자치단체의 책무, 보호자 등의 책무, 어린이날 및 어린이주간에 대한 조항으로 이루어져 있다.

아동복지법 제정의 목적은 '아동이 건강하게 출생하여 행복하고 안전하게 자랄 수 있도록 아동의 복지를 보장하는 것'이며(제1조), 차별금지, 안정된 가정환경, 아동의 이익 최우선, 권리보장과 복지증진을 네 가지 기본이념으로 명시하고 있다(제2조).

아동복지법에서는 "아동"을 '18세 미만인 사람'으로(제3조1항), "아동복지"를 '아동이 행복한 삶을 누릴 수 있는 기본적인 여건을 조성하고 조화롭게 성장

·발달할 수 있도록 하기 위한 경제적·사회적·정서적 지원'으로 규정하고 있다(제3조2항). 아동은 다시 보호대상과 지원 대상으로 분류하고 "보호대상아동"은 '보호자가 없거나 보호자로부터 이탈된 아동 또는 보호자가 아동을 학대하는 경우 등 그 보호자가 아동을 양육하기에 적당하지 아니하거나 양육할 능력이 없는 경우의 아동'(제3조4항), "지원대상아동"은 '아동이 조화롭고 건강하게 성장하는 데에 필요한 기초적인 조건이 갖추어지지 아니하여 사회적·경제적·정서적 지원이 필요한 아동'으로 정의하고 있다(제3조5항).

(2) 정책과 제도

제2장은 아동복지정책기본계획 수립, 아동정책조정위원회, 아동권리보장원, 아동종합실태조사, 아동정책영향평가, 아동복지심의위원회, 아동복지전담공무원, 아동위원에 대한 조항으로 이루어져 있다. 아동복지법은 아동의 안전·건강 및 복지를 증진을 위하여 지원정책을 수립·시행하여야 함을 국가와 지방자치단체의 책무로 명시하여 놓았다(제4조). 이에 따라 보건복지부장관은 아동정책의 효율적인 추진을 위하여 5년마다 아동정책기본계획을 수립하여야 하며(제7조), 시·도지사와 함께 기본계획에 따라 연도별 아동정책시행계획을 수립하고 시행하여야 한다(제8조). 이와 더불어 5년마다 아동의 양육 및 생활환경, 언어 및 인지발달, 정서적·신체적 건강, 아동안전, 아동학대 등 아동의 종합실태조사를 하도록 하고 그 결과를 기본계획과 시행계획에 반영하도록 하고 있으며, 아동복지에 미치는 영향을 분석·평가하도록 하고 있다(제11조, 제11조의2).

종합적인 아동정책을 수립하고 관계 부처의 의견을 조정하며 그 정책의 이행을 감독·평가하기 위하여 국무총리 소속으로 아동정책조정위원회를 두도록 규정하고 있다(제10조). 위원회에서는 기본계획 수립, 아동정책 개선과 예산지원 사항, 아동 관련 국제조약 이행 및 평가 조정 사항 등을 심의·조정한다. 국무총리가 위원장이 되며 위원장 포함 정부 관련 부처 장관 10명과 위원장이 위촉하는 아동 관련 전문가 15명 이내를 합하여 25명 이내의 위원으로 구성한다. 또한 아동정책에 대한 종합적인 수행과 아동복지 관련 사업의 효과적인 추진을 위하여 필요한 정책의 수립을 지원하고 사업평가 등의 업무를 수행할 수 있도록 아동권리보장원을 설립하도록 규정하였다(제10조의2).

시·도, 시·군·구는 연도별 아동정책시행계획 수립 및 시행, 아동 보호조치와 퇴소조치, 친권행사 제한 또는 친권상실 선고 청구, 후견인 선임이나 변경, 지원대상아동 선정 사항을 심의하기 위하여 아동복지심의위원회를 두어야 하며(제12조), 아동 상담 및 보호조치, 가정환경 조사, 아동복지시설 지도·감독, 아동범죄 예방을 위한 현장 확인 및 지도·감독 등 아동복지 업무를 담당하기 위하여 아동복지전담공무원을 두도록 하고 있다(제13조). 또한 시·군·구에 아동위원을 두어 관할 구역의 아동의 생활상태 및 가정환경을 파악하고 아동복지에 필요한 원조와 지도를 행하도록 하고 있다(제14조).

(3) 복지서비스

첫째, 제3장 1절은 아동보호서비스 관련이다. 보호대상아동의 입양, 대리양육, 가정위탁, 복지시설 입소, 전문치료기관 또는 요양소 입원 등의 보호조치, 양육상황 점검, 아동보호 사각지대 발굴 및 실태조사, 면접교섭 지원(제15조), 퇴소조치와 사후관리(제16조), 신체적, 정서적, 성적 학대와 방임 등의 금지행위(제17조), 아동학대 관련 친권자의 친권행사 제한 또는 친권상실 선고(제18조), 아동의 후견인과 보조인 선임(제19조~제21조)에 대한 조항이 들어있다.

둘째, 제3장 2절은 아동학대의 예방과 방지를 위하여, 정책의 수립 및 시행, 아동학대 실태조사, 아동학대 신고체제 구축, 피학대아동과 가정 지원,

아동학대 신고접수 및 현장조사, 아동학대전담공무원 임용(제22조), 아동학대사례전문위원회(제22조의5), 아동학대예방의 날 지정(제23조), 아동학대 신고의무자 교육(제26조), 아동학대 예방교육 실시(제26조의2), 국가아동학대정보시스템 운영(제28조의2), 아동학대 행위자의 아동관련기관의 취업 제한(제29조의4)을 규정하고 있다.

셋째, 제4장 1절은 아동의 안전과 건강을 위해 아동 안전교육(제31조), 아동보호구역과 영상정보처리기기 설치(제32조), 아동안전 보호인력 배치(제33조), 아동긴급보호소(제34조)를 규정하고 있다.

넷째, 제4장 2절은 아동의 성장 및 복지 여건이 취약한 가정을 선정하여 지원대상아동과 가족을 대상으로 보건, 복지, 보호, 교육, 치료 등을 종합적으로 지원하는 통합서비스지원과 자립지원을 실시하도록 규정하고 있다.

다섯째, 제4장 3절은 아동의 안전한 보호와 급식 및 간식 제공, 긴급상황 발생 시 돌봄서비스를 제공하도록 다함께돌봄센터를 설치·운영하도록 규정하고 있다.

여섯째, 제5장은 아동복지시설 관련이다. 각종 아동복지시설의 설치기준과 운영에 관해 규정하고 있다. 아동복지시설의 종류로는 아동양육시설, 아동일시보호시설, 아동보호치료시설, 공동생활가정, 자립지원시설, 아동상담소, 지역아동센터, 아동보호전문기관(제45조~제46조), 가정위탁지원센터(제48조~제49조), 아동전용시설(제53조)이 있으며, 시설의 설치기준, 업무, 종사자, 정지·시설 폐쇄 등의 내용을 담고 있다.

아동복지시설 유형

① 아동양육시설: 보호대상아동을 입소시켜 보호, 양육 및 취업훈련, 자립지원 서비스 등을 제공하는 것을 목적으로 하는 시설
② 아동일시보호시설: 보호대상아동을 일시보호하고 아동에 대한 향후의 양육대책수립 및 보호조치를 행하는 것을 목적으로 하는 시설
③ 아동보호치료시설: 아동에게 보호 및 치료 서비스를 제공하는 다음 각 목의 시설 가. 불량행위를 하거나 불량행위를 할 우려가 있는 아동으로서 보호자가 없거나 친권자나 후견인이 입소를 신청한 아동 또는 가정법원, 지방법원소년부지원에서 보호위탁된 19세 미만인 사람을 입소시켜 치료와 선도를 통하여 건전한 사회인으로 육성하는 것을 목적으로 하는 시설 나. 정서적·행동적 장애로 인하여 어려움을 겪고 있는 아동 또는 학대로 인하여 부모로부터 일시 격리되어 치료받을 필요가 있는 아동을 보호·치료하는 시설
④ 공동생활가정: 보호대상아동에게 가정과 같은 주거 여건과 보호, 양육, 자립지원 서비스를 제공하는 것을 목적으로 하는 시설
⑤ 자립지원시설: 아동복지시설에서 퇴소한 사람에게 취업준비기간 또는 취업 후 일정 기간 동안 보호함으로써 자립을 지원하는 것을 목적으로 하는 시설
⑥ 아동상담소: 아동과 그 가족의 문제에 관한 상담, 치료, 예방 및 연구 등을 목적으로 하는 시설
⑦ 아동전용시설: 어린이공원, 어린이놀이터, 아동회관, 체육·연극·영화·과학실험전시 시설, 아동휴게숙박시설, 야영장 등 아동에게 건전한 놀이·오락, 그 밖의 각종 편의를 제공하여 심신의 건강유지와 복지증진에 필요한 서비스를 제공하는 것을 목적으로 하는 시설
⑧ 지역아동센터: 지역사회 아동의 보호·교육, 건전한 놀이와 오락의 제공, 보호자와 지역사회의 연계 등 아동의 건전육성을 위하여 종합적인 아동복지서비스를 제공하는 시설

3) 아동복지 관련법

(1) 입양특례법

1961년 제정된 고아입양특례법이 전신이다. 1976년 제정되었으며 이후 몇 차례 개정을 거듭하였다. 1995년 입양촉진 및 절차에 관한 특례법으로 명칭

을 바꾸었다가 2011년 다시 입양특례법으로 재개정되면서 내용을 대폭 수정하였다. 총 8장 45개 조항으로 구성되어 있다.

법의 주요 목적(제1조)은 요보호아동의 입양에 관한 요건 및 절차에 관한 특례와 지원에 필요한 사항을 정하여 양자가 되는 아동의 권익과 복지를 증진하고자 하는 것이다. 입양의 원칙(제4조), 매년 5월 11일 입양의 날(제5조), 국내입양 우선 추진과 국외입양 감축(제7조~제8조) 조항이 들어 있다. 제2장은 입양의 요건 및 효력에 관한 조항으로 구성되어 있다. 양자가 될 자격(제9조), 양친이 될 자격(제10조), 가정법원의 허가(제11조), 입양의 동의(제12조~제13조), 입양의 취소(제16조), 파양(제17조), 국외입양(제18조~제19조)이다. 제3장은 입양기관의 의무, 사후서비스 등에 관한 조항이다.

양친이 될 자격

1. 양자를 부양하기에 충분한 재산이 있을 것
2. 양자에 대하여 종교의 자유를 인정하고 사회의 구성원으로서 그에 상응하는 양육과 교육을 할 수 있을 것
3. 양친이 될 사람이 아동학대 · 가정폭력 · 성폭력 · 마약 등의 범죄나 알코올 등 약물중독의 경력이 없을 것
4. 양친이 될 사람이 대한민국 국민이 아닌 경우 해당 국가의 법에 따라 양친이 될 수 있는 자격이 있을 것
5. 양친이 될 사람은 양자가 될 아동이 복리에 반하는 직업이나 그 밖에 인권침해의 우려가 있는 직업에 종사하지 아니하도록 하여야 하며, 양친이 되려는 사람은 입양의 성립 전에 입양기관이 제공하는 소정의 교육을 마칠 것

가정법원의 허가

1. 양자가 될 아동의 출생신고 증빙 서류
2. 양친이 될 자격을 구비하였다는 서류
3. 친생부모의 입양동의 서류

(2) 실종아동 등의 보호 및 지원에 관한 법률(약칭: 실종아동법)

실종아동법은 2005년 제정되었다. 법의 목적(제1조)은 실종아동의 발생을 예방하고 조속한 발견과 복귀를 도모하며 복귀 후의 사회적응을 지원함으로써 실종아동과 가정의 복지증진에 이바지하고자 하는 것이다. 총 19개 조항으로 구성되어 있다.

매년 5월 25일 실종아동의 날과 실종아동주간(제3조의2), 신고의무(제6조), 실종아동 조기발견을 위한 사전신고증 발급(제7조의2), 실종아동 지문 등 정보 등록·관리(제7조의3), 정보연계시스템 구축·운영(제8조), 유전자 검사(제11조) 등에 대한 조항으로 구성되어 있다.

실종아동법 상 신고의무자

1. 보호시설의 장 또는 종사자
2. 아동복지전담공무원
3. 사회복지전담공무원
4. 청소년 보호·재활센터 장 또는 종사자
5. 의료기관의 장 또는 의료인
6. 업무·고용상 아동 보호·감독하는 사람

(3) 아동학대범죄의 처벌 등에 관한 특례법(약칭: 아동학대처벌법)

아동학대처벌법은 2014년 제정되었으며, 비교적 최근에 제정된 법이다. 총 6장과 64개 조항으로 구성되어 있다. 법의 목적(제1조)은 아동학대범죄의 처벌 및 절차에 관한 특례와 피해아동 보호절차 및 아동학대 행위자에 대한 보호처분을 규정하여 아동을 보호하고 건강한 성장을 도모하는 것이다.

아동학대범죄로는 아동학대로 인한 살해·치사(제4조)와 중상해(제5조)가 있다. 상습범에 대한 가중처벌(제6조), 아동복지시설의 종사자 등에 대한 가중처벌(제7조), 형벌과 수강명령 등의 병과(제8조), 친권상실 청구(제9조), 아동학대 신고전화 112(제10조), 신고자 보호조치(제10조의3), 현장출동(제11조), 피해아동 응급조치(제12조), 행위자 긴급임시조치(제13조), 변호사 선임(제16조), 가정법원의 피해아동보호명령(제47조), 과태료(제63조)[15] 등으로 구성되어 있다.

아동학대범죄에 대한 처벌 수위

1. (살해) 아동을 살해한 경우 사형, 무기 또는 7년 이상의 징역
2. (치사) 인하여 아동을 사망에 이르게 한 경우 무기 또는 5년 이상의 징역
3. (중상해) 아동의 생명에 대한 위험, 불구, 난치병에 이르게 한 경우 3년 이상의 징역
4. (상습범) 상습적으로 아동학대 범죄를 범한 경우 그 죄에 정한 형의 2분의 1까지 가중
5. (아동복지시설 종사자) 아동학대 신고의무자가 아동학대 범죄를 범한 경우 그 죄에 정한 형의 2분의 1까지 가중

아동학대처벌법 상 아동학대 신고의무자

1. 아동권리보장원 장과 종사자 2. 가정위탁지원센터 장과 종사자 3. 아동보호전문기관 장과 종사자 4. 아동복지시설 장과 종사자 5. 사회복지시설 장과 종사자 6. 장애인복지시설 장과 종사자, 장애아동 상담·치료·훈련·요양 업무 담당자 7. 청소년시설 및 청소년단체 장과 종사자 8. 청소년 보호·재활센터 장과 종사자 9. 아동복지전담공무원 10. 사회복지전담공무원 11. 건강가정지원센터 장과 종사자 12. 다문화가족지원센터 장과 종사자 13. 한부모가족복지시설 장과 종사자 14. 학원의 운영자·강사·직원, 교습소 교습자·직원 15. 가정폭력 관련 상담소 및 가정폭력피해자보호시설 장과 종사자 16. 성매매피해상담소 장과 종사자 17. 성폭력피해상담소 / 성폭력피해자보호시설 / 성폭력피해자통합지원센터 장과 종사자 18. 119구급대 대원 19. 응급의료기관 응급구조사 20. 육아종합지원센터 장과 종사자 21. 어린이집 원장과 보육 및 교육 직원 22. 유치원 장과 종사자 23. 학교의 장과 종사자 24. 의료기관 장과 종사 의료인 및 의료기사 25. 정신건강복지센터 / 정신

15) 정당한 사유 없이 신고를 하지 아니한 경우 1차 위반 150만 원, 2차 위반 300만 원, 3차 이상 위반 500만 원의 과태료를 부과하며, 위반행위가 둘 이상이거나, 최근 2년 이내 법 위반 사실이 있는 경우 과태료 금액의 1/2 금액을 늘릴 수 있도록 하고 있음(아동학대처벌법 시행령 제8조).

의료기관 / 정신요양시설 / 정신재활시설 장과 종사자 26. 아이돌보미 27. 취약계층아동 통합서비스지원 수행인력 28. 입양기관 장과 종사자

신고의무 위반 과태료 부과기준

	1차 위반	2차 위반	3차 이상 위반
과태료 금액(만 원)	100	300	500

2. 정책체계

1) 아동정책

정부는 아동의 삶의 질 수준을 고양하고 복지사회를 구현하기 위하여 다양한 아동정책을 수립해 왔다. 지금까지 정부가 추진하여 온 아동정책을 살펴보면 각 영역별 계획이나 대책이 마련되어 왔으나 아동을 위한 종합적인 기본계획은 수립되지 않았었다. 2011년 아동복지법을 전면 개정하면서 아동종합기본계획 수립과 아동종합실태조사 실시에 대한 법적 근거를 마련하였다. 그에 따라 2013년 1차 아동종합실태조사를 처음 실시하였고 2015년 제1차 아동정책 기본계획(2015~2019), 2018년 2차 아동종합실태조사, 2020년 제2차 아동정책 기본계획(2020~2024)을 수립하였다.

표 7-2 아동정책 추진현황

분야		주요 대책
종합계획	아동	유엔아동권리협약 국가보고서
		청소년육성기본계획(청소년기본법)
		건강가정기본계획(건강가정기본법)
	일반	사회보장기본계획(사회보장기본법)
		저출산 고령사회 기본계획(저출산고령사회 기본법)
보육·교육	아동	보육종합대책(영유아보육법)
		유아교육발전기본계획(유아교육법)
		인성교육종합계획(인성교육진흥법)
		학교체육활성화 추진계획(학교체육진흥법)
		학교폭력 예방 및 대책 기본계획(학교폭력예방대책법)
문화	일반	문화예술교육종합계획(문화예술교육지원법)
		독서문화진흥기본계획(독서문화진흥법)
		산림교육기본계획(산림교육의 활성화에 관한 법률)
건강·식품	아동	어린이식생활안전관리 종합계획(어린이식생활안전관리특별법)
		학생건강증진기본계획(학교보건법·학교급식법)
	일반	국민건강증진종합계획(국민건강증진법)
		건강검진종합계획(건강검진기본법)
		결핵관리종합계획(결핵예방법)
		자살예방기본계획(자살예방 및 생명존중법)
		식품안전종합대책(식품안전기본법)
		국민영양관리기본계획(국민영양관리법)
		식생활교육기본계획(식생활교육지원법)
안전	아동	어린이안전종합대책(재난 및 안전관리기본법)
		어린이환경보건종합계획(환경보건법)
		아동학대예방 및 피해아동 조기발견·보호 종합대책(아동복지법)
		어린이제품안전 기본계획(어린이제품안전 특별법)
		청소년보호종합대책(청소년보호법)
		학교안전사고예방계획(학교안전사고예방 및 보상에 관한 법률)
		어린이통학차량안전강화종합대책(재난 및 안전관리기본법)
	일반	국가안전관리기본계획(재난 및 안전관리기본법)
		교통안전기본계획(교통안전법)
권리	아동	학교 밖 청소년 지원계획(학교밖청소년지원에 관한 법률)
	일반	외국인정책기본계획(재한외국인처우기본법)
		국가인권정책기본계획(국가인권위원회법)

출처: 제1차 아동정책기본계획.

2) 제2차 아동정책 기본계획

2020년 관계부처 합동으로 제2차 아동정책 기본계획(2020~2024)을 수립하였다. 제2차 아동정책 기본계획을 수립하게 된 사회적 배경에는, 제1차 아동정책 기본계획이 아동의 보편적 복지 확대 등에 노력하였음에도 아동의 행복수준을 높이는데 부족하였고, 복지, 교육, 여가·문화, 안전, 사법 절차 등 전반에 아동중심 관점을 반영할 필요가 있으며, 특히 코로나19와 같은 대규모 감염병 재난 발생으로 인한 사회변화도 고려할 필요가 있다는 것이다.

제2차 아동정책 기본계획이 제시한 비전은 "아동이 행복한 나라"이다. 이에 따라 핵심 목표도 아동권리의 존중 및 실현과 아동이 행복을 누릴 수 있는 환경을 조성하는 것이다. 추진 전략은 권리주체 아동권리 실현, 건강하고 균형 있는 발달 지원, 공정한 출발을 위한 국가책임 강화, 코로나19 대응 아동정책 혁신의 4가지이다. 추진전략별 추진과제와 세부 정책과제의 내용은 다음과 같다.

표 7-3 제2차 아동정책 기본계획

추진전략	추진과제	세부 정책과제 및 내용
권리주체 아동권리 실현	아동권리 실현을 위한 정책추진체계 마련	- 아동기본법 제정 추진 - 아동정책영향평가 확대 - 시·도 단위 아동정책 조정·지원체계 구축 추진
	생활 속 아동권리 실현	- 아동청원 도입, 참여권 제도화, 학생회 법제화 - 사법 절차상 아동의견 청취 근거 명문화 - 공적 등록 확대, 친권보충제도(미성년 후견인) 활성화 - 출생통보제, 보호(익명)출산제 도입 추진 - 미성년 공공후견인 제도 도입 추진
건강하고 균형 있는 발달 지원	놀이와 학습이 조화로운 학교와 지역사회	- 아동발달 단계별 아동 우대제도 도입 추진 - 놀이선도지역 선정 - 자사고·외고의 일반고 전환 추진 - 자유학기제, 고교학점제

	아동 신체와 마음 건강관리 강화	- 중증소아 재택의료 지원 - 장애아동 구강·재활의료기관 확충 - 심리상담 전담인력 확충
	폭력과 각종 안전사고로부터 보호	- 신종 성범죄 예방·처벌 법적 근거 마련 추진 - 어린이 보호구역 교통안전시설 대폭 개선 - 아동 사용제품 안전관리체계 확립 - 영유아 대상 급식 안전관리 강화
공정한 출발 국가책임 강화	아동중심 공적 보호·돌봄체계 구축	- 입양 전 과정에서 공적 책임 강화 - 가정위탁 양육비 지원확대, 전문가정위탁제도 법제화 추진 - 공공보육 이용률 40% 달성 목표 - 가정·지역사회 공동육아지원확대, 다함께돌봄센터 확충
	저소득가구 등 취약아동 지원 강화	- 저소득 아동가구 공공임대주택 지원강화 - 한부모·장애아 자녀양육 지원강화 - 미등록 이주민 자녀의 의료비 지원 가능 개선 추진
코로나19 대응 아동정책 혁신	가정의 양육 역량 강화	- 아동수당 지급범위 확대 모색 - 모성보호 사각지대 보완 - 국가 재난시 자녀돌봄을 위한 가족돌봄휴가 기간확대
	재난 상황에 대응 가능한 돌봄체계 마련	- 재난 상황 시 시설 대응역량 강화, 대응매뉴얼 체계화 - 탄력적 학사지원 제도화 - 긴급돌봄체계운영 추진 - 돌봄취약가정 비대면 서비스, 아동 AI 서포터즈 도입 추진

3) 주요 아동정책

보건복지부가 추진하고 있는 아동정책은 크게 아동권리정책, 아동보호정책, 아동복지서비스정책으로 분류할 수 있다.

(1) 아동권리정책

① 유엔아동권리협약 이행 추진

1991년 우리나라가 유엔아동권리협약에 가입하여 협약당사국이 되면서 요보호아동에 대한 정책이 아동권리 보장이라는 관점에서 새롭게 출발하였다. 유엔아동권리협약이 명시하고 있는 차별금지, 아동이익 최우선, 생명 및 발달권, 의사표현 원칙을 준수하기 위하여 아동권리증진정책을 실행해 왔다.

협약 제44조는 조문별 이행사항, 유엔아동권리위원회 권고 이행사항 등에 대한 국가보고서를 작성하여 위원회에 제출하도록 규정하고 있는데, 대한민국 정부는 1994년 제1차 보고서, 2000년 제2차 보고서, 2008년 제3·4차 국가보고서, 2017년 제5·6차 통합국가보고서를 제출하였으며, 유엔아동권리위원회로부터 2019년 제5·6차 국가보고서 심의를 받았다.

② 대한민국 아동총회 개최

대한민국 아동총회는 아동에게 영향을 미치는 정책과 문제에는 반드시 당사자인 아동의 의견을 반영할 기회를 만드는 목적을 가지고, 2002년 5월 유엔아동특별총회에서 결의된 "아동이 살기 좋은 세상"을 구현하기 위한 국가적 책임과제로 시작되었다. 2004년 제1회 대한민국 아동총회를 개최한 후 매년 개최되고 있다. 2020년 제17회 아동총회가 열렸다. 아동총회는 지역대회와 본 대회로 나누어 열리고 있으며 각 지역의 아동대표들이 모여 아동과 관련된 문제를 토론하고 그 결의문을 정부에 제출한다.

2020년 제17회 아동총회에서는 전국의 아동대표들이 모여 "아직, 아동들이 직접 말하지 못한 이야기"라는 슬로건과 4가지 키워드(참여, 놀 권리, 진로, 건강)로 토의로 진행하였고, 총 15개의 정책 결의문이 채택되었다. 코로나19 사회적 재난으로 인하여 온라인으로 진행되었다.

표 7-4 제17회 대한민국 아동총회 결의문

회차	결의문
2020년 제17회	주제: 아직, 아동들이 직접 말하지 못한 이야기 1. 모든 학부모들이 시청할 수 있도록, 아동들이 직접 놀 권리 침해에 대한 고충을 이야기하는 공익광고를 제작하여 한 달에 1~2번 TV 등 다양한 매체를 통해 홍보해 주세요. 2. 학생들의 성적 부담을 줄이고 진로를 찾기 위해 진로 활동을 늘리고, 대학 입학 기준에서 성적 비중을 줄여주세요. 3. 정규 수업시간을 활용해, 전교생을 대상으로 효과가 입증된 전문가의 심리 안정 및 치료 교육을 의무적으로 실시해 주세요. 4. 진로교육을 할 때, 새로운 직업군에 대한 안내 및 체험활동을 아동의 눈높이에 맞추어 추가적으로 실시해 주세요. 5. 일주일에 한 번 정규시간에 아동 주도로 관심사별 프로그램을 기획, 활동할 수 있게 해주세요. 6. 서울 시내 일부 학교에서 운영 중인 청소년 스트레스 프리존과 같이 학교 내에서 스트레스를 해소할 수 있는 공간을 마련해 주세요. 7. 실내에만 머물러 건강을 챙기지 못하고 있는 아동들을 위해 쌍방향 소통 운동 프로그램을 제작해 주세요. 8. 아동의 참여권 보장을 위해 선생님의 학급회 참여와 의견 피드백을 의무화해 주세요. 9. 초등학교에서 학생들이 자발적으로 진로 동아리를 만들 경우, 국가나 교육청 차원에서 동아리를 지도해 줄 수 있는 멘토를 파견해주고, 진로캠프나 현장 직업체험을 할 수 있는 재정적 지원을 해주세요. 10. 진로 적성 검사를 제공하고 이와 관련한 시설의 위치, 다양한 직업 소개 영상 등을 다루는 복합적인 진로 관련 사이트를 만들어 주세요. 11. 아동의 권리를 이해할 수 있는 체험형 교육을 1년에 4번 의무화해 주세요. 12. 모든 학교를 대상으로 아동총회를 실시하여 아동권리교육을 실시하고 더 많은 아동들의 참여권을 보장해 주세요. 13. 아동의 의견을 반영하여 초등 6학년까지 이용할 수 있는 공립 실내 놀이시설을 만들어 주고, 매달 1번씩 시설점검을 의무화해 주세요. 14. 아동들의 놀 권리를 보장하기 위해 중간 놀이시간을 국내 초등학교에 확대하고, 공교육을 강화해 주세요. 15. 아동용 진로체험 어플 '진로를 찾아서'를 개발해 아동들이 원하는 직업 종사자를 만나 궁금한 점을 질문하고 직업을 체험할 수 있게 해주세요.

(2) 아동보호정책

① 아동학대 예방

아동학대 예방사업의 목적은 아동학대 예방 강화와 피해아동 보호를 통한 아동의 건강한 성장환경 조성 및 권리증진을 도모하고자 하는 것이다. 법적 기반은 2004년 제정된 아동학대처벌법이다. 사업내용은 아동복지법 개정과 아동학대 예방 매뉴얼 및 지침 마련 등 아동학대 예방을 위한 정책 수립과 관련 법제도 개선, 아동보호전문기관 확충 및 아동학대 대응 인력 증원을 통한 아동학대 예방 인프라 강화, 신고의무자 교육, 아동학대 예방교육 강화, 아동학대 인식개선을 위한 대국민 홍보 추진의 세 가지가 있다.

대표적인 관련 기관은 아동권리보장원, 아동보호전문기관, 학대피해아동일시보호쉼터이다. 아동보호전문기관은 2001년 처음 아동학대예방센터로 출발하여 현재 전국에 69개소 분포되어 있다. 2005년 지방에 이양되었던 지역아동보호전문기관 운영을 2015년 국고보조사업으로 전환하여 아동학대 예방사업에 대한 국가의 책임을 강화하였다. 학대피해아동일시보호쉼터는 76개소가 분포되어 있는데, 학대피해아동에 대한 긴급 분리보호를 실시하는 곳이다.[16]

② 실종아동 보호

취약계층인 아동 및 지적·자폐성·정신장애인의 실종을 예방하기 위한 교육과 홍보를 개진하고, 장기실종아동가족 지원을 통한 가족해체 예방이 목적이다. 실종아동 발생을 예방하고 신속한 가정 복귀를 도모하고자 2005년 제정된 실종아동법이 법적 기반이다. 사업내용을 살펴보면 실종아동전문센터를 운영하면서, 실종아동 등과 관련한 실태조사 및 연구, 실종아동 등의 발생예방을 위한 연구·교육·홍보, 실종아동 등의 가족지원, 실종아동 등의 복귀 후 사회적응을 위한 상담 및 치료서비스 제공, 실종아동 찾기를 위한 정보연계 시스템 및 DB구축·운영, 기타 실종아동 등의 보호 및 지원사업을 추진하고 있다.

16) 2021년 5월말 기준.

③ 아동 안전사고 예방

부모, 교사 또는 종사자의 안전의식 강화 및 대응능력 향상으로 아동이 안전하게 성장할 수 있는 환경을 조성하는 것이 목적이다. 사업내용을 살펴보면 안전교육 활성화를 위해 아동복지법에 맞춘 5대 의무교육주제와 응급처치 교육 콘텐트 개발·보급 및 예방홍보를 실시하는 것이다. 전국 아동복지시설, 보육시설, 유치원, 초·중·고 18세 미만 아동을 대상으로 아동안전 체험 콘텐츠 개발 및 체험안전교육, 아동·교사 대상 온·오프라인 안전교육 및 콘텐츠 보완·개선, 아동안전 예방 홍보 및 연구조사로 구성되어 있다.

3. 전달체계

1) 아동복지 서비스 전달체계

아동복지 서비스 전달체계는 아동복지정책을 아동복지 서비스로 전환하여 아동복지 대상자인 아동과 가족에게 전달하는 체계를 말하며 공적·사적 조직적 체계 모두를 포함한다. 아동복지의 궁극적 목적은 효과적이고 효율적인 전달체계를 마련하여 대상자인 아동과 가족에게 적절한 서비스를 제때 제공해 주는 것이다. 이와 더불어 아동복지 서비스 전달체계는 대상자에게 각종 서비스에 대한 정보 제공과 교육 기능, 서비스 기관과 연계·협력하는 기능을 수행하게 된다. 즉 아동의 문제를 사정하고 동원 가능한 복지자원을 찾아 이용할 수 있도록 돕고, 때에 따라 타 기관에의 위탁으로 필요한 서비스를 받도록 보장하며, 아동의 권리보장을 위한 대리자로서 기능과 역할을 담당하는 것이다(도미향 외, 2009).

(1) 행정체계와 집행체계

아동복지와 관련된 모든 조직은 구조와 기능상 행정체계와 집행체계로 분류할 수 있다. 행정체계는 서비스 전달을 기획, 지원, 관리하는 체계이며, 집행체계는 전달자가 수급자와 상호접촉을 가지면서 서비스를 직접 전달하는 체계를 말한다.

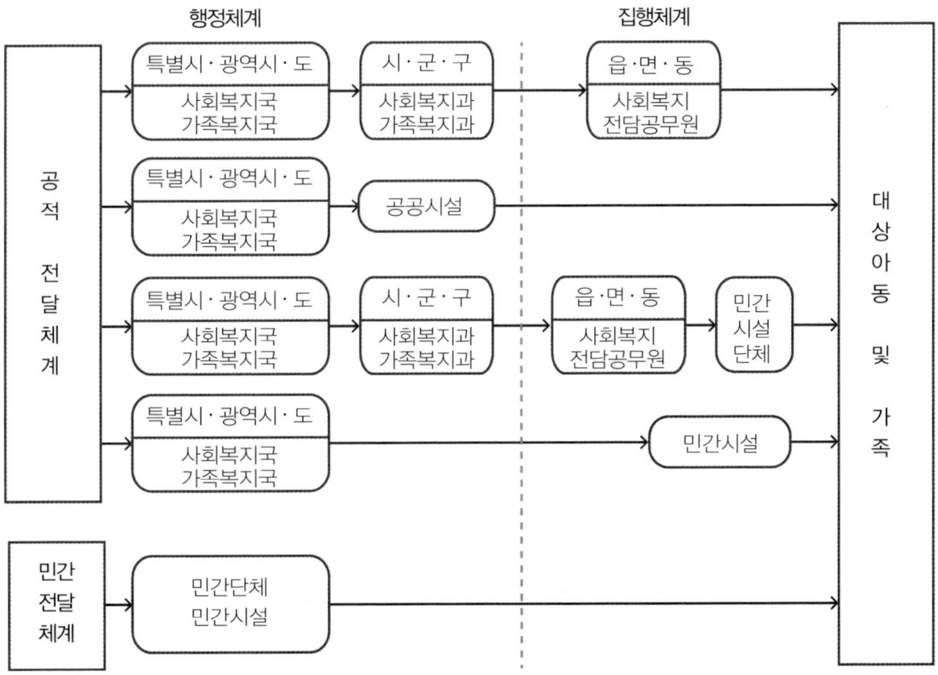

그림 7-1 아동복지 서비스 전달체계

출처: 배화옥(2010). 아동과 복지. p. 146.

아동복지 서비스 전달의 흐름을 살펴보면 보건복지부, 특별시 · 광역시 · 도, 시 · 군 · 구, 읍 · 면 · 동 주민센터, 대상 아동과 가족으로 이어진다. 시 · 군 · 구에서 아동과 가족에게 직접적으로 서비스가 전달되기도 하지만 읍 · 면 · 동 주민센터를 거치거나 민간시설이나 단체를 거치기도 한다. 보건복지부에서 시 · 군 · 구까지 이르는 체계는 아동복지 서비스의 계획, 지시, 지원, 관리, 감독하는 업무가 주로 이루어지므로 행정체계이며, 읍 · 면 · 동에서 대상 아동과 가족까지 이르는 체계는 구체적 서비스가 직접 전달되므로 집행체계라 할 수 있다.

(2) 공공체계와 민간체계

아동복지 서비스 전달체계를 운영 주체에 따라 공적 전달체계 혹은 공공 전달체계와 민간전달체계로 구분한다. 공공 전달체계는 중앙정부이거나 지방정부, 공공기관이 관리, 운영하는 것을 의미한다. 민간전달체계는 복지재단, 자원봉사단체, 사회복지협의회, 수용시설 및 이용시설 등 민간이 직접 관리 · 운영하는 것을 말한다.

(3) 문제점

우리나라 아동복지 서비스 전달체계에서 발견되는 몇 가지 문제점을 살펴보면, 첫째, 공적 전달체계는 상의하달식의 수직적 체계로서 각 지역의 특성과 서비스 대상자의 욕구를 반영한 서비스 제공이 어렵다. 둘째, 행정업무의 획일성으로 인하여 사회복지전담공무원이 전문성을 발휘하여 자율적으로 업무를 수행하기가 어렵다. 또한 사회복지전담공무원의 수가 절대적으로 부족한 관계로 이들의 업무가 과다하여 전문적 대인서비스가 이루어지기 어려운 문제가 발생한다. 마지막으로 아동, 보육아동, 청소년 관련업무가 보건복지부, 여성가족부, 문화체육관광부로 다원화되어 있을 뿐만 아니라, 정책 수립과 실행을 담당하는 시·군·구나 읍·면·동은 행정안전부 기관이어서 서비스 전달에 있어 효율적 체계가 이루어지지 않고 있다.

민간전달체계의 경우, 대부분의 운영 주체가 재정력이 미약하여 국고보조에 주로 의존하여 운영하고 있다. 그 결과 전문인력에 대한 적절한 보상이 충분하지 못하여 이직률이 높고 우수한 인력을 확보하기 어려운 점이 있다. 또한 운영 과정에 있어서 행정기관의 지도와 감독을 받아 자율성과 창의성에 있어 제약을 받는 실정이다.

2) 아동복지 기관

아동복지 기관은 공공기관, 민간기관 혹은 비영리기관으로 나눌 수 있다. 공공기관과 민간기관과 다른 제3의 유형이 영리기관이다. 공공기관과 민간기관 모두 다 아동복지 수준을 향상한다는 공통의 목표가 있으나, 설립의 법적 근거, 재정 조달, 대상 아동, 사상적 기반이 되는 복지 철학에서 상당한 차이가 있다(Downs et al., 2004).

(1) 공공기관

공공기관(public child welfare agencies)은 법령을 근거로 설립되며 또한 법령에 아동복지 서비스를 제공하라는 기관의 책임이 명시된다. 공공기관의 재정은 조세로 충당된다. 중앙단위와 지방단위가 있다.

① 중앙단위

아동복지 관련 대표적인 중앙단위의 기관은 보건복지부(Ministry for Health

and Welfare)로 아동복지 서비스 전달의 중추적 역할을 담당하는 행정기관이다. 미국의 보건복지부(Department of Health and Human Services: DHHS)에 해당한다. 아동복지를 위하여 공공부조, 의료보호, 가족서비스 등 다양한 사업을 개진하면서 재정지출을 담당한다.

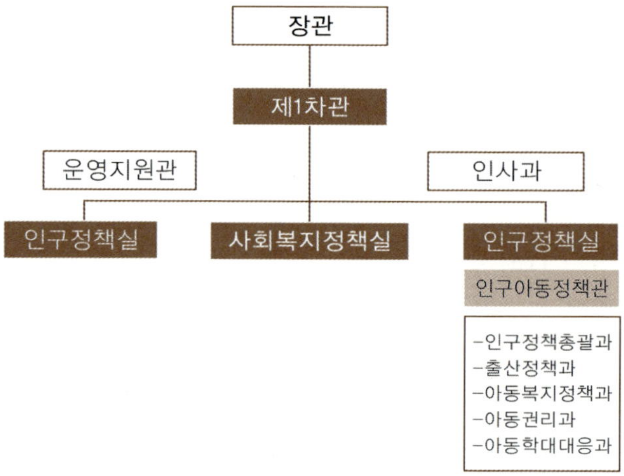

그림 7-2 보건복지부 조직도(일부)

출처: 보건복지부 홈페이지(www.mohw.go.kr)

인구정책실 내에 있는 아동복지정책과, 아동권리과, 아동학대대응과 3개 과가 핵심적 부서이다. 아동복지정책과는 아동복지에 관한 정책 총괄 및 종합계획의 수립·시행, 아동복지법령 제정·개정에 관한 사항, 아동복지서비스 조사·연구·홍보 및 통계 관련 업무 등을 맡고 있다. 아동권리과는 아동권리 증진 및 인권보호에 관한 다양한 업무를 담당하고 있다. 아동학대대응과는 아동학대 예방을 위한 지원사업 등 다양한 업무를 맡고 있다.

표 7-5 보건복지부 아동복지 담당과

부서명	부서별 업무내용
아동복지정책과	1. 아동복지에 관한 정책 총괄 및 종합계획의 수립·시행 2. 아동복지법령 제정·개정에 관한 사항 3. 아동정책조정위원회에 관한 사항 4. 아동복지서비스 조사·연구·홍보 및 통계에 관한 사항 5. 아동복지관련 업무의 중앙부처 및 지방자치단체 협의·조정 6. 빈곤아동종합대책의 수립 및 조정 7. 가정위탁, 소년소녀가정에 관한 사항 8. 아동복지시설, 그룹홈 등 운영·지원에 관한 사항 9. 입양특례법령 제정·개정에 관한 사항 10. 국내외 입양 제도개선 및 활성화 종합대책 수립·시행에 관한 사항 10-2. 국내외 입양 실태조사·연구·홍보 및 통계에 관한 사항 10-3. 헤이그국제아동입양협약에 관한 사항 10-4. 중앙입양원 및 입양 기관·단체에 관한 사항 11. 아동발달지원계좌에 관한 사항 12. 아동관련 법인 및 단체에 관한 사항 13. 한국아동복지협회, 한국아동그룹홈협의회에 관한 사항
아동권리과	1. 아동권리증진 및 인권보호에 관한 사항 2. 아동권리 관련 국제협약 및 국제협력에 관한 사항 3. 아동학대 예방 및 보호에 관한 사항 4. 아동건강관리에 관한 사항 5. 결식아동 급식에 관한 사항 6. 실종아동보호 및 지원에 관한 사항 7. 실종아동등의 보호 및 지원에 관한 법령 제정·개정에 관한 사항 8. 아동에 대한 맞춤형 통합서비스 제공에 관한 사항 9. 지역아동센터, 방과 후 돌봄서비스에 관한 사항 10. 아동복지교사 파견 및 관리에 관한 사항 11. 어린이날, 어린이 주간 등 아동행사에 관한 사항 12. 아동안전에 관한 사항
아동학대대응과	1. 관계기관 협력을 통한 아동학대 예방 및 피해아동 보호대책의 수립·시행 2. 아동학대 관련 법령에 관한 사항 3. 아동학대 예방을 위한 중앙행정기관 및 지방자치단체와의 협력에 관한 사항 4. 아동학대 관련 범죄전력자 취업제한제도 운영에 관한 사항 5. 아동보호전문기관 및 학대피해아동쉼터의 설치·운영에 관한 사항 6. 피해아동에 대한 의료 및 법률 서비스 지원에 관한 사항 7. 아동학대 예방 관련 법인 및 단체에 대한 지원 8. 아동학대 예방 및 피해아동 보호 실태에 관한 조사·연구에 관한 사항 9. 아동학대 관련 통계의 생산 및 관리 10. 위기아동 조기발견시스템의 운영 및 관계기관 간 정보연계에 관한 사항 11. 국가아동학대정보시스템의 운영 및 아동학대 관련 정보제공에 관한 사항

	12. 아동학대예방주간 운영 등 아동학대 예방을 위한 대국민 홍보에 관한 사항 13. 관계기관 협력을 통한 아동학대 신고의무자 교육 및 아동학대 예방교육에 관한 사항 14. 아동학대 예방교육 프로그램의 개발·보급 및 전문강사 양성·관리 15. 아동학대 현장점검 지원에 관한 사항 16. 아동학대 관련 해외 사례 조사 및 지원에 관한 사항

주: 2021.5.31. 기준.

② 지방단위

지방정부 차원에서도 아동복지 업무를 담당하는 부서가 있는데, 특별시·광역시·도 단위에서는 사회복지국, 가족복지국, 복지보건국 등의 다양한 이름으로 구성되어 있다. 가족정책실을 따로 두어 아동복지를 가족복지와 통합하여 두기도 한다. 기초자치단체인 시·군·구에서는 아동복지과, 가족복지과, 아동청소년과 등의 이름으로 아동복지를 담당하는 과가 있다. 보건복지부나 광역시·도에서 시달된 지침을 받아 시행하고 있으며 제1선 전달체계인 읍·면·동의 주민센터로 업무를 전달한다.

③ 아동권리보장원

아동권리보장원은 아동복지법 제10조의2(아동권리보장원의 설립 및 운영)를 근거로 설립된 아동복지 관련 공공기관이다(National Center for the Rights of the Child). 2019년 중앙입양원, 아동자립지원단, 드림스타트사업지원단, 실종아동전문기관을 통합하여 출범하였고, 2020년 중앙아동보호전문기관, 지역아동센터중앙지원단, 중앙가정위탁지원센터, 디딤씨앗지원사업단의 4개 기관을 추가 통합하였다. 아동정책 개발과 평가, 맞춤형 통합서비스 제공, 공적 아동보호체계 지원 강화, 아동존중 사회문화 조성 기여를 핵심 전략으로 하고 있으며, 통합 조직으로서 입양, 아동자립, 드림스타트, 실종아동, 아동보호(아동학대예방), 지역아동센터, 가정위탁, 디딤씨앗통장 관련 사업을 운영하고 있다.

(2) 민간기관

아동복지 민간기관(voluntary agencies) 또는 비영리기관(non-profit agencies)은 영리를 목적으로 하지 않는 민간조직과 법인이나 종교단체 등이 운영하는 시설이나 기관을 말한다. 민간기관 대부분은 국가로부터 보조금을 지원받아 운영하고 있으며 행정기관의 지도, 감독을 받아 서비스를 전달하게 된다.

민간기관은 지역사회에 거주하는 일단의 사람들이 특정 아동을 대상으로 특정 복지서비스를 제공하기 위하여 법인으로 설립하는 경우가 많다. 법인 설립을 위하여 이사회와 정관이 구성하게 되며 흔히 발기인들은 이사회 위원으로서 법인의 운영과 정책에 대한 의사결정을 담당하게 된다. 아동복지 서비스를 제공하는 모든 민간기관은 정부로부터 지도·감독을 받는다. 이론적으로 민간기관의 재정은 기여금 혹은 후원금으로 전부 충당되어야 하겠지만 현실적으로는 정부로부터 지원금이 재정의 대부분을 차지한다. 이러한 형태의 서비스 구매계약은 민간기관의 자율성을 해치고 서비스의 질을 떨어트리는 이유가 되기도 한다.

민간기관은 주로 아동가족지원, 아동보호, 위탁, 입양과 관련한 서비스를 제공하게 된다. 대표적 아동복지시설로는 아동양육시설이 있으며, 공동생활가정, 아동일시보호시설, 아동보호치료시설, 자립지원시설, 아동상담소, 아동전용시설, 지역아동센터, 아동보호전문기관, 가정위탁지원센터가 있다. 이들 기관이나 시설 간의 활동을 조직적으로 협의 조정하며, 상호연락이나 건의를 위하여 협의체가 구성된 경우가 많은데 1987년 한국아동복지시설협회로 시작된 한국아동복지협회가 대표적이다. 1997년 아동·청소년 관련 각종 국내 법규 및 국제협약에 준하는 제반 사업을 추진하고자 민간단체가 모여 설립된 아동단체협의회도 있다.

(3) 영리기관

공공기관과 민간기관과는 다른 제3의 유형은 영리기관(proprietary or for-profit agency)이 있다. 공공기관과 영리기관 사이에 아동복지서비스 구매 계약이 이루어지기도 한다. 일하는 부모를 위한 보육서비스를 제공하는 보육시설이 대표적인 유형이다. 소규모 가정보육도 영리기관으로 분류할 수 있다.

(4) 기관 특성

아동복지서비스를 제공하는 기관의 형태와 규모는 다양하다. 서비스 특성과 직원의 수에 따라 소규모, 중규모, 대규모 기관으로 분류한다. 소규모 기관이나 시설은 소수의 전문가로 운영되며 특정 서비스 하나만을 제공한다. 자원봉사자를 활용하는 경우가 많다. 한두 명의 사회복지사나 보육사가 적게는 4~5명 많게는 12명 정도의 아동에게 서비스를 제공하는 공동생활가정, 일시보호시설, 지역아동센터, 가정보육시설 등이 그 사례이다.

중규모 기관이나 시설은 다양한 아동복지서비스를 제공한다. 지역에 흩어져 있는 종합복지관, 아동보호시설, 아동보호전문기관, 장애아동자립지원센터 등 여러 유형이 있을 수 있다. 이러한 중규모 기관은 흔히 8~50명 이내의 사회복지사나 상담사를 고용하는 편이다.

대규모 기관은 전국에 지역사무소를 개설하여 수백 명 혹은 수천 명 이상의 아동을 대상으로 서비스를 제공한다. 초록우산어린이재단, 세이브더칠드런, 월드비전, 삼성복지재단, 사회복지공동모금회와 같은 기관이다. 기관의 목적에 따라 전국적으로 지역사무소를 두거나 지역사회 서비스 제공기관을 운영하기도 한다. 운영재정은 막대하며 사회복지사를 포함하여 전체 직원의 수도 상당히 많은 편이다(Downs et al., 2004).

표 7-6 아동복지시설 현황(2019년 기준)

구분	계(현원)		양육시설		보호치료시설		자립지원시설		일시보호시설		종합시설		아동상담소	전용시설	개인양육시설	
	시설	인원	시설	인원	시설	인원	시설	인원	시설	인원	시설	인원			시설	인원
계	281	11,665	240	10,585	12	469	13	218	13	275	3	118	10	7	13	74

출처: 보건복지부(2020). 아동복지시설현황.

3) 아동복지 전문인력

아동복지법 제13조는 아동복지서비스 전달을 위하여 아동복지전담공무원을 두도록 하고 있다. 공공기관의 제1선인 읍·면·동에서는 사회복지전담공무원이 아동복지 관련 업무를 도맡고 있다. 따라서 사회복지전담공무원은 아동복지서비스 전달체계 가운데 공공 전달체계의 핵심적 복지인력이다. 사회복지전담공무원의 수는 2001년 이후 해마다 급격하게 증가하여 2019년 기준 2만 6천 명을 넘어섰다. 여성인력은 현원 가운데 71%를 구성하고 있다.

표 7-7 사회복지전담공무원 현황

연도	정원(명)	현원(명)	성별	
			남자	여자
2001	5,444	4,987	–	–
2005	9,920	9,094	–	–
2010	11,634	20,496	–	–
2015	17,717	17,371	4,863	12,508
2016	20,307.5	19,263	5,574.5	13,688.5
2017	22,711.5	20,989.5	6,075.5	14,914
2018	24,495.5	23,125	6,634.5	16,490.5
2019	26,075.8	24,835.8	7,108.5	17,727.3

주: 소수점은 시간제공무원.
출처: 보건복지부(2020). 보건복지통계연보.

아동복지법 제14조는 아동위원을 명예직으로 두도록 하고 있는데 아동위원의 역할은 관할 구역의 아동에 대하여 항상 생활상태 및 가정환경을 상세히 파악하여 아동복지에 필요한 원조와 지도를 행하며 전담공무원 및 관계 행정기관과 협력하는 것이다.

한편 아동복지서비스 공공 전달체계뿐만 아니라 민간기관에서 서비스를 제공하는 핵심 인력은 사회복지사이다. 2019년 말 사회복지사 자격증을 교부받은 사람은 8만 명을 넘어섰다. 아동복지서비스를 대상아동과 가족에게 전달하는데 자원봉사자의 역할도 적지 않다. 2019년 말 기준 자원봉사자 수는 8백만 명을 넘고, 실제로 활동하는 자원봉사자 수도 백만 명을 넘어섰다.

표 7-8 사회복지사 자격증 교부자 수

연도	총계(명)			급별		
	계	남	여	1급	2급	3급
2005	129,999	31,862	98,137	55,299	63,927	10,773
2010	412,815	109,492	303,323	90,988	309,612	12,215
2015	789,071	205,879	583,192	123,677	652,274	13,120
2016	864,269	225,372	638,897	133,205	717,782	13,282
2017	938,040	244,233	693,807	138,808	785,787	13,445
2018	1,019,647	265,024	754,623	146,119	859,964	13,564
2019	1,107,119	286,980	820,139	153,866	939,688	13,565

출처: 보건복지부(2020). 보건복지통계연보.

표 7-9 사회복지 자원봉사자 현황

연도	관리센터(개소)	관리요원(명)	등록자원봉사자(명)	활동자원봉사자(명)	봉사단체수(개)
2005	2,144	4,808	835,019	345,064	7,921
2010	7,391	19,211	4,066,920	1,353,476	22,183
2015	12,142	39,532	6,979,584	1,501,604	18,830
2016	12,922	44,482	7,381,923	1,401,996	17,849
2017	13,265	44,250	7,941067	1,353,475	16,350

2018	14,051	23,535	8,168,638	1,272,588	16,296
2019	13,590	24,479	8,542,983	1,256,421	15,521
남	–	7,048	3,775,131	526,826	–
여	–	17,431	4,767,852	729,595	–

출처: 보건복지부(2020). 보건복지통계연보.

4. 예산

2021년 보건복지부 예산은 89조 5,766억 원으로 정부 전체 총예산 558조의 약 16%를 차지하고 있다. 전년도 대비 7.0%가 증가한 것이다. 예산 가운데 사회복지 부문이 84.6%, 보건 부문이 15.4%를 차지한다. 사회복지 부문 가운데 공적연금이 33.5%로 약 40%를 차지하여 가장 비중이 크다. 아동·보육 예산은 전체 예산의 9.6%, 사회복지 부문의 11.3%를 차지하고 있음을 알 수 있다.

표 7-10 정부 총지출과 보건복지부 총지출

(단위: 조 원, %)

	2020년	2021년	증감액	구성비
정부 전체 총지출 (a)	512.3	558.0	45.7	
보건복지부 총지출 (b)	82.5	89.5	7.0	
보건복지부 비율 (b/a)	16.1	16.0		

출처: 보건복지부(2020.12.2.). 보도자료.

표 7-11 보건복지부 예산 및 기금운용계획

구분	2020년 본예산		2021년 본예산	
	금액(억 원)	구성비(%)	금액(억 원)	구성비(%)
총지출 (A+B)	825,269		895,766	
예산 (A)	515,094		559,035	

기금 (B)	310,175		336,731	
1. 사회복지	695,619	84.3	757,778	84.6
기초생활보장	122,338	14.8	132,334	14.8
취약계층지원	33,837	4.1	37,800	4.2
공적연금	274,111	33.2	300,026	33.5
사회복지일반	13,915	1.7	13,326	1.5
아동·보육	85,094	10.3	85,568	9.6
노인	166,323	20.2	188,723	21.1
2. 보건	129,650	15.7	137.988	15.4
보건의료	27,694	3.4	30,300	3.4
건강보험	101,956	12.4	107,688	12.0

출처: 보건복지부(2020.12.2.). 보도자료.

5. 복지서비스

1) 목표와 내용

아동복지서비스 목표는 아동을 학대와 같은 폭력으로부터 보호하는 것, 가족을 보존하는 것, 그리고 가족보존이 어려울 때 입양, 위탁 등 대체가정을 제공하는 것의 세 가지이다(Pecora et al., 2000). 이러한 목표에 따라 미국아동복지연맹(Child Welfare League of America)은 아동에게 제공하여야 할 아동복지서비스 내용을 다음과 같이 구성하고 있다(Mather & lager, 2000).

- 장애아동, 가출아동, 피학대아동 등을 포함하여 모든 아동의 보호와 복지 증진
- 아동학대, 방임, 착취, 비행 등의 문제해결을 위한 예방, 치료, 지지

- 가족문제 확인과 문제해결 지원을 통한 아동분리 방지와 가족해체 방지
- 적절한 서비스 제공을 통하여 분리아동의 원가정 복귀 도모
- 원가정 복귀가 불가능하거나 타당하지 않을 때 적절한 입양 추진
- 분리아동과 입양아동에게 적절한 서비스 제공

2) 대상아동

(1) 대상아동 분류

아동복지를 구현하기 위하여 안정된 가정환경, 경제적 보장, 교육, 건강, 놀이와 여가, 특별조치 등의 전제 요건이 갖추어져야 하는데, 이러한 전제 요건이 갖추어지지 못할 때 아동의 욕구가 충족되지 못하거나 문제 상황에 처하게 된다. 따라서 아동복지의 대상이 되는 아동은 빈곤 또는 저소득가정 아동, 가정해체 아동, 발달상의 문제나 신체 기능상 장애가 있는 아동, 사회적·법적 보호가 필요한 아동 등이다.

표 7-12 욕구별 문제별 분류

욕구		형태	사회문제
소득	빈곤, 저소득, 실업가정	구조적	빈곤, 저소득
교육	미취학, 학업중단		
주거	시설보호, 가출, 부랑아	해체적	해체가정, 유기, 가출, 피학대아동
문화	문화, 놀이, 여가 부족	탈선적	비행, 일탈, 성격장애
건강	영양결핍·결식, 질병·장애		

(2) 보호대상아동과 지원대상아동

아동복지법 제3조는 아동복지서비스를 제공해야 할 대상을 보호대상아동

과 지원대상아동으로 분류하고 있다. "보호대상아동"은 '보호자가 없거나 보호자로부터 이탈된 아동 또는 보호자가 아동을 학대하는 경우 등 보호자가 아동을 양육하기에 적당하지 아니하거나 양육할 능력이 없는 경우의 아동'이고, "지원대상아동"은 '아동이 조화롭고 건강하게 성장하는 데에 필요한 기초적인 조건이 갖추어지지 아니하여 사회적·경제적·정서적 지원이 필요한 아동'을 말한다(아동복지법 제3조).

표 7-13 보호대상아동 발생 및 보호조치 현황

구분	계	남	여	유기	미혼부모	미아	비행가출	학대빈곤	시설보호			가정보호		
									양육시설	장애아동	공동생활가정	가정위탁	입양	소년소녀가정
2010	8,590	4,431	4,159	191	2,804	210	772	4,613	4,196	23	623	2,124	1,393	231
2011	7,483	4,043	3,440	218	2,515	81	741	3,928	3,108	32	612	2,350	1,253	128
2012	6,926	3,859	3,067	235	1,989	50	708	3,944	2,948	25	775	2,289	772	117
2013	6,020	3,257	2,763	285	1,534	21	512	3,668	2,532	39	686	2,265	478	20
2014	4,994	2,696	2,298	282	1,226	13	508	2,965	2,384	10	506	1,688	393	13
2015	4,503	2,374	2,129	321	930	26	360	2,866	2,211	13	458	1,582	239	–
2016	4,583	2,324	2,259	264	855	11	314	3,139	2,284	11	592	1,447	243	6
2017	4,125	2,080	2,045	261	847	12	227	2,778	1,777	19	625	1,417	285	2
2018	3,918	1,914	2,004	320	623	18	231	2,726	1,794	7	648	1,294	174	1
2019	4,047	2,135	1,912	237	464	8	473	2,865	2,108	6	625	1,199	104	5

출처: 보건복지부(2020). 보건복지통계연보.

(3) 일반아동

일반아동은 보호대상아동이나 지원대상아동과 달리 문제 상황에 처해 있지 않은 아동으로서 외부로부터 특별한 보호와 도움이 필요하지 않다. 그렇더라도 현재 심각한 문제를 경험하지 않는다는 뜻이지 앞으로 문제가 발생할 가능성이 전혀 없다는 의미는 아니다. 일반아동의 아동복지를 위해서도 전제 요건이 다 갖추어져야 하며, 전제 요건이 미흡하여 아동의 기본적 욕구가 충족되지 못할 때 보호대상아동이나 지원대상아동으로 바뀔 수 있다.

1981년 아동복지법 개정을 통해 아동복지의 대상을 모든 아동으로 확대하였다. 아동의 부모를 포함한 가족도 대상이 된다. 보호대상아동과 지원대상아동이나 일반아동 모두 일차적으로 가정에서 부모와 가족의 보호와 양육을 받아야 성장 발달할 수 있기 때문이다. 따라서 유엔아동권리협약이 정하는 제공, 보호, 참여의 기본원리가 충실하게 지켜져야 하며 안정된 가정환경, 경제적 보장, 교육과 건강 등 여러 영역에서 아동권리가 보장될 수 있도록 노력하여야 할 것이다.

3) 선별적 관점과 보편적 관점

아동복지서비스를 제공할 때 잔여적(residual) 관점과 제도적(institutional) 또는 발전적(developmental) 관점을 적용하게 된다. 이 두 개 관점은 아동복지서비스 실천에 있어서 선별주의 이념과 보편주의 이념을 대표한다(Downs et al., 2004).

선별적 관점에 따르면 가정의 기능이 작용하지 못하는 집단이 서비스 제공대상이다. 가족이 위기를 경험하거나 가족 체계가 무너진 후 제공되며 서비스는 제한적이다. 서비스 대상에 대한 부정적인 견해를 가지며 낙인을 부여하는 특징이 있다. 선별적 관점에 의한 서비스는 위탁, 입양, 시설보호가 대표적이다. 가정해체로 인한 결손가정 아동, 발달상의 문제나 신체 기능상의 장애를 가진 아동, 사회적·법적 보호가 필요한 아동 등이며 아동복지서비스도 이들을 대상으로 선별주의 방식으로 이루어지고 있다.

보편적 관점에서는 보편적인 욕구를 가진 '정상적이고 적절한' 일반집단을 대상으로 한다. 서비스는 제한적이지 않으며 예방적이며 지지적이다. 대상에 대한 부정적인 시각이 없으며 낙인을 부여하지 않는다. 보편적 관점의 서비스로는 아동수당, 가족상담과 지원, 보육서비스가 있다. 일반아동을 대상으로 제공되는 아동복지서비스는 예방적 차원에서 보편주의 방식으로 이루어지고 있다. 아동수당이 대표적인 보편주의 아동복지서비스에 해당된다.

4) 기능적 분류

아동복지서비스는 부모의 역할과 기능을 어떻게 지원하는가에 따라 지지적 서비스, 보충적 서비스, 대리적 서비스로 분류할 수 있다. 3가지 서비스가 완전하게 배타적인 분류가 아닐 성격에 따라 중첩되기도 한다(Kadushin, 1967; Mather & Lager, 2000; 공계순 외, 2019).

(1) 지지적 서비스

지지적 서비스(supportive service)는 가족 혹은 부모자녀 관계에 문제가 발생하려는 시점에 제공되는 서비스로 아동복지의 1차 방어선으로서 기능한다. 가족구성과 부모자녀 관계가 구조적으로 손상되지는 않았더라도 스트레스 상황이 계속되면 이혼, 별거, 유기 등 가족이 해체되는 결과를 낳을 수 있다. 지지적 서비스는 가족구성 및 부모자녀 관계의 문제를 완화해 부모가 역할을 다할 수 있도록 양육기능을 지원, 유지, 강화하는 서비스이다. 따라서 아동복지는 부모의 역할 수행을 전적으로 대행하는 것이 아니라, 부모가 역할과 책임을 다하도록 부모의 노력을 지지, 지원, 강화하는 서비스를 제공하게 된다.

지지적 서비스는 주로 아동이나 부모가 거주를 옮기지 않은 채 가족에게 제공되는 재가서비스 형태이다. 또한 문제 발생 이전에 제공되는 예방서비스이기도 하다. 아동상담소, 가정상담소, 아동보호전문기관, 사회복지관 등에서 제공하는 상담, 가족치료, 부모교육과 훈련이 지지적 서비스에 해당한다. 예를 들면 반항적이거나 상습적 도벽을 가진 자녀가 있는 부모에게 상담을 통하여 자녀 양육기능을 강화하고 부모자녀 관계를 회복시켜 주는 것이다.

(2) 보충적 서비스

보완적 서비스 혹은 보충적 서비스(supplementary service)는 부모의 보호와 양육의 질이 부적절하거나 제약되어 부모로서 책임과 역할이 일시적으로나 영구적으로 수행하기 어려울 때 이를 보완하기 위하여 제공되는 서비스이다. 아동복지의 2차 방어선이 된다. 보충적 서비스는 가족의 형태를 그대로 유지하면서 부모에게 부족하거나 부적절한 양육 역할을 외부에서 도와주거나 대행하는 것이다. 부모의 사망, 이혼, 별거, 유기 등으로 인해 부모의 역할이 영구적으로 수행되기 어렵거나, 가구주의 실직, 장애, 사망 등으로 인해 일시적으로 양육 환경이 어려울 때 제공될 수 있다.

사회보험과 공공부조와 같은 경제적 지원, 가사도우미, 양육도우미, 가정봉사서비스, 보육서비스 등은 보충적 서비스에 해당한다. 경제적 지원은 부모가 창출해야 할 소득을 보충하여 주고, 가사도우미 등의 서비스는 부모의 고용을 지원할 뿐만 아니라 부모의 양육기능을 보충해 준다. 지지적 서비스와 다른 점은 보충적 서비스는 부모의 역할과 기능을 일부 담당하는 것이다. 보충적 서비스가 제공되는 기간에는 친부모와 부모의 역할과 기능을 보충해 주는 서비스 부모가 함께 있는 구조로 이해할 수 있다.

(3) 대리적 서비스

대리적 서비스(substitute service)는 가족구성이나 부모자녀 관계가 완전히 손상되어 부모로서 역할과 책임을 다할 수 없을 때 상실된 부모의 양육기능을 일시적으로 혹은 영구적으로 전부 대신하는 서비스를 말하며 아동복지의 마지막 3차 방어선이 된다. 아동은 원가정을 떠나 부모의 역할을 대행하는 가정이나 시설에서 생활하게 된다.

입양, 가정위탁, 시설보호는 모두 대리적 서비스에 포함된다. 입양은 부모가 없거나 가정으로부터 이탈된 아동에게 영구적인 가정을 제공하여 신체적·정신적·사회적으로 건전하게 성장할 수 있도록 하는 대리가정보호서비스이다. 입양은 부모의 사망, 미혼모 자녀와 같이 친부모의 양육이 힘든 상황에서 이루어지는 경우가 많다. 입양의 개념은 혈연관계가 아닌 사회적 또는 법적 부모자녀 관계를 형성하는 것을 의미한다.

가정위탁은 부모의 빈곤·실직, 실종 등으로 인해 특별한 보호가 필요한 아동을 위한 대리가정보호서비스이다. 위탁가정의 부모는 입양부모와 달리 보호하는 아동에 대하여 부모로서의 법적 책임이 없으며 일시적으로 양육의 책임만 지는 것이다. 위탁 기간이 만료되면 아동은 다시 원가정으로 돌아갈 수 있어 입양과 비교하면 일시적 서비스이다. 가정위탁의 유형은 부모를 제외한 부양의무자인 친인척에 의한 위탁가정, 부양의무자가 아닌 친인척에 의한 위탁가정, 그리고 일반인에 의한 위탁가정이 있다.

가정위탁이나 입양과 같이 대리가정을 통하여 아동을 보호·양육할 수 없는 경우 시설보호서비스를 제공하게 된다. 시설보호서비스는 부모가 자녀를 양육하고 보호할 능력이 상실되면 아동을 시설에서 보호하는 서비스이다. 시설보호는 공동생활가정에서 아동시설까지 그 규모나 형태가 다양하다. 시설의 종류로는 아동양육시설, 아동일시보호시설, 아동보호치료시설, 아동직업

훈련시설, 자립지원시설이 있다.

5) 서비스 연속선과 서비스 피라미드

(1) 서비스 연속선

지지적 서비스는 기본적으로 가족을 대상으로 하며 서비스 제공에 있어서 가장 제약을 두지 않고 있다. 아동의 성장을 위한 가장 좋은 환경은 원가정이라는 개념에서 출발한다. 가사도우미, 양육도우미, 공공부조, 재정지원, 부모교육과 훈련, 자조집단 등이 지지적 서비스이다. 보충적 서비스는 아동양육 기능을 보충하기 위하여 가족의 기능과 역할을 보충해 주는 서비스이다. 일시아동보호서비스, 보육서비스, 가사도우미, 부모교육, 공공부조 등이 보충적 서비스에 해당한다. 대리적 서비스는 서비스가 제공되는 대상과 범위가 매우 제한적으로 긴급서비스, 위탁, 입양, 시설보호 등이 포함된다. 지지적 서비스는 비제한적, 예방적 특징을 가지고 있으며 대상아동 수가 많은 반면 대리적 서비스는 제한적, 사후적 특징을 띠며 대상아동 수가 그리 많지 않다. 이 가운데 보충적 서비스가 자리하며 특성상 지지적 서비스와 대리적 서비스의 중간에 위치하게 된다.

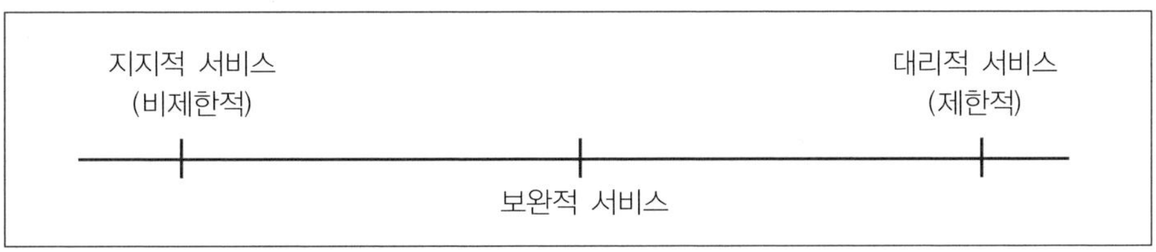

그림 7-3 아동복지서비스 연속선(continuum)

출처: Mather, J. H., & Lager, P. B.(2000). Child Welfare: A Unifying Model of Practice. p. 75.

(2) 서비스 피라미드

아동과 가족이 가진 욕구와 문제 강도에 따라 예방적 및 지지적 서비스, 보호서비스, 위탁서비스, 입양서비스의 4단계로 구분하기도 한다. 예방적 및 지지적 서비스는 아동의 건강한 발달을 도모하고자 아동에게 일어날 수 있는 위기를 경감하고, 가족이 학교, 복지기관, 직장 등 지역사회 기관들과 연계를 잘 유지하도록 가족기능을 지지하고 강화하기 위하여 제공된다. 보호서비스는 아동양육 기능이 일정 수준 이하로 떨어져 아동학대가 발생한 가족에게 제공된다. 아동이 학대를 경험하지 않고 안전한 가정에 머무를 수 있도록 가정환경 조사와 이어서 가족생활 개선 서비스를 포함한다.

위탁서비스는 가족이 최소한의 아동양육 환경조차 구성하지 못할 때 일시적으로 제공되는 서비스이다. 아동이 위탁서비스를 받는 동안 부모의 양육기능을 도와 조속히 아동이 원가정으로 복귀하는 것을 목적으로 한다. 주로 친인척위탁과 일반위탁을 포함한 가정위탁, 소규모 공동생활가정, 일시적 시설보호서비스가 여기에 해당한다. 위탁아동은 새로운 서비스 환경에 잘 적응하도록 지원받아야 하며 가능한 한 빠르게 원가정 복귀를 도모하여야 한다. 입양서비스는 가정이 해체되었거나, 친부모가 아동양육 기능을 할 수 없거나, 아동양육 권리를 포기했을 때 제공되는 서비스이다. 아동의 입양가정 환경에의 적응을 지원하여야 하며, 특히 입양부모에 대한 지원도 제공되어야 한다.

예방적 및 지지적 서비스와 다른 서비스 유형과 비교하여 보면 두드러진 차이를 발견할 수 있다. 예방적 및 지지적 서비스는 모든 가정 혹은 일반가정을 대상으로 하여 다양한 프로그램으로 구성되며 여러 영역에 걸쳐 제공되나, 보호서비스, 위탁서비스, 입양서비스는 주로 아동복지 기관이나 시설에 의해 실행된다. 또한 예방적 및 지지적 서비스에 반해 보호서비스, 위탁서비스, 입양서비스는 대상자의 자발적 참여가 어렵고 주로 법적 강제집행이 이루어지는 경우가 많다(Downs et al., 2004).

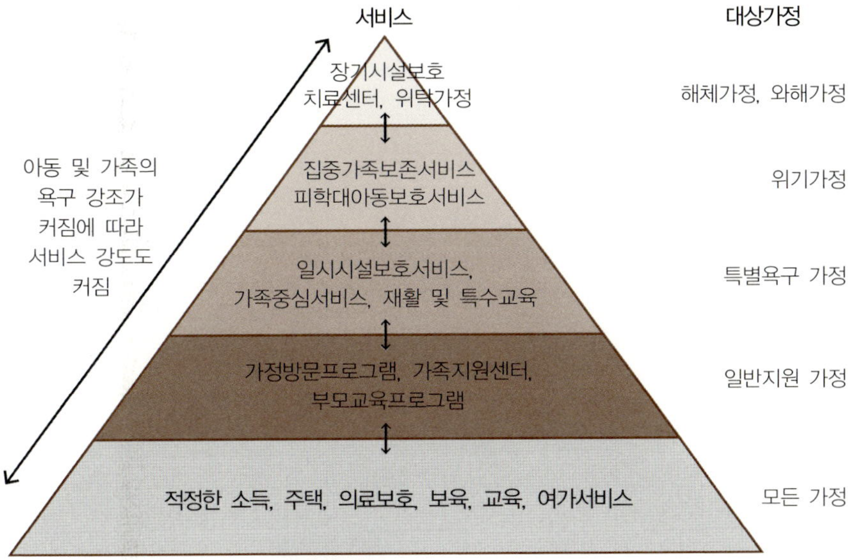

그림 7-4 서비스 피라미드

출처: Downs et al.(2004). Child Welfare and Family Services. p. 21.

6) 영역별 분류

아동복지서비스는 아동이 가진 기초욕구, 가족구조, 위기경험을 바탕으로 하여 다섯 가지 영역으로 나누어 볼 수 있다. 다섯 가지 영역에는 저소득, 가정보호, 시설보호, 미래투자, 이주가 있다. 미래투자는 빈곤과 저소득 영역으로 분류하기도 한다.

표 7-14 아동복지서비스 분류

영역	구분	정책 목표	주요 내용
빈곤·저소득	빈곤	기초생활 보장	- 생계급여 - 의료비·교육비 지원
	저소득	저소득가정 지원	- 한부모가족 - 소년소녀가정
	결식	기본 영양수준 보장	- 급식대상 아동 - 급식 관리
가정보호	입양	영구적 가정환경 제공	- 국내 입양 활성화 - 입양가정 재정과 사후서비스 지원
	위탁	성공적인 원가정 복귀	- 가정위탁보호 확대·활성화 - 위탁가정 재정과 서비스 지원
	공동생활가정	양육시설 다기능화	- 시설보호 지양 - 공동생활가정 확대
시설보호	아동복지시설	자립지원	- 시설보호 지양 - 자립지원
	퇴소		
미래투자	지역아동센터	빈곤예방과 인적자본 축적	- 방과후 돌봄서비스 - 빈곤의 대물림 방지 - 자립지원
	드림스타트		
	아동발달계좌		
이주	다문화가정	사회적응과 사회통합 지원	- 학업수행 지원 - 종합지원체계 구축
	새터민/난민		

PART

03

아동복지 실천영역

CHAPTER 08

빈곤아동

1. 빈곤아동의 개념

1) 아동빈곤의 개념

아동빈곤이란 아동이 빈곤하다기보다는 빈곤한 가정에 아동이 속한 것을 말한다. 빈곤아동은 일반아동에 비해서 여러 가지 어려움을 겪는다. 빈곤이 아동에게 주는 영향은 다양한 것으로 밝혀졌다. 아동빈곤으로 인해 우울, 불안, 비행 등이 초래되고, 비빈곤아동보다 낮은 학업성취도를 보인다(장희선·김기현, 2014). 그리고 빈곤아동의 경우 학대 경험, 특히 신체적 학대 경험이 더 많은 것으로 파악되었다(장화정·김광혁, 2006). 이처럼 빈곤은 아동에게 여러 부정적인 영향을 미친다.

그런데 우리나라는 경제성장과 더불어서 성인빈곤은 물론이고 아동빈곤도 줄어들고 있다. 그렇지만 오히려 아동의 삶의 질은 낮아지고 있다. 즉 물질적 풍요가 정신적인 풍요를 보장하지 못하고 있는 것이다. 특히 빈곤아동의 삶의 질은 더욱 열악하기 때문에, 이제는 아동빈곤을 물질적 측면뿐 아니라 다양한 측면에서 접근해야 한다. 빈곤아동은 물질적 빈곤 및 정신적 빈곤 등의 이중적인 어려움에 처해 있는 것이다.

다음에서는 우리나라 아동의 빈곤율을 살펴보기로 한다.

2) 아동빈곤의 유형

빈곤은 크게 절대빈곤과 상대빈곤으로 구분된다. 절대빈곤이란 가장 오래된 빈곤의 정의로서, 개인 및 가족이 생활이 곤란하여 의식주를 해결하지 못하는 것을 말한다. 절대빈곤에서는 빈곤선을 정하여 빈곤선 이하의 개인이나 가구를 빈민이라고 하고 있다. 우리나라에서는 절대빈곤이란 가구의 소득과 자산을 기반으로 산정한 소득인정액이 최저생계비 이하인 경우를 말한다. 소득인정액이란 소득과 재산을 일정 비율로 환산한 금액이다(네이버 사전).

상대빈곤이란 OECD 국가에서 사용하는 개념으로 중위소득의 40%, 50%, 60% 이하의 가구를 말한다. 국가에 따라서 기준선을 다르게 적용하고 있다. OECD 국가에서는 거의 절대빈민이 없기 때문에 상대빈곤 개념을 사용하고 있다. 우리나라의 경우는 빈곤정책을 위해서 2015년 이전까지는 절대빈곤의 개념만을 사용하다가, 그 이후에는 상대빈곤 개념을 사용하고 있다. 이제는 중위소득[1]을 기준으로 정부의 지원 대상자를 선정하고 있다.

아동빈곤도 마찬가지로 절대빈곤아동과 상대빈곤아동으로 나눌 수 있다. 절대빈곤아동이란 아동이 속한 가구의 소득인정액이 최저생계비 이하인 경우를 말한다. 상대빈곤아동이란 아동이 속한 가구의 소득이 중위소득의 50% 이하인 경우를 말한다. 이제는 우리나라에서도 빈곤율을 계산할 때 상대빈곤율을 사용한다.

---

1) 엄격하게 말하면 가처분소득을 말한다. 가처분소득이란 총소득에서 사회보장부담금과 소득세를 제외한 소득을 말한다(김미숙 외, 2007).

2. 아동빈곤 현황

1) 빈곤아동 현황

아동빈곤율은 전체 빈곤율에 비해 아동 빈곤율은 약간 낮은 추세이고 그 비율도 감소하고 있다. 전체빈곤율의 경우 2016년 17.6%이었고, 아동빈곤율은 15.2%이었다. 2017년은 각 전체 17.3%, 아동 14.2%, 2018년 전체 16.7%, 아동 12.3%, 2019년 전체 16.3%, 아동 10.6%이다(<표 8-1> 참조). 아동빈곤율을 아동수로 환산하면 2021년 현재 전체 아동인구수가 7,928,907명인데, 이를 대입하면 상대빈곤 아동 수는 약 80만 명으로 추산된다.

한편 노인빈곤율은 40%로 높은 편이고, 한부모가구의 경우도 30~40%대로 나타나 높은 빈곤율을 보이고 있다.

표 8-1 전체 빈곤율 및 아동 빈곤율 추이(중위소득 50% 기준)

(단위: %)

연도	일반인구 빈곤율	아동빈곤율	노인빈곤율	한부모가구 빈곤율
2016	17.6	15.2	43.6	42.3
2017	17.3	14.2	42.3	38.7
2018	16.7	12.3	42.0	38.6
2019	16.3	10.6	41.4	30.1

주: 아동가구- 1인가구 미포함. 일반가구 1인가구 포함(가처분소득 기준)
출처: 한국보건사회연구원(2020). 빈곤통계연보.

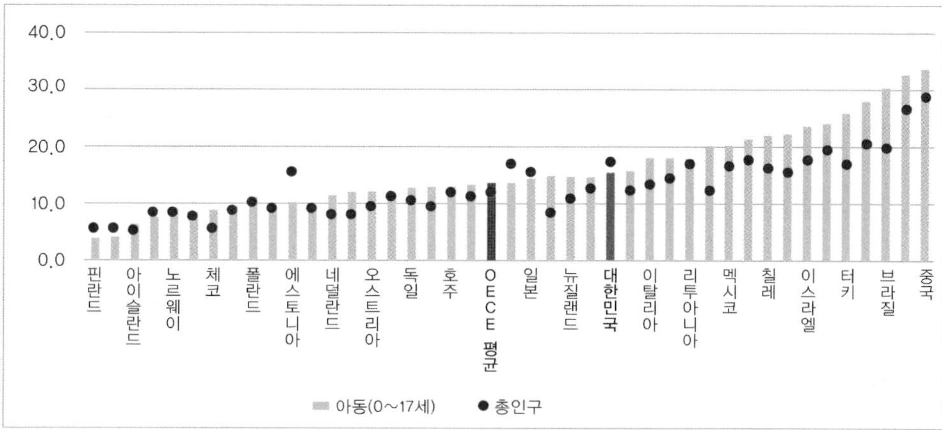

그림 8-1 **OECD 국가의 아동빈곤율 비교(2016년 기준)**

출처: OECD Family Database(www.oecd.org/els/family/database.htm).

OECD 국가와 비교했을 때 우리나라 아동의 빈곤율은 2016년을 기준으로 했을 때, OECD 평균인 13.1%보다 약간 높은 15.2%이다. 우리나라에서 절대적 아동빈곤 상태는 완화되기는 하였지만, 사회의 다른 구성원에 비하여 삶의 수준을 비교하는 상대적 박탈감 문제는 더 심각해지고 있다. 특히 부모의 사회경제적 지위에 따라서 아동에 대한 (교육)투자의 편차가 심하고, 이는 교육서열화 및 사회불평등을 초래하여 '부와 빈곤의 대물림' 현상을 발생시킨다(여유진, 2018). 교육을 통해서 빈곤에서 벗어날 수 있고, 계층의 상승이동도 가능하기 때문에 교육 투자의 약화는 빈곤을 초래한다. 교육뿐 아니라 식품, 의료 등과 다양한 영역에서 빈곤 문제를 다루어야 삶의 질 수준을 제대로 파악할 수 있다. 이를 '빈곤의 다차원성'이라고 하는데 이에 대해서는 다음 절에서 다루었다.

2) 빈곤의 다차원성

빈곤을 한 측면으로만 보면 빈곤아동이 처한 현실을 파악하는 데 한계가 있다(김은주, 2015). 이에 빈곤을 다차원적으로 접근하는 것이 필요한데, 여기에는 주거, 식생활 및 영양, 보건, 교육 등의 차원을 고려할 수 있다(〈표 8-2〉 참조). 즉 아동빈곤에 접근할 때는 소득수준뿐 아니라 생활수준을 동시에 고려해야 한다. 이러한 다차원적 빈곤 접근을 통해서 경제적 측면뿐 아니라, 주거, 의료, 교육 등의 영역에서도 복지사각에 빠질 위험성이 있는 아동을 발견할 수 있게 된다(김은주, 2015). 빈곤하지 않다는 것은 이 모든 차원에서 욕구가 충족되어 박탈되지 않은 상태를 말한다.

주거빈곤이란 주거환경이 열악한 가구에 거주하는 것이다. 그 예로서 건물 내 주택, 비닐하우스, 움막, 판잣집, 임시가건물, 영구임대아파트 등에 거주하는 아동을 말한다. 식생활 및 영양 관련 아동빈곤이란 경제적 어려움으로 식생활의 어려움을 겪는 가구의 아동을 말한다. 먹을 것을 살 돈이 없어서 균형 잡힌 식사를 충분한 양으로 할 수 없게 된다. 보건분야에서의 아동의 빈곤이란 건강보험에 가입되어 있지 않은 가구의 아동을 말한다. 이로 인해 아동이 아팠을 때 적절한 치료를 받지 못하게 된다. 교육분야는 교육자원 박탈과 방과후 교육활동 박탈 2가지로 나뉜다. 교육자원 박탈은 교과서 이외 책은 10권 이하 보유하고 있는 아동을 말하고, 방과후 교육활동 박탈은 방과후 교육활동을 전혀 하지 않고 있는 경우를 말한다.

표 8-2 다차원적 빈곤의 정의

차원	구성변수	조작적 정의
주거	주거 박탈	주거환경이 열악한 가구에 거주하는 아동: 거주환경이 건물 내 주택, 비닐하우스, 움막, 판잣집, 임시가건물, 영구임대아파트인 경우
식생활/영양	식생활 박탈	경제적 어려움으로 식생활의 어려움을 겪는 가구의 아동: 먹을 것을 살 돈이 없어서 균형 잡힌 식사를 충분한 양으로 할 수 없는 경우
보건	의료서비스 박탈	건강보험에 가입되어 있지 않은 가구의 아동: 공적 건강보험에 가입되어 있지 않은 경우
교육	교육자원 박탈	교과서 이외 책을 10권 이하로 보유하고 있는 아동(6~18세): 교과서 외 책 보유 권수가 10권 이하인 경우
	방과후 교육활동 박탈	방과후 교육활동을 전혀 하고 있지 않는 아동(6~18세 미만): 방과후 민간학원, 사교육, 방과후 학교, 사회복지관 등이나 친인척에 의한 방과후 활동 중 아무것도 하고 있지 않은 경우

출처: 김은주 (2015). 다차원 빈곤지표로 측정한 한국의 아동빈곤: 새로운 지표의 적용가능성 탐색. 한국사회정책, 22(3), 105-137.

다차원 박탈지표에 따른 우리나라 아동의 결핍 현황은 〈표 8-3〉과 같다(김은주, 2015). 가장 박탈률이 높은 것은 식생활 박탈로 6~18세 미만 아동의 16.2%가 해당되고, 그 다음은 방과후 교육활동 박탈로 13.6%이고, 교육자원 박탈은 13.0%이다. 의료서비스 박탈은 8.0%, 주거박탈은 8.2%로 파악되었다. 5차원에서 박탈지표를 고려하고, 소득기준을 결합하여 아동빈곤율을 새롭게 추정했을 때 아동빈곤율(6~18세 기준)은 10.7%로 파악되었다(김은주, 2015).

아동빈곤을 다차원적으로 접근했을 때, 소득수준으로 접근할 때보다 구체적으로 어떻게 아동빈곤 대책을 마련할 수 있을지 알 수 있게 된다. 빈곤아동을 위해서는 가장 우선적으로 균형 잡힌 식사를 하도록 하고, 그 다음은 방과후 다양한 교육활동을 하도록 지원하고, 교과서외 도서의 공급이 필요하다.

표 8-3 다차원적 박탈지표에 따른 결핍현황

(단위: %, 명)

아동 연령	주거박탈	식생활 박탈	의료서비스 박탈	교육자원 박탈	방과후 교육활동 박탈
12~18세 미만	9.2	18.4	9.6	18.1	20.1
9~11세	6.7	16.0	6.8	7.5	5.8
6~8세	7.1	10.4	4.8	5.0	4.1
3~5세	7.0	10.5	4.3	–	–
0~2세	6.5	8.4	3.0	–	–
6~18세 미만 아동 중 박탈아동 비율	8.2	16.2	8.0	13.0	13.6
추정 아동수	699,499	1,366,842	684,470	1,112,974	1,161,588

출처: 김은주 (2015). 다차원 빈곤지표로 측정한 한국의 아동빈곤:새로운 지표의 적용가능성 탐색. 한국사회정책, 22(3), 124.

3) 빈곤 접근에서 유의점

빈곤 접근에서 유의할 것은 동일한 아동빈곤이라고 해도 아동의 상황에 따라서 위험에 처한 상황이 다르다는 데 있다(박현선, 2008). 즉, 빈곤에 얼마나 오래 노출되었는지, 빈곤과 관련한 다양한 위험요소, 아동발달 영역 등에 따라서 빈곤의 영향과 양상이 달라진다는 것이다(박현선, 2008). 이에 빈곤 접근 시 빈곤 기간, 빈곤 관련 위험요소인 한부모여부, 학대여부, 알콜중독여부, 부부갈등, 가정의 열악함, 물리적 환경, 유해한 지역사회 환경 등도 동시에 고려해야 한다.

3. 아동빈곤의 원인

아동이 빈곤한 원인은 아동이 속한 가구의 빈곤에 기인한다. 그렇다면 어떠한 아동가정이 빈곤한가? 선행연구들에서는 이를 가구주의 인구학적 특성, 가구특성, 지역특성, 정책특성 등으로 나누어서 접근하고 있다(김미숙 외, 2007; 김미숙·배화옥, 2012; 김은주, 2015; 류연규·백승호, 2011).

1) 가구주 특성

우선 빈곤과 관련된 가구주의 인구학적 특성으로 볼 수 있는 것은 가구주의 성, 연령, 학력, 취업여부, 취업특성 등이다(김미숙 외, 2007). 가구주가 여성일 경우, 연령이 낮거나 높을수록, 학력은 낮을수록 그 가구는 더 빈곤하다고 하였다(안종범 외, 2002; 황덕순, 2002; 김미숙·배화옥, 2012; 김은주, 2015). 여성이 가구주일 경우 남성보다 노동시장에서 불리하여 소득이 적다는 것이고, 연령의 경우 저연령은 경력이 미흡, 고연령은 신체적 건강 등의 문제로 인하여 경제활동하는 데 어려움이 있다. 학력은 저학력인 경우 안정된 직장을 갖기 어려운 문제를 낳는다. 이러한 모든 인구학적 특성은 경제활동과 관련이 된다. 취업여부와 관련해서는 가구주가 실업인 경우 빈곤할 확률이 높고, 취업을 했다 해도 불안정한 근로인 경우 빈곤에 처할 확률이 높다(김미숙·배화옥, 2012).

2) 가구특성

가구특성에는 가구의 혼인상태가 아동빈곤과 관련된다. 부모가 이혼하였거나 사별한 경우 가족이 해체되고, 이는 소득원 상실을 초래하기 때문에 아동가구를 빈곤하게 할 수 있다(김미숙·배화옥, 2012). 즉 한부모 가구의 증가가 아동빈곤율을 증가시킨다(김미숙·배화옥, 2012에서 재인용). 여성한부모가구의 경우 남성 한부모가구보다 더 빈곤에 처할 위험성이 높다(송다영, 2002).

가족에 6세 미만 아동이 있는 경우 빈곤에 처할 확률이 높다는 연구결과도 있다(김미숙 외, 2007). 6세 미만 아동이 있는 경우 아동을 위한 부대비용이 추가적으로 소요되기 때문이다.

3) 지역특성

지역적으로는 도시와 농촌 간 빈곤격차가 있다. 이는 지역 간의 경제수준, 산업구조, 노동시장, 고용률 등의 특성에 기인한다(김미숙·배화옥, 2012에서 재인용). 도시에 비해서 농촌은 경제수준이 낮고, 부가가치가 낮은 산업이 주류를 이루고, 노동시장이 불안정하고, 고용률이 낮은 등의 특성을 가지고 있기 때문에 빈곤에 처할 확률이 높다.

4) 정책특성

빈곤아동을 위한 정책이 잘 제공되고 있으면 아동빈곤율이 낮다. 우리나라에서 외환경제위기가 발생하였을 때 아동빈곤율이 증가하였는데, 그 이후 국민기초생활보장제도 등의 도입으로 아동빈곤율은 점차 감소하는 것으로 파악되었다(류연규·최현수, 2003). 복지국가의 경우도 가족복지지출이 많은 경우 아동빈곤율도 낮은 것으로 파악되었다(류연규·백승호, 2011). 지방자치단체 수준에서도 복지노력을 통해서 재정적 지출을 많이 할 때 아동빈곤율이 떨어지는 것을 알 수 있다(백승호·류연규, 2010).

4. 아동빈곤의 결과

1) 낮은 학업성취

빈곤은 아동의 학업성취와 연관된다. 빈곤가구는 자녀에게 투자할 여력이 적기 때문에 아동은 사교육을 비빈곤자녀보다 적게 받는다. 그리고 빈곤가구 부모는 스트레스를 많이 받기 때문에 자녀에게 관심을 별로 기울이지 않는다(김광혁, 2006). 장기간 빈곤을 경험한 아동은 그렇지 않은 아동에 비해서 학업성취도가 낮은 것으로 파악되었다(김광혁, 2006).

빈곤아동은 학교생활 적응도도 낮은 것으로 파악되었다(김경준 외, 2006). 중학교까지 의무교육 기간 동안에는 학교에서 보호되므로 심각한 문제가 드러나지 않으나, 고등학교로 진학하면서 탈학교, 가출 등 더 심각한 문제가 드러난다(김경준 외, 2006).

2) 열악한 신체적 건강

빈곤아동은 비빈곤아동에 비해서 신체적 건강 상태도 양호하지 않은 것으로 나타났다. 빈곤아동에게 충분한 영양공급이 어렵고, 의료서비스에 대한 접근도도 낮고, 열악한 물리적 환경 등으로 건강이 악화될 소지가 높다는 것이다(권은선·구인회, 2010). 우리나라 건강실태조사 결과에 의하면, 빈곤아동은 피부질환, 만성질환 유병율이 더 높고, 경제적 이유로 적절한 치료혜택을 받지 못한 것으로 파악되었다(모상현 외, 2009). 미국의 경우도 마찬가지로 저소득층 아동의 경우 철분이 결핍된 상태이고, 이로 인해 아동의 신체 및 정신발육도 지체되는 것으로 파악되었다(Pollitt, 1994). 한편, 본인이 스스로 자신의 건강상태를 평가하는 주관적 건강상태도 빈곤한 경우가 그렇지 않은 경우보다 더 열악한 것으로 나타났다(김경준 외, 2008).

3) 사회정서적 취약

빈곤아동은 일반아동에 비해 심리정서적으로도 취약한 것으로 파악되었다. 빈곤아동이 비빈곤아동에 비해서 우울, 불안도가 더 높았고, 자존감은 더 낮았다(박현선, 2008). 다행히 일부 빈곤아동은 다양한 사회서비스를 제공받고 있는데, 양질의 만족스러운 서비스를 받을 경우 심리사회적 적응도가 높은 것으로 밝혀졌다(정익중 외, 2005).

4) 위험행동율의 증가

빈곤아동은 비빈곤아동에 비해서 외현화 문제도 더 많이 경험하는 것으로 나타났다(박현선, 2008). 외현화 문제에는 반사회적 행동, 과잉행동, 또래갈등, 고집 센 행동 등이 포함된다.

5. 빈곤아동 지원체계

빈곤은 아동에게 경제적 결핍뿐 아니라, 신체 발육, 질병, 정서장애, 주거환경, 교육투자와 학습여건, 부모의 돌봄과 양육 태도, 문화적 및 사회적 자본 등 다양한 차원에서 영향을 미치고 있다. 이에 아동빈곤을 위한 대책으로 통합적인 국가 전략이 필요하다(여유진, 2018). 우리나라의 빈곤아동을 위한 주요 정책을 대상자 선정 기준별로 살펴보면 다음 표와 같다(여유진, 2018).

표 8-4 선정 기준별 주요 아동빈곤정책 현황(선별적 급여)

<table>
<tr><th rowspan="2">주요대상</th><th colspan="5">소득인정액(또는 소득) 기준, 기준 중위소득 대비 비율</th></tr>
<tr><th>30% 이하</th><th>40% 이하</th><th>50% 이하</th><th>60% 이하</th><th>60% 이상</th></tr>
<tr><td rowspan="4">기초보장
수급자
(생계, 의료)</td><td>국민기초생활보장제도
(생계급여)</td><td></td><td></td><td></td><td></td></tr>
<tr><td colspan="2">국민기초생활보장제도(의료급여)</td><td></td><td></td><td></td></tr>
<tr><td colspan="2">아동발달지원계좌(디딤씨앗통장),
에너지바우처(영유아, 임산부),
기저귀·조제분유 지원(0~1세)</td><td></td><td></td><td></td></tr>
<tr><td colspan="2">영구임대주택(생계, 의료수급자)</td><td colspan="3">(국가유공자, 북한이탈주민, 장애인,
아동복지시설 퇴소자, 한부모 등)</td></tr>
<tr><td rowspan="3">기초보장
수급자+
차상위계층</td><td colspan="2">국민기초생활보장제도(주거급여)</td><td></td><td></td><td></td></tr>
<tr><td colspan="3">국민기초생활보장제도(교육급여)</td><td></td><td></td></tr>
<tr><td colspan="3">드림스타트, 초등돌봄교실, 방과후 보육료 지원, 교육복지우선지원사업, 방과후 학교 수강권, 사회통합전형 대상자 교육비지원, 우수학생 해외유학장학금, 고교학비 지원, 소아암환자 의료비 지원, 출산비용 지원, 급식비 지원, 학교 우유급식, 아동급식사업(지방이양), 사랑의 그린PC 보급, 산림복지서비스 이용권, 스포츠강좌 이용(5~18세), 통합문화 이용권(6세 이상), 교육정보화 지원(초중고)</td><td></td><td></td></tr>
</table>

차상위계층	한부모가족 아동양육비 지원(중위 52%)		
	초중고학생 교육비 지원(중위 50~60%) →		
	청소년한부모 고교생 교육비 지원(중위 53~60%) →		
기초보장 수급자+ 차상위계층+ 일부중산층	지역아동센터(중위 100%), 청소년방과후 아카데미(소득 하위 60%), 근로장려세제(EITC), 자녀장려세제(CTC), 영양플러스(중위 80%), 신생아 난청조기진단(전국가구 평균소득 60%), 산모·신생아 건강관리 지원(중위 80%), 취학 전 아동 실명예방(수술비 지원: 소득인정액 기준 중위소득 80%), 희귀난치성 질환자 의료비 지원 (중위 120%), 발달재활서비스(전국 가구 평균 150%), 미숙아 및 선천성 이상아 의료비 지원(중위 180%)		
모든 아동	아동수당(만 7세 미만, 월 10만 원)		

주: '모든 아동' 대상 정책현황은 필자가 추가한 것임.
출처: 여유진(2018). 아동빈곤의 현황과 정책과제. 보건복지포럼, 259, 35.

이중 주요 프로그램을 살펴보았다.

(1) 방과후 돌봄사업

아동의 방과후 돌봄사업은 부처별로 크게 3유형의 사업이 진행되고 있다. 보건복지부에서는 지역아동센터를, 여성가족부에서는 청소년 방과후아카데미를 교육부에서는 방과후 학교(또는 교실)를 각각 운영하고 있다. 이러한 기관의 역할은 유사하고, 이용자에게 혼란을 줄 수도 있다는 지적이 있기는 하지만, 빈곤 및 돌봄위기 아동 및 청소년을 위한 인프라라는 점에서는 환영할만한 사업이라고 할 수 있다. 실제로 이러한 방과후 돌봄을 통해서 사교육비의 절감뿐 아니라 방과후 아동의 중독문제, 비행, 범죄 등의 문제가 많이 완화되었다.

지역아동센터는 2020년 기준 4,264개가 있고 총 97,615명의 아동이 보호를 받고 있다(보건복지부, 2021). 방과후아카데미는 초등학교 4학년에서 중학교 3학년을 대상으로 하는데, 2020년 기준 총 304개소이고 총 6,516명이 이용하고 있다(청소년방과후아카데미 운영지원단, 2021). 방과후 학교 초등돌봄교실은 4,278실에서 제공하고 있고 이용 아동수는 256,215명에 달한다(보건복지부, 2021).

(2) 드림스타트[2)]

드림스타트 사업은 2007년부터 시범적으로 시작하였고, 그 이후에는 전국적으로 확대되어 모든 시군구에서 사업을 실시하고 있다. 본 사업의 목적은 취약계층 아동에게 맞춤형 통합서비스를 제공하여 건강한 성장과 발달을 도모하고 공평한 출발기회를 보장하는 것이다(보건복지부 홈페이지, www.mohw.go.kr). 본 사업에서는 대상 아동에 대한 통합적 사례관리를 한다. 주요 서비스 분야는 보건, 복지, 보호, 교육을 아우른다. 대표적인 프로그램은 건강검진, 예방접종, 영양 교육, 응급처치 교육, 아동권리 교육, 인터넷 중독 예방 교육, 소방 및 안전 교육, 학대 및 (성)폭력 예방교육 등이다. 임산부에게는 산전 및 산후 검진, 예비부모 교육을 제공하고, 부모에게는 자녀발달 및 양육 교육을 제공한다(보건복지부 홈페이지). 아동에게는 물품 제공 및 후원자 연계 등을 통해서 경제적 지원을 하고 있다. 사업 관리는 드림스타트사업지원단을 통해서 이루어지고 있다. 2019년 기준 전국 229개 지역에서 사업을 실시하고 있다. 이용아동수는 2019년 기준 약 15만 6천여 명에 이른다(아동권리보장원, 2020).

표 8-5 드림스타트 사업현황

설치	2011	2012	2013	2014	2015	2016	2019
시·군·구(개소)	131	181	211	220	229	229	229
예산(억 원)	372	462	576	632	658	668	668
대상 아동(명)	44,651	65,724	95,133	107,127	125,562	134,853	156,439
가구 수(개)	29,332	42,387	61,630	66,551	80,102	86,681	102,459

출처: 보건복지부(2016). 내부자료; 아동권리보장원 홈페이지(www.ncrc.or.kr)..

2) 본 내용은 대한민국정부(2017). 제5, 6차 유엔아동권리협약국가보고서를 참조함.

(3) 디딤씨앗통장(아동발달지원계좌)[3)]

디딤씨앗통장사업은 취약계층 아동이 매월 일정액을 후원받아 저금하면(월 5만 원 이내) 정부가 이를 1 : 1로 매칭하여 지원하는 사업이다. 저금액을 가지고 아동은 성장하여 상급학교에 진학하거나 사회에 진출하게 될 때, 이를 가지고 초기비용(학자금, 취업, 창업, 주거)을 마련할 수 있다(보건복지부 홈페이지). 대상아동은 만 18세 미만의 아동복지시설 생활아동, 가정위탁아동, 소년소녀가정, 장애인 시설생활아동, 생계·의료급여 수급가정 아동이다(보건복지부 홈페이지). 매칭금액은 2007년 3만 원에서 2020년에 5만 원으로 증액되었다. 2020년 기준 총 74,658명의 아동을 지원하였다(아동권리보장원 홈페이지). 이중 가장 많은 대상은 기초생활수급아동으로 49,855명이고, 그 다음은 시설보호아동으로 11,515명이다.

표 8-6 디딤씨앗통장 지원아동(2020년 기준)

(단위: 명, %)

구분	총계	시설보호	가정위탁	소년소녀 가정	공동생활 가정	장애인 시설	가정복귀	기초생활 수급
지원아동	74,658	11,515	6,696	36	2,742	1,103	2,934	49,855
백분율	100.0	15.0	9.0	0.0	4.0	1.0	4.6	67.0

출처: 아동권리보장원 홈페이지(www.ncrc.or.kr)..

(4) 아동수당

대부분의 국가들이 도입하고 있는 아동수당제도를 우리나라에서는 2018년 9월부터 도입하기 시작하였다. 2016년 기준 OECD 아동수당을 도입한 국가는 전체 35개국 중 31개국(89%)이고, 미도입한 국가는 한국, 터키 등 4개국

3) 본 내용은 대한민국정부(2017). 제5, 6차 아동인권보고서를 참조함.

(11%)에 불과하였다. 아동수당의 주요 목적은 아동의 건강한 성장 환경을 조성하여, 아동의 기본적 권리와 복지 증진에 기여하고, 가정 내 아동의 양육 부담을 덜기 위한 것이다(보건복지부 홈페이지).

대상 아동은 대한민국 국적을 보유한 아동 및 주민등록법에 의해 주민등록 번호가 정상적으로 부여된 아동으로 부모가 외국인이어도 아동이 한국 국적이면 수급 대상이 되고, 국내거주 중인 복수 국적 아동도 가능하며, 난민아동도 포함된다(보건복지부 홈페이지). 대상 아동의 연령은 만 7세 미만이다. 7세 미만 모든 아동에게 수당으로 아동 1인당 월 10만 원이 지급된다.

아동수당은 아동의 삶의 질을 제고하는 데 유용하게 활용될 수 있다. 문제는 아동수당이 7세 미만 영유아에 국한하고 있어, 이를 필요로 하는 초중고 아동이 배제되고 있다는 데 있다. 일본의 경우 아동수당 대상연령은 중학생까지이다. 이에 우리나라에서도 아동수당의 대상 연령을 점차 확대해야 할 것이다.

(5) 아동가족복지지출

우리나라 아동가족복지지출은 OECD 평균인 2.3%의 반 정도인 1.1%에 불과하다. 그나마 지출의 상당부분은 보편적 복지로 제공되고 있는 영유아를 위한 보육 관련 지출이다. 아동수당제도가 도입되었으나, 이것도 영유아에 집중되어 있다. 아동이 초등학교에 입학하게 되면 그 이후부터는 빈곤층을 위한 지원이 대부분이고, 일반가정 아동들은 가족이 자체적으로 비용을 충당해야 한다. 특히 방과후 돌봄이 중요한 문제로 부각되고 있는데, 이에 대한 투자가 아직까지는 미흡하다. 기혼여성의 사회진출이 증가하고 있는 상황이어서 아동이 방과후 안전하게 보호되고 적절한 놀이와 여가활동이 가능하도록 하는 제도적 확충이 필요하다.

최근 보건복지부와 행정안전부는 돌봄 사각지대를 해소하기 위해서 '다함께 돌봄' 사업을 시범적으로 실시하였다. 다함께 돌봄 시범사업은 돌봄이 필요한 0~12세 아동에게 접근성이 좋고, 안전한 지역의 유휴시설을 이용해 일시 긴급돌봄, 방과후 프로그램 연계, 등하원 지원, 정보제공 등을 제공하는 사업이다(보건복지부·행정안전부 보도자료, 2017. 7. 27.). 대상 시설에는 주민센터, 도서관, 학교, 아파트 커뮤니티센터 등이 있다. 다함께 돌봄 사업을 통해서 마을 공동체가 복원되고, 초저출산에서 탈피되어 우리 사회가 국가책임 돌봄 체계를 확충할 것으로 기대하고 있다(보건복지부·행정안전부, 2017. 7. 27.). 2020년 기준 424개의 다함께 돌봄센터에서 7,403명이 보호되고 있다(보건복지부, 2021). 정부는 2021년까지 973개소로 센터를 늘려 총 3만 명의 아동을 돌볼 계획이다.

6. 빈곤아동 지원정책 향후 과제[4)]

1) 다차원적 아동빈곤 대응방안 마련

아동빈곤이 다차원적 현상이므로 빈곤아동을 위해서는 다차원적 빈곤 대응방안이 필요하다. 빈곤아동에 가장 부족한 것이 식생활로 파악되었다. 빈곤아동이 식자재가 부족하다기보다는(생계형 결식) 식사를 챙겨줄 보호자가 없는(요리형 결식) 문제가 심각하다. 현재 빈곤층 결식아동에게 다양한 형태의 급식지원이 이루어지고 있기는 하다. 그러나 여전히 급식의 사각지대에 있는

4) 본 내용의 일부는 대한민국정부(2017) 제5,6차 아동인권보고서에서 저자(김미숙)가 작성한 내용을 토대로 함.

아동이 있다. 이에 지자체에서는 이러한 사각지대 아동을 발굴하여 필요한 음식이 제공되도록 해야 할 것이다.

방과후 아동돌봄의 경우 세 부처에서 방과후 돌봄서비스를 제공하고 있음에도 불구하고, 여전히 상당수 아동은 방과후 학습 및 돌봄을 위해서 사설 학원을 이용하고 있고[5], 일부 저소득층 아동은 보호에서 제외되어 있다. 농어촌 조손가족 아동이나 한부모가족 아동의 경우는 혼자서 시간을 보내는 돌봄의 사각지대에 있는 아동이 많다. 농어촌의 경우 주변에 이용할 수 있는 시설이 별로 없고, 종사자도 적어서 방과후 돌봄에서 방임된 상태이다. 도시거주 저소득층 아동 중 상당수는 한부모가족이다. 한부모들은 생계를 위해서 하루 종일 종사하고 있기 때문에 자녀들은 방과후 돌봄에서 방치되어 있는 경우가 많다. 한국아동종합실태조사(2013)에 의하면 9세에서 18세 미만 아동 중 방과후 거의 매일 혼자 집에 있는 경우가 일반가구가 7.5%인데 반해 빈곤가구는 17.4%로 파악되었고, 양부모 아동은 6.4%, 한부모 및 조손가구는 17.1%로 파악되었다. 매일 나홀로 있는 경우가 대도시 아동은 7.0%인데 반해 농어촌 아동은 10.2%로 파악되었다.

돌봄의 사각지대에 있는 아동을 위해서는 농촌의 읍지역에 있는 지역아동센터, 건강가정지원센터 등에서 아동에게 직접 찾아가는 돌봄서비스를 강화할 필요가 있다. 이를 위해 인력이 필요하고 비용도 수반된다. 이에 지역사회의 방임아동 및 나홀로 아동 등 돌봄의 사각지대에 있는 아동을 위해서 돌봄체계의 확충이 필요하다. 한편, 부모의 사정으로 인해서 일시 및 응급 돌봄이 필요한 아동에게는 지역사회의 돌봄기관들이 센터 비등록자이어도 언제든 이용할 수 있도록 하여 수시 돌봄이 가능하도록 해야 한다(김진숙·서혜전, 2016).

---

5) 교육통계에 의하면 2017년 기준 전국에는 학교교과 관련 교습학원이 72,628개소가 있고 정원은 9,129,732명이다. 이중 대부분이 입시검정 및 보습, 예능 및 국제화(언어)학원이다.

빈곤아동의 실태에 대한 정기적인 실태조사도 필요하다. 이에 기반하여 빈곤아동을 위한 중장기계획을 수립하여야 할 것이다.

2) 드림스타트 대상아동 확대 및 제도 보완

저소득층 아동을 위한 공공의 통합사례관리 사업인 드림스타트 사업은 그동안 괄목할만한 성장을 하였고, 아동을 위한 공공의 서비스 전달체계라는 점에서 매우 고무적이다. 드림스타트 이용아동에 대한 효과성 연구 결과 매우 긍정적인 성과를 보이고 있다(이상균, 2017). 그럼에도 드림스타트 본래의 목표를 달성하기 위해서는 재정지원 확대와 안정적인 정책 지원이 필요하다(이상균, 2017).

드림스타트 사업은 지난 10년간 비교적 성공적 정착을 하였지만, 향후 효과성 제고를 위해서 몇 가지 개선의 여지가 있다(이상균, 2017). 첫째, 드림스타트는 희망복지지원단이나 찾아가는 동주민센터와는 다른 고유한 운영 모형을 개발할 필요가 있다. 이러한 기관에서도 사례관리를 하고 있는 바, 자칫하면 업무의 중복이 있을 수 있고 드림스타트의 기능이 축소될 우려가 있다. 둘째, 대상의 확대이다. 현재는 상대빈곤아동의 30% 정도만을 대상으로 하고 있는데, 거의 모든 상대빈곤아동을 대상으로 포괄해야 한다.[6)] 연령도 확대하여 현재의 12세 미만에서 18세 미만으로 해야 한다.

---

6) 2016년 기준 12세 이하 추정 상대빈곤아동수는 약 44만 명인 것으로 파악되고 있다(이상균, 2017). 2016년 기준 드림스타트 이용인원은 13만 4천여 명이다(이상균, 2017).

3) 아동가족복지지출 근거법 마련 및 증액

유엔 아동권리위원회에서 우리 정부에 지적하고 있는 사항 중의 하나가 아동복지재원 확충을 위한 근거법 마련이다. 현재 매우 부족한 아동복지재원 확충을 위해서는 근거법 마련이 필요하다. 아동복지예산은 2018년 이후 매우 상승한 상황이다. 이는 아동수당제도의 도입(1조 1,009억 원)에 기입한다. 2017년 대비 2018년 아동분야 예산은 148.8% 증가하였고, 이를 아동 1인당으로 환산하면 192천 원으로 추정된다(이은주 외, 2017). 단 아동수당 예산을 제외하면 복지예산은 아동 1인당 6만6천 원으로 노인 1인당 예산 26만 원에 비해 3분의 1에 불과한 수치이다(이은주 외, 2017).

현재는 어떠한 법에도 아동복지재원 확충관련 조항이 마련되어 있지 못한 실정이어서 재원마련을 위한 법제도 도입이 필요하다. 아동복지예산 근거법과 관련해서는 아동복지법을 우선적으로 고려할 수 있다. 동 법에 국가와 지방자체가 모든 아동의 복지를 위한 일정 예산을 책정해야 한다는 조항을 포함해야 할 것이다.

그리고 아동복지를 위한 예산의 대상은 주로 요보호아동을 대상으로 하고 있다. 일반아동을 위한 예산은 매우 적은 현실이다. 이에 일반아동을 위해서도 복지예산이 확충되어야 할 것이다.

CHAPTER 09

아동학대

아동학대는 역사적으로 매우 오래전부터 있어 왔다(김성경 외, 2013). 그런데 아동에 대한 학대는 최근 몇 년간 학대피해아동이 급증하면서 심각한 사회문제가 되고 있다. 우리 사회는 경제적으로 비약적으로 발전하고 있음에도 불구하고 사회의 다른 이면에서는 아동에게 너무 가혹한 학대가 발생하고 있는 것이다. 아동은 안전하게 보호되고 양육되어야 하는데, 신체적 및 정서적 학대의 대상이 되고 있다. 아동학대로 인해서 아동은 신체적, 정서적인 위기를 겪게 되고 이는 일생동안 영향을 미치기도 한다. 출산율이 감소함에 따라서 아동이 수적으로 감소함에도 불구하고 부모들은 아동을 귀히 여기기보다는 사회적 약자로서 자신의 분노를 표출하는 대상으로 삼는 것이다. 사회의 복잡화와 인간관계의 단절 및 고립 등 여러 가지 어려움에 직면하게 되면서 가정은 역기능적이 되고, 아동의 보호자는 보호의 기능을 제대로 하지 못하고 오히려 아동에게 해를 가하는 가해자가 된 것이다.

본 장에서는 아동학대의 개념, 원인과 결과, 현황 그리고 대책에 대해서 살펴보고자 한다. 궁극적으로는 아동학대를 예방하는 사회적인 대안을 마련하는 것을 목적으로 한다.

1. 아동학대의 개념

아동학대는 시대와 문화에 따라서 다양하게 정의된다(안재진 외, 2011). 어떤 시대와 문화는 아동학대에 대해서 관대하고, 다른 시대와 문화에서는 아동학대를 범죄시하면서 엄격하게 다루고 있다. 우리나라에서는 최근에 와서야 학대의 증가하고 양상이 잔인하게 됨에 따라서 학대를 범죄로 접근하여 다루기 시작하였다.

아동학대는 광의의 개념과 협의의 개념으로 나뉜다. 광의의 개념에서는 아동에 대한 복지나 감정적 발달을 위협하는 행동, 아동의 발달을 저해하는 행위나 환경, 더 나아가 아동권리를 침해하는 매우 포괄적인 행위를 말한다(중앙아동보호전문기관 홈페이지). 반면 협의의 아동학대란 신체적, 정신적, 성적 폭력 또는 방임 등과 같이 직접적으로 아동에게 위험을 가하는 행위를 말한다(오정수·정익중, 2017).

우리나라에서는 아동복지법에 아동학대를 정의하고 있다. 아동복지법 제3조 제7호에서는 '아동학대란 보호자를 포함한 성인이 아동의 건강 또는 복지를 해치거나 정상적 발달을 저해할 수 있는 신체적, 정신적, 성적 폭력이나 가혹행위를 하는 것과 아동의 보호자가 아동을 유기하거나 방임하는 것을 말한다'라고 정의하였다. 즉 아동학대를 보호자에 의한 적극적 가해행위뿐 아니라, 아동이 필요로 하는 것을 방치하거나 외면하는 소극적 방임행위까지 포함하고 있다(김미숙 외, 2016). 아동학대는 아동의 발달을 위협하는 행위이고, 동시에 아동의 욕구가 무시되는 상황을 모두 말하는 것이다(이유진 외, 2011).

아동학대는 유형에 따라서 몇 가지로 나뉜다. 대표적인 유형으로 신체적 학대, 정서적 학대, 성적 학대, 방임이 있다. 이러한 학대의 유형별 정의와 특성에 대해 다음에서 살펴보기로 한다.

1) 신체적 학대(Physical abuse)

아동학대와 마찬가지로 신체적 학대가 무엇인가도 시대와 문화에 따라서 다르다. 우리나라에서는 아동복지법 제3조 7항에 신체적 학대를 정의하고 있다. 신체적 학대란 보호자를 포함한 성인이 아동의 건강 또는 복지를 해치거나 정상적 발달을 저해할 수 있는 신체적·폭력이나 가혹행위를 하는 것이다. 즉 보호자를 포함한 성인이 아동에게 의도적으로 신체적인 손상을 입히는 행위를 말한다(아동권리보장원 홈페이지). 신체적 학대의 구체적인 예는 다음과 같다(아동권리보장원 홈페이지).

- 직접적으로 신체에 가해지는 행위
- 도구를 사용하여 신체를 가해하는 행위
- 완력을 사용하여 신체를 위협하는 행위
- 신체에 유해한 물질로 신체에 가해지는 행위

이러한 신체적 학대를 당하게 되면 아동은 어른을 피하고, 다른 아동이 울 때 공포를 나타내며, 공격적이거나 위축된 행동을 보이며, 부모를 두려워하는 등 여러 가지 징후를 보인다(아동권리보장원 홈페이지).

2) 정서적 학대(Emotional Abuse)

정서적 학대란 보호자를 포함한 성인이 아동에게 행하는 언어적 모욕, 정서적 위협, 감금이나 억제, 기타 가학적인 행위를 말한다(아동복지법 제3조 제7호). 이는 정신적 학대 혹은 심리적 학대로도 불린다. 정서학대의 구체적인 예는 다음과 같다(아동권리보장원 홈페이지).

- 원망적, 거부적, 적대적 또는 경멸적인 언어폭력 등
- 잠을 재우지 않는 것
- 벌거벗겨 내쫓는 행위
- 형제나 친구 등과 비교, 차별, 편애하는 행위
- 가족 내에서 왕따시키는 행위
- 아동이 가정폭력을 목격하도록 하는 행위
- 아동을 시설 등에 버리겠다고 위협하거나 짐을 싸서 쫓아내는 행위
- 미성년자 출입금지 업소에 아동을 데리고 다니는 행위
- 아동의 정서 발달 및 연령상 감당하기 어려운 것을 강요하는 행위
- 다른 아동을 학대하도록 강요하는 행위

정서적 학대를 당하게 되면 아동의 발달 및 성장이 지연된다. 이로 인해 언어장애, 정신신경성반응, 행동장애, 실수에 대한 과잉반응, 부모와의 접촉에 대한 두려움을 징후를 보인다(아동권리보장원 홈페이지).

3) 성학대(Sexual Abuse)

성학대는 보호자를 포함한 성인이 아동의 건강 또는 복지를 해치거나 정상적 발달을 저해할 수 있는 성적 폭력이나 가혹행위를 하는 것이다(아동복지법 제3조 제7호). 성학대의 구체적인 예는 다음과 같다(아동권리보장원 홈페이지).

- 자신의 성적 만족을 위해 아동을 관찰하거나 아동에게 성적인 노출을 하는 행위
- 아동을 성적으로 추행하는 행위
- 아동에게 유사성행위를 하는 행위
- 성교를 하는 행위
- 성매매를 시키거나 성매매를 매개하는 행위

성학대를 당한 아동은 성병에 감염될 수 있고, 임신도 할 수 있으며, 각종 생식기에 문제가 발생하게 된다. 아울러 각종 심리적 문제, 외상후 스트레스 장애 등 매우 심각한 병리적 현상을 갖게 된다.

4) 방임(Neglect)

방임은 아동의 보호자가 아동을 유기하거나 방임하는 것이다(아동복지법 제3조 제7호). 보다 구체적으로는 방임은 '보호자가 아동을 위험한 환경에 처하게 하거나 아동에게 필요한 의식주, 의무교육, 의료적 조치 등을 제공하지 않는 행위를 말하며, 유기란 보호자가 아동을 보호하지 않고 버리는 행위'를 말한다(아동권리보장원 홈페이지). 방임은 물리적 방임, 교육적 방임, 의료적 방임, 유기 등으로 나뉜다. 구체적인 방임의 예는 다음과 같다(아동권리보장원 홈페이지).

- 물리적 방임
  - 기본적인 의식주를 제공하지 않는 행위
  - 불결한 환경이나 위험한 상태에 아동을 방치하는 행위

- 아동의 출생신고를 하지 않는 행위, 보호자가 아동들을 가정 내 두고 가출한 경우
- 보호자가 친족에게 연락하지 않고 무작정 아동을 친족 집 근처에 두고 사라진 경우 등

• **교육적 방임**: 보호자가 특별한 사유 없이 학교(의무교육)에 보내지 않거나 아동의 무단결석을 방치하는 행우

• **의료적 방임**: 아동에게 필요한 의료적 처치 및 개입을 하지 않는 행위

• 유기

- 아동을 보호하지 않고 버리는 행위
- 아동을 병원에 입원시키고 사라진 경우
- 시설근처에 버리고 하는 행위

방임을 당한 경우, 아동은 성장 발달이 지연되고, 신체적으로 비위생적이 되며 건강상태가 불량하게 된다.

이상에서 살펴본 아동학대는 한 아동에게 한 유형으로만 나타나는 것이 아니라, 두 가지 또는 그 이상이 한 아동에게 중첩되어 나타나는 경우가 많은데 이를 '중복학대'라고 부른다.

2. 아동학대의 원인[7)]

아동학대의 원인은 크게 부모요인, 아동요인, 가정요인, 사회문화요인 등

7) 아동학대의 원인에 대해서는 보건복지부, 숙명여자대학교 산학협력단(2011)의 아동학대 실태조사 보고서를 주로 참조하였음.

으로 나누어서 볼 수 있다. 각 요인의 어떠한 측면에서 아동학대와 연관되는지를 다음에서 살펴보기로 한다.

1) 부모요인

아동학대현황보고서에 의하면 아동학대는 80% 이상이 부모(또는 주양육자)에 의해서 발생한다. 이에 부모의 어떠한 특성이 아동학대로 이어지는지를 살펴보아야 한다. 부모의 특성 중 아동학대와 관련된 부분으로 주로 지적되고 있는 것은 부모의 연령, 양육경험, 학대받은 경험, 부모의 충동성, 양육스트레스, 부부갈등, 부부폭력, 알코올 혹은 약물중독 등이다. 부모의 연령은 어릴수록 양육경험이 적어서 학대할 가능성이 높고, 자신이 자라면서 학대경험이 있는 경우 아동을 학대할 가능성이 높다. 부모가 자존감이 낮거나 감정조절을 잘하지 못하고, 공격적이거나, 분노와 우울도가 높을수록 아동을 학대할 가능성이 높다.

2) 아동요인

아동학대와 관련된 아동특성으로는 아동의 연령, 기질, 학습장애 등을 들 수 있다. 아동의 연령은 어릴수록, 아동의 기질은 까다로울수록 학대받을 가능성이 높다. 아울러 아동의 장애는 학대의 요인이 된다. 장애아동 부모는 자녀의 부족한 능력이나 외모로 인하여 절망 및 거부와 같은 부정적 감정을 가진다(이현수, 2011에서 재인용). 아울러 부모는 장애아동을 양육하는 과정에서 좌절감을 느끼고 양육에서 상당한 부담 및 스트레스를 경험한다(이현수, 2011). 이러한 스트레스 등은 아동학대로 이어질 수 있다는 것이다.

기질적 특성으로는 아동이 우울한 경우 학대받을 가능성이 높다. 아동이 우울한 경우 의욕이 없고, 자신감이 없으며, 일상생활에 어려움을 겪기 때문이다. 또한 우유부단하고 결정하는 데 어려움을 겪는 등의 태도로 인하여 학대를 받기 쉽다.

3) 가족요인

가족의 특성 중 아동학대와 관련된 요인에는 가족의 빈곤, 부모의 실직, 가족구조 등으로 밝혀졌다. 가족이 빈곤한 경우 자원이 부족하여 아동학대가 발생하기 쉽다는 것이다. 부모들은 자녀에게 다양한 것들을 제공해 주기 원하지만, 경제적 어려움으로 인하여 실질적으로 활용할 수 있는 자원들이 별로 없고, 오히려 빈곤가족은 저소득 밀집지역에 거주하는 등 위험요소에 노출되어 있다. 더욱이 문제가 되는 것은 빈곤한 가족의 부모들은 생업에 종사하는 시간이 길기 때문에 아동을 방임하는 경우가 많다는 데 있다.

가족구조상으로는 한부모가족일 경우 아동학대가 많은 것으로 나타났다. 한부모는 경제적으로 어려움이 있고, 한부모가 경제활동을 하는 데 시간을 많이 투입하기 때문에 아동을 제대로 돌보지 못하고 방임할 가능성이 높고, 한부모의 경제 및 사회적 스트레스는 아동에게 학대로 이어질 가능성이 높은 것이다. 가족의 분위기와 관련해서는 폐쇄적이고 갈등적인 가정일수록 아동을 학대할 가능성이 높다.

4) 사회문화적 특성

사회 및 문화에 따라서 아동학대에 대해서 다른 접근을 하고 있다. 일부 문화 및 사회에서는 아동학대에 대해서 매우 관대하고 다른 문화 및 사회에서는 매우 엄격하다. 예를 들어 미국의 소수민족에서는 아동에게 폭력적으로 대하는 것이 관행이고, 도구를 이용해서 아동들을 때리는 것도 허용되고 있다고 한다.

아동권리보장원에서는 아동학대의 원인을 다음 표와 같이 정리하였다.

표 9-1 아동학대의 원인

구분	요인	
개인	- 정신장애 - 약물중독 - 충동	- 학대경험 - 자녀에 대한 비현실적 기대 - 부모역할에 대한 지식부족 등
가족	- 빈곤, 실업 - 원만하지 못한 부부관계 - 부모-자녀 간 애착부족 등	- 사회적 지지체계 부족 - 가정폭력
사회	- 자녀를 부모의 소유물로 여김 - 피해아동에 대한 법적인 보호 부재 및 미비 등	- 체벌의 수용

출처: 아동권리보장원 홈페이지(www.ncrc.or.kr).

3. 아동학대의 현황

본 절에서는 아동학대 현황에 대해서 살펴보았다. 여기서 말하는 현황이란 아동보호전문기관 등에 신고해서 학대로 판정받은 사례만을 말한다. 따라서 신고되지 않은 학대 사례들은 포함되지 않는다. 실제로 아동학대는 신고된 것보다 훨씬 더 많을 것이다(김미숙 외, 2016). 아동학대가 근절되기 위해서는 모든 학대가 파악되어야 할 것임에도, 발생된 학대 중의 극히 일부만이 신고되는 문제가 있음을 염두에 두고 현황을 이해해야 할 것이다.

아동학대를 알기 위해서는 기본 용어에 대한 이해를 먼저 해야 한다. 학대피해를 입은 아동을 '학대피해아동'이라고 하고, 아동학대 행위를 한 사람을 '학대행위자'라고 한다. 학대가 발생하여 국가 이를 발견하여 어떠한 행동을 한 것을 '보호조치'라고 한다. 이러한 개념들을 염두에 두어야 할 것이다.

1) 유형별 아동학대 현황

신고되어 판정된 아동학대 수는 지속적으로 증가하는 추세이다. 2014년에는 10,027건이었는데, 2016년에는 18,700건, 2019년에는 30,045건으로 급증하였다([그림 9-1] 참조). 특히 2014년 아동학대처벌 등에 관한 특례법의 제정에 따라서 아동학대가 범죄로 취급되고, 신고의무자가 확대되는 등의 변화로 인해서 학대신고 및 판정건수가 늘었다고 볼 수 있다.

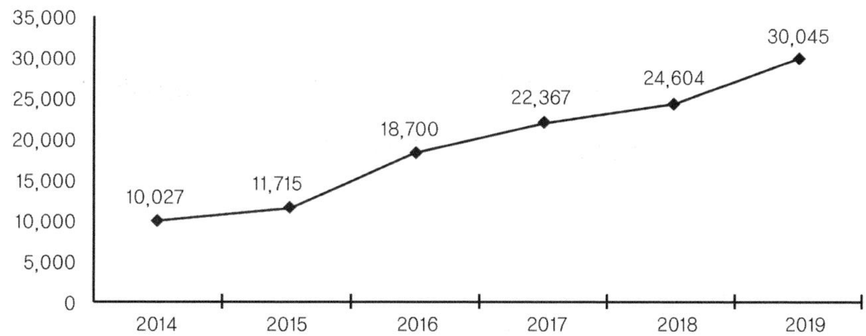

그림 9-1 연도별 아동학대 발생건수(단위: 건)

출처: 보건복지부(2020). 2019 아동학대 주요통계. p.63.

아동학대사례건수는 아동보호전문기관수의 증가에 비례한다는 지적이 있어왔다. 통계수치로 보면 어느 정도 이러한 주장이 타당하나, 양자의 관계가 완전한 비례관계는 아니다([그림 9-2] 참조). 아동학대의 급증은 사례의 발견율이 높은 측면도 있으나, 학대 사건 자체가 급증하기 때문에 기인한 것이라고 할 수 있다.

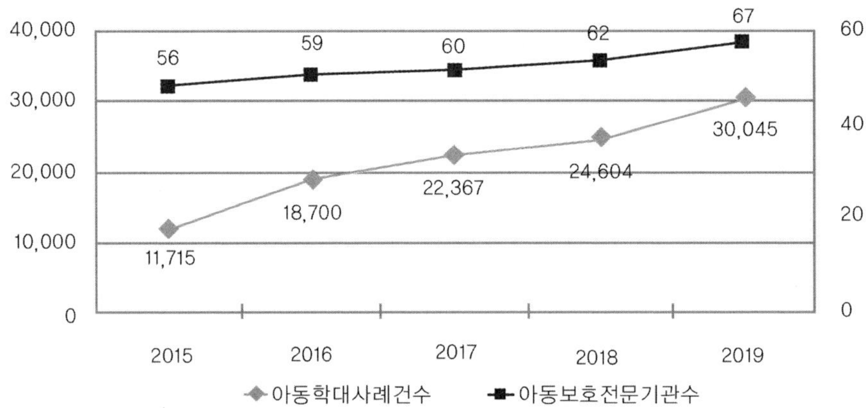

그림 9-2 아동학대사례건수 및 아동보호전문기관 수(단위: %)

출처: 보건복지부(2020). 2019 전국아동학대현황보고서. p. 21.

학대유형별로 보면 어느 시기를 막론하고 가장 많은 유형은 중복한데인대, 48%를 넘고 있다([그림 9-3] 참조). 그 다음으로 많은 유형은 2014년까지는 방임이었으나, 그 이후는 정서학대이다. 정서학대는 2014년 15.8%, 2016년 19.2%, 2019년 25.4%로 지속적으로 증가하는 추세에 있다. 반면 방임은 2014년 18.6%에서 2019년 9.6%로 감소추세에 있다. 신체학대와 성학대는 유사하게 일정한 수준을 유지하고 있다. 2019년 기준 가장 많은 학대유형은 중복학대(48.2%)이고, 그 다음은 정서학대(25.4%), 신체학대(13.9%), 방임(9.6%), 성학대(2.9%)의 순이다.

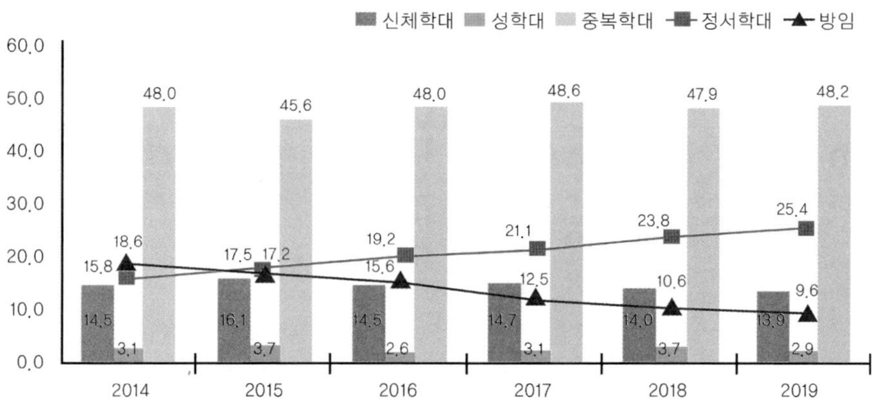

그림 9-3 아동학대 유형별 현황(단위: %)

출처: 보건복지부(2020). 2019 아동학대 주요통계. p. 63.

2) 아동학대 신고자

아동학대 신고자는 크게 신고의무자와 비신고의무자로 나뉜다. 신고의무자에는 교사, 사회복지시설 종사자, 사회복지전담 공무원 등이 포함된다. 비신고의무자는 신고의무자 이외의 사람을 말한다. [그림 9-4]에 나타난 바와 같이 신고비율을 보면 신고의무자에 의한 신고는 23%이고, 비신고의무자에 의한 신고는 77%로 비신고의무자에 의한 신고가 훨씬 더 많다. 신고의무자 중에서 비중이 가장 높은 직군은 초중고교 직원(15.4%), 보육교직원(1.2%)로 파악되었다(보건복지부, 2020). 비신고의무자의 경우는 아동보호전문기관종사자사(32.3%) 비율이 가장 높았고, 부모(17.0%), 아동 본인(12.4%)의 순으로 파악되었다(보건복지부, 2020). 최근에는 아동보호전문기관종사자도 신고의무자로 바뀌었다.

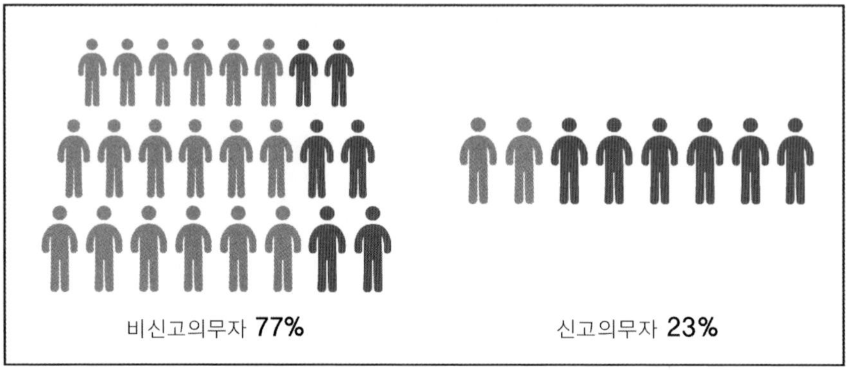

그림 9-4 아동학대 신고의무자 비율

출처: 아동권리보장원 홈페이지(www.ncrc.or.kr).

3) 학대피해아동 및 가정의 특성

학대피해아동의 특성을 보면 성별은 남아 50.9%, 여아 49.1%로 거의 비슷한 분포이다(〈표 9-2〉 참조). 연령별로는 13~15세가 가장 많은 23.5%이고 그 다음은 10~12세로 21.8%이었다. 즉 학대피해아동은 중학생이 가장 많고 그 다음은 초등학교 고학년으로 나타났다.

표 9-2 학대피해아동 특성

(단위: 건, %)

학대유형		계	
계		30,045	100.0
성별	남	15,281	50.9
	여	14,764	49.1
연령	1세 미만	611	2.0
	1~3세	2,984	9.9
	4~6세	3,680	12.2
	7~9세	5,601	18.6

	10~12세	6,561	21.8
	13~15세	7,074	23.5
	16~17세	3,534	11.8

출처: 보건복지부(2020). 2019 아동학대 주요통계. p. 23.

학대받은 아동의 가족유형을 보면 친부모가정이 가장 많은 57.7%이고, 그 다음은 친부모가족 외 형태로 33.8%이다(〈표 9-3〉 참조). 친부모 외 가정 중 가장 많은 것은 한부모가족인 부자가정 및 모자가정(23.1%)으로 파악되었다. 대리양육형태인 가정위탁, 입양, 시설보호의 경우는 1.2%로 소수이다.

표 9-3 학대피해아동 가족유형

가족유형	건(%)	
친부모가정	17,324	57.7
친부모가정 외(한부모, 미혼, 재혼가족 등)	10,146	33.8
가정위탁, 입양, 시설보호(대리양육 형태)	372	1.2
기타	2,203	7.3
계	30,045	100.0

출처: 보건복지부(2020). 2019 아동학대 주요통계. p. 25.

4) 학대행위자의 특성

학대행위자의 특성을 보면 남자가 55.3%이고 여성 44.7%로 남성이 약간 더 많았다(〈표 9-4〉 참조). 연령대별로는 40대가 가장 많은 43.9%이고, 그 다음은 30대로 26.9%이다.

표 9-4 학대행위자의 특성

(단위: 건, %)

구분		계	
계		30,045	100.0
성별	남	16,615	55.3
	여	13,429	44.7
연령	20대 이하	2,625	8.7
	30대	8,088	26.9
	40대	13,186	43.9
	50대	4,630	15.4
	60대 이상	1,237	4.1
	파악 안 됨	279	0.9

출처: 보건복지부(2020). 2019 아동학대 주요통계. pp. 26-27.

학대행위자와 피해아동의 관계를 보면 부모가 가장 많은 76.5%이었고, 그 다음은 대리양육자로 16.3%이었다([그림 9-5] 참조). 학대유형별로 보면 성학대를 제외한 모든 유형에서 부모가 학대행위자인 경우가 가장 많았고, 그 다음은 대리양육자이었다. 성학대인 경우는 대리양육자 및 기타가 가해자인 경우가 가장 많았다.

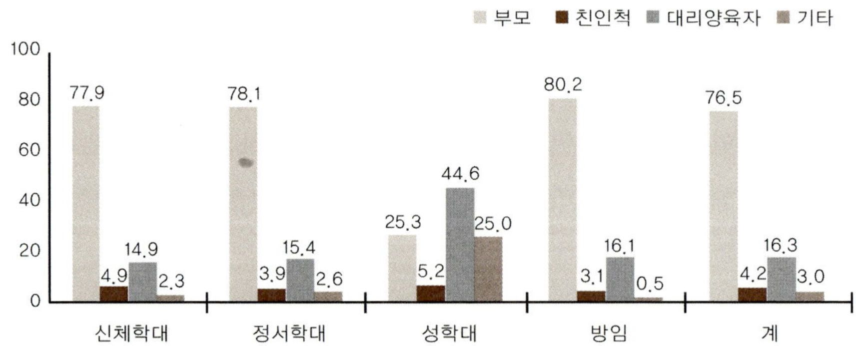

그림 9-5 학대행위자와 학대피해아동과의 관계(단위: 건, %)

출처: 보건복지부(2020). 2019 아동학대 주요통계. p. 33.

5) 학대발생장소

아동학대가 발생하는 장소를 보면 대부분인 79.5%가 가정에서 발생한다([그림 9-6] 참조). 그 다음은 아동이 많이 다니는 학교나 학원 8.3%, 어린이집 유치원 5.1% 등이다. 학교에서의 아동학대는 증가하고 있어 원인 규명과 함께 대책이 필요함을 알 수 있다. 소수이기는 하지만 집근처나 병원, 복지시설 등에서도 학대가 발생하고 있다.

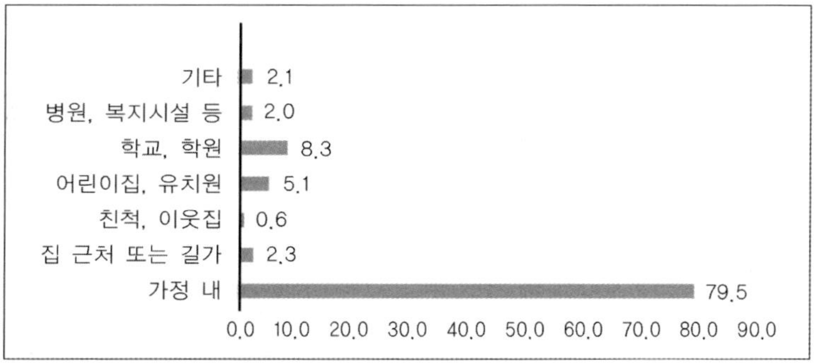

그림 9-6 아동학대 발생장소 현황(단위: %)

출처: 보건복지부(2020). 2019 아동학대 주요통계. p. 30.

6) 조치결과

학대피해아동에 대한 조치결과를 보면 원가정 보호가 83.9%(25,206건)으로 가장 많았고, 그 다음이 분리보호 12.2%(3,669건), 기타 0.4%(121건), 사망 0.2%(60건) 등이다([그림 9-7] 참조). 학대로 사망한 아동도 1달에 평균 5건(1년에 60건)이 발생되고 있음을 알 수 있다

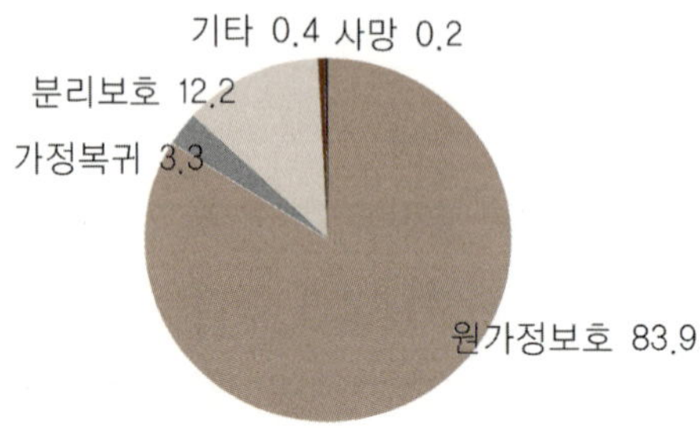

그림 9-7 피해아동 조치결과(단위: %)

출처: 보건복지부(2020). 2019 아동학대 주요통계. p. 35.

표 9-5 학대피해아동 조치결과

(단위: 건, %)

피해아동 상황	상세조치		2019년	
	최초	최종	건수	백분율
원가정보호	원가정보호 유지		25,206	83.9
가정복귀	원가정보호	가정복귀	109	0.4
	분리조치	가정복귀	844	2.8
	기타	가정복귀	36	0.1
	소계		989	3.3
분리조치	분리조치 유지		2,110	7.0
	원가정보호	분리조치	524	1.7
	분리조치	분리조치	1,029	3.4
	기타	분리조치	6	0.0
	소계		3,669	12.2
기타			121	0.4
사망			60	0.2
계			30,045	100.0

출처: 보건복지부(2020). 2019 전국아동학대현황보고서. p. 35.

7) 재학대

한편 아동학대는 다시 발생하기도 한다. 2019년에는 총 3,431건의 재학대가 발생하였다. 재학대 피해아동의 특성을 보면 성별로는 남아 47.9%, 여아 52.1%로 여아가 약간 더 많은 분포이다(〈표 9-6〉 참조). 연령대는 13~15세가 가장 많은 25.2%이고, 그 다음은 10~12세로 24.5%이다. 즉 중학생과 초등학교 고학년 연령대의 재학대율이 가장 높음을 알 수 있다.

표 9-6 학대피해아동 특성

(단위: 건, %)

특성		재학대 건수(비율)	
계		3,431	100.0
성별	남	1,643	47.9
	여	1,788	52.1
연령	1세 미만	30	0.9
	1~3세	261	7.6
	4~6세	387	11.3
	7~9세	676	19.8
	10~12세	839	24.5
	13~15세	866	25.2
	16~17세	369	10.8

출처: 보건복지부(2020). 2019 아동학대 주요통계. pp. 50-51.

8) 제공 서비스

학대피해아동, 학대행위자 및 가족에 대한 서비스를 살펴보면, 대상자를 막론하고 가장 비중이 많은 서비스는 상담으로 65% 이상으로 나타났다(〈표 9-7〉 참조). 그 다음은 아동에게는 심리치료 지원, 가족기능 강화와 사건처리

지원의 비율이 높았고, 학대행위자에게는 심리치료 지원, 행위자수탁프로그램, 가족기능 강화 등이었다. 부모 및 가족의 경우에게는 가족기능 강화와 심리치료 지원이 많았다.

표 9-7 피해아동, 학대행위자, 부모 및 가족에 대한 서비스

(단위: 회, %)

구분	아동		행위자		부모 및 가족	
상담	359,033	65.0	182,079	70.0	110,583	76.5
의료지원	6,617	1.2	1,912	0.7	547	0.4
심리치료지원	54,421	9.9	22,390	8.6	10,202	7.1
가족기능강화	45,844	8.3	13,820	5.3	16,263	11.2
학습 및 보호지원	24,419	4.4	2,453	0.9	1,168	0.8
사건처리지원	39,246	7.1	14,522	5.6	2,114	1.5
행위자수탁프로그램	460	0.1	18,330	7.1	267	0.2
피해아동수탁프로그램	451	0.1	273	0.1	54	0.0
기타	21,821	4.0	4,188	1.6	3,436	2.4
계	552,312	100.0	259,967	100.0	144,634	100.0

출처: 보건복지부(2020). 2019 아동학대 주요통계. p. 49.

4. 아동학대 관련 정책과 사회복지서비스

우리나라의 학대관련 정책과 서비스에는 몇 가지가 있다. 가장 대표적인 서비스로 학대관련법, 신고경로 및 신고의무자, 아동권리보장원 및 아동보호전문기관, 학대피해아동쉼터 등을 들 수 있다.

1) 아동학대 관련법

아동학대와 관련된 대표적인 법으로 아동복지법, 아동학대범죄의 처벌 등에 관한 특례법(약칭: 아동학대처벌법)이 가장 대표적이다. 아동복지법에서는 아동학대 예방과 방지를 위한 조치, 아동학대예방의 날 지정(매년 11월 19일), 피해아동 및 가족 지원, 학대행위자의 아동관련기관 취업제한, 아동학대 전담의료기관 지정 등의 내용을 담고 있다. 아동학대범죄의 처벌 등에 관한 특례법에서는 아동학대를 범죄로 규정하여 가해자에 대해 처벌을 강화하였고, 아동학대가 발생했을 때 조사에서부터 처리과정에 이르는 전 과정에서 경찰과 사법기관이 개입하도록 하였다(이봉주 외, 2015). 또한 학대행위자가 강제로 교육을 받도록 함으로써 학대 피해아동이 2차 피해를 받지 않도록 하였다(이봉주 외, 2015).

이 밖에도 아동학대와 관련된 다양한 법률이 있는데, 가장 대표적인 것으로는 가정폭력범죄의 처벌 등에 관한 특례법, 성폭력방지 및 피해자보호 등에 관한 법률, 아동·청소년의 성보호에 관한 법률 등이 있다.

2) 학대신고 경로 및 신고의무자

학대신고는 다양한 경로를 통해서 할 수 있다. 대표적인 번호는 112이고, 아동보호전문기관, 119, 129, 1366 등을 통해서도 할 수 있다. 아동학대가 발생하면 피해자 본인이 직접 신고할 수도 있고, 신고의무자가 법적으로 정해져 있다. 신고의무직군은 아동학대범죄의 처벌 등에 관한 특례법(제10조)에 제시되어 있는데 주요 직군은 다음과 같다. 사회복지시설 종사자, 아동복지전담공무원, 청소년관련 기관 종사자, 초중고 교사, 의료기관 종사자, 보육기관

종사자 등이다. 신고자는 법에 의거해서 신변을 보호받도록 되어 있다. 신고가 필요한 경우와 방법은 다음과 같다.

표 9-8 아동학대 신고시기 및 방법

구분	내용
언제?	– 아동의 울음소리, 비명, 신음소리가 계획되는 경우 – 아동의 상처에 대한 보호자의 설명이 모순되는 경우 – 계절에 맞지 않거나 깨끗하지 않은 옷을 계속 입고 다니는 경우 – 뚜렷한 이유 없이 지각이나 결석이 낮은 경우 – 나이에 맞지 않는 성적 행동을 보이는 경우
무엇을?	– 신고자의 이름, 연락처 – 아동의 이름, 성별, 나이, 주소 – 학대행위자로 의심되는 사람의 이름, 성별, 나이, 주소 – 아동이 위험에 처해 있거나 학대를 받고 있다고 믿는 이유
어떻게?	– 전화: 국번 없이 112 – 방문: 관할 지역아동보호전문기관 – 신고자의 신분은 법적으로 보장됨

출처: 아동권리보장원 홈페이지(www.ncrc.or.kr).

3) 대응체계

최근 아동학대 대응체계는 커다란 변화를 하였다. 그동안 민간인 아동보호전문기관에서 담당하였던 학대 조사 업무가 공공(지자체)으로 이관된 것이다. 이로써 민간의 한계인 공권력의 한계점을 극복할 수 있게 되었다. 즉, 아동학대에 대한 국가의 책임과 공공성이 강화된 것이다.

아동학대 대응체계는 공공과 민간으로 나뉜다. 공공에는 지자체의 아동학대전담공무원과 경찰(Anti-abuse police officer: APO)이 있고, 민간으로는 아동보호전문기관이 있다. 공공인 시군구의 아동학대전담공무원은 2020년부터 시군구에 배치되기 시작하였다. 주요 업무는 신고접수, 현장출동 및 조사, 응급보호, 피해아동 및 가족행위자에 대한 상담 및 조사, 피해아동 보호계획 수립 등이다. 경찰은 피해아동과 학대 행위자를 분리하고, 아동학대 관련 현장조사, 응급조치 및 사후모니터링 등을 수행한다.

민간인 아동보호전문기관의 주요 역할은 피해아동 가족 및 아동학대행위자를 위한 상담, 치료 및 교육(사례관리계획 수립 및 시행), 아동학대예방 교육 및 홍보, 피해아동가정의 사후관리, 아동학대예방사업 관련 업무를 담당하는 것이다. 아동보호전문기관은 중앙 1개소, 지역 67개소로 총 68개소가 설치되어 있다.

4) 학대피해아동쉼터

학대피해아동쉼터는 학대피해아동을 학대행위자로부터 분리하여 안전하게 보호하는 곳이다. 여기서는 숙식제공, 생활지원, 상담, 치료, 교육 등을 실시한다. 2020년 기준 학대피해아동쉼터는 현재 전국에 총 73개소가 있다. 여기서 1,044명의 학대피해아동을 보호하고 있다(보건복지부, 2020). 학대피해아동쉼터는 피해아동에게는 가정 복귀전에 필요한 학대후유증 치료, 일상생활 훈련, 교육, 정서적 지원 등을 지원하는 중간시설이다(김경희, 2015). 쉼터는 현재 남녀가 분리되도록 규정되어 있고, 쉼터 설치의 법적 근거도 마련되었다. 종사자로는 시설장 1명, 보육사 3명, 임상심리치료 전문인력 1명을 배치하도록 하고 있다(보건복지부, 2021).

5. 향후과제

1) 아동학대 조기 발견

아동학대는 학대 초기에 발견되어 더 커다란 피해가 발생되지 않도록 해야 한다. 아동학대가 조기에 발견되기 위해서는 학대신고의무자뿐 아니라 일반 시민, 이웃, 지역주민 등의 활발한 아동학대신고가 필요하다. 아동학대는 대부분 사적 공간인 가정에서 발생하기 때문에 발견되기 어렵다. 이에 아동 주변인들이 적극적인 신고를 해야 학대가 조기에 발견될 수 있다. 일반시민들은 아동을 우리 사회의 공공재로 생각하고 아동학대를 발견했을 때 신고해야 할 것이다. 아동학대범죄 처벌 등에 대한 특별법에 의거하여 학대신고자의 사생활이 보호되기 때문에 신고한 학대가 학대로 판정되지 않더라도 신고자는 어떠한 불이익도 당하지 않는다.

2) 아동학대 예방

아동학대에서 가장 바람직한 것은 학대가 발생하지 않도록 하는 것이다. 이를 위해서는 아동학대가 발생하는 원인을 해결하는 것이 가장 우선적이고 기본적이다. 첫째, 아동학대의 최대 원인 중의 하나는 가정의 빈곤에 있다. 이에 빈곤한 아동가정에 대한 경제적 지원이 시급하다. 아동보호자가 경제적으로 자립할 수 있도록 직업훈련 및 연계, 공공근로기회 제공, 생계비 지원 등을 강화할 필요가 있다. 둘째, 아동학대는 가족폭력이 있는 가정의 경우 많이 발생하는 것으로 나타났다(배화옥, 2015). 배우자에게 폭력을 행사하는 경우에 자녀에게도 폭력을 행사하기 때문이다. 이에 아동학대가 예방되기 위해서는 가족폭력이 예방되어야 한다. 셋째, 아동에 대한 훈육을 빌미로 벌어지고 있는 체벌에 대한 관대한 문화가 학대를 조장하고 있다. 심한 체벌은 상흔을 야기하거나 신체적 위해를 가하게 되므로 이는 신체학대로 이해되어야 한다. 부모들은 무엇이 학대이고 훈육인지 명확한 판단 기준이 없는바 이에 대한 부모교육 및 정보제공이 필요하다(오정옥·이경원, 2015). 이를 위해 체벌과 훈육의 구별, 자녀의 문제행동 수정방법 등을 제공하도록 한다.

3) 아동학대 가정에 대한 차등적 대응체계 구축

아동학대가 발생한 가정에 대해서눈 학대 수준별로 차등적인 대응체계(Differential Response System)가 필요하다. 이는 미국 등지에서 이미 실시되고 있는 정책이다. 보다 효과적인 아동학대 대응을 위해서 모든 학대가정을 일률적으로 다루는 것이 아니라 가정의 상황에 따라서 차등적으로 접근하는 것이다. 아동학대 수준이 심각하지 않은 저위기 가정에 대해서는 처벌적으로 대응하기보다는 가정의 필요가 무엇인지 파악한 후 이를 지원하도록 한다. 중위기가정의 경우도 학대의 발생 원인을 분석하여 학대피해자 및 학대행위자에 대한 개입 및 지원을 하도록 한다. 고위기 아동학대 가정의 경우는 학대행위자에 대한 처벌과 피학대아동에 대한 분리 등을 한다. 이러한 차별적 대응의 궁극적 목적은 아동학대 발생의 예방에 있다. 중저위기 가족의 경우 처벌보다는 지원을 통해서 아동학대가 재발되지 않도록 최대한 지원을 하는 것이다.

4) 분리보호 강화

우리나라는 선진국에 비해서 아동 분리보호를 덜 하는 편이다. 미국의 경우 아동의 안전을 최우선에 두면서, 학대의 기미만 보여도 아동을 주양육자로부터 분리하고 있다. 미국은 아동인구 1,000명당 약 4명이 분리보호되고 있는 것으로 파악되었다(Mech, 1983). 우리나라는 2019년 한해 3,669명이 분리보호되었는데 이를 아동인구[8] 1,000명당으로 환산하면, 0.46명에 해당된다. 이는 전체 학대피해아동의 12.2%에 해당한다. 미국 분리아동수의 12분의 1에 불과한 수치이다. 최근의 아동학대 사망사건이 증가하고 있는 상황에서 분리보호의 필요성이 대두되어 2021년 3월부터 즉각분리제도를 도입하였다. 학대신고가 2번 이상 되면 아동을 원가정에서 즉시 분리하는 제도이다.

문제는 학대피해를 받은 아동이 갈 수 있는 곳이 많지 않다는 데 있다. 대표적인 분리기관으로 학대피해아동쉼터, (전문)위탁가정 등이 있다. 이러한 기관도 충분하지 않다. 최소한 시·군·구당 1개의 쉼터와 학대아동을 위한 전문위탁가정이 확충되어야 한다. 전문위탁가정이란 전문위탁부모가 아동의 문제행동, 주의집중문제, 트라우마 등의 문제를 인지하고 이를 전문적으로 개입하는 제도이다. 현재 시범적으로 운영되는 이 제도가 안착되기 위해서 위탁수당의 현실화와 위탁가정에 대한 내실 있는 교육이 필요하다.

---

8) 2019년 0~18세 미만 아동수는 7,894,045명으로 추계된다(통계청 홈페이지; 2019 청소년백서 참조).

CHAPTER 10

시설보호와 가정보호

1. 시설보호

1) 시설보호의 정의

시설보호란 양육자가 없는 아동이나 있어도 여러 가지 이유로 아동을 직접 양육하기 어려운 경우 24시간 집단보호를 제공하는 대리적 서비스를 말하는 것으로, 시설을 통해 아동을 일시적 또는 장기적으로 보호하면서 부모역할을 대신하는 것이다(이은주 외, 2018). 아동복지법 제3조는 아동복지시설이란 아동복지법 제50조에 따라 설치된 시설로 정의하고 있다. 아동복지시설의 목적은 첫째, 보호대상아동을 건전한 사회인으로 자랄 수 있도록 보호조치 하기 전에 일시보호하거나 가정복귀, 입양, 가정위탁이 어려운 아동을 보호 및 양육하는 것, 둘째, 아동복지시설을 퇴소한 사람에게 취업준비기간 또는 취업 후 일정 기간 동안 보호함으로써 자립 지원을 하는 것이다(보건복지부, 2021).

시설보호 서비스 개념은 역할론 개념(부모역할을 대신하는 대리보호), 장소적 개념(가정이 아닌 시설이라는 공간에서 이루어지는 시설보호), 시간적 개념(시설에 장기간 거주함으로써 시설보호사업이 이루어짐), 형태적 개념(아동에 대한 보호가 개별적이 아닌 집단적으로 이루어짐), 제도적 개념(아동에 대한 보호주체가 개인이 아닌 사회 전체임을 의미)로 구분할 수 있다(이은주 외, 2018 재인용).

2) 아동복지시설의 종류

아동복지시설의 종류는 아동복지법 제52조 제 1항에 명시되어 있다. 아동복지시설의 종류는 구체적으로 다음 〈표 10-1〉과 같다.

표 10-1 아동복지시설 종류와 목적

아동복지시설 종류	시설 목적
아동양육시설	보호대상아동을 입소시켜 보호, 양육 및 취업훈련, 자립지원 서비스 등을 제공하는 것을 목적으로 하는 시설
아동일시보호시설	보호대상아동을 일시보호하고 아동에 대한 향후의 양육대책수립 및 보호조치를 행하는 것을 목적으로 하는 시설
아동보호치료시설	아동에게 보호 및 치료 서비스를 제공하는 다음 각 목의 시설 가. 불량행위를 하거나 불량행위를 할 우려가 있는 아동으로서 보호자가 없거나 친권자나 후견인이 입소를 신청한 아동 또는 가정법원, 지방법원소년부지원에서 보호위탁된 19세 미만인 사람을 입소시켜 치료와 선도를 통하여 건전한 사회인으로 육성하는 것을 목적으로 하는 시설 나. 정서적·행동적 장애로 인하여 어려움을 겪고 있는 아동 또는 학대로 인하여 부모로부터 일시 격리되어 치료받을 필요가 있는 아동을 보호·치료하는 시설
공동생활가정	보호대상아동에게 가정과 같은 주거여건과 보호, 양육, 자립지원서비스를 제공하는 것을 목적으로 하는 시설 ※ '97년부터 시범사업 실시, 「아동복지법」상 아동복지시설 종류에 공동생활가정 추가('04.1월)
자립지원시설	아동복지시설에서 퇴소한 사람에게 취업준비기간 또는 취업 후 일정 기간 동안 보호함으로써 자립을 지원하는 것을 목적으로 하는 시설
아동상담소	아동과 그 가족의 문제에 관한 상담, 치료, 예방 및 연구 등을 목적으로 하는 시설

아동전용시설	어린이공원, 어린이 놀이터, 아동회관, 체육·연극·영화·과학실험전시시설, 휴게숙박시설, 야영장 등 아동에게 건전한 놀이·오락, 그 밖의 각종 편의를 제공하는 심신의 건강유지와 복지 증진에 필요한 서비스를 제공하는 것을 목적으로 하는 시설
지역아동센터	지역사회 아동의 보호·교육, 건전한 놀이와 오락의 제공, 보호자와 지역사회의 연계 등 아동의 건전육성을 위하여 종합적인 아동복지서비스를 제공하는 시설

출처: 국가법령정보센터(www.law.go.kr).

3) 시설보호

(1) 시설보호아동

시설보호대상 아동은 아동복지법 제3조에 의하여 보호자가 없거나 보호자로부터 이탈된 아동 또는 보호자가 아동을 학대하는 경우 등 보호자가 아동을 양육하기에 적당하지 아니하거나 양육할 능력이 없는 경우의 아동으로 규정되어 있다. 아동복지법 제15조에 따라 보호조치는 가정복귀 및 대리양육을 최우선으로 조치하고 시설입소는 최후 수단으로 조치하도록 규정하고 있다.

(2) 시설보호 입소대상과 기간

시설보호 지원 대상 아동은 시·도지사, 시장·군수·구청장이 보호자의 의뢰 또는 보호필요아동 발견 시 보호자 및 아동의 제반사항을 고려하여 결정하는데, 시설의 종류에 따라 지원 대상 보호아동의 결정 방법이 다를 수 있다. 대상 아동의 시설보호조치와 퇴소는 아동복지법 제15조와 제16조에 명시되어 있다.

표 10-2 시설보호 입소대상과 입소내용

구분	입소대상 아동	입소기간과 내용
아동양육시설 및 일시 보호시설	– 보호자가 없거나 보호자로부터 이탈된 아동 – 보호자로부터 학대받은 아동 – 보호자의 학대로 아동보호전문기관에 신고되어 해당 기관이 시·도지사 또는 시·군·구청장에게 보호조치를 의뢰한 아동(특히, 아동에게 문제행동이 있어 상담·치료가 필요한 경우, 아동보호전문기관에서 아동의 시설입소를 의뢰하면 시·도 또는 시·군·구에서는 반드시 입소될 수 있도록 하여야함) – 보호자의 질병, 가출 등으로 가정 내에서 보호하기 어려운 아동 – 시·도지사 또는 시장·군수·구청장이 특별히 보호가 필요하다고 인정하는 아동 ※ 요보호아동 발생 시 '1. 보호가 필요한 아동보호'의 보호조치 방법, 보호조치 시 고려사항, 업무처리 흐름도 참조	– 양육시설 18세 미만(대학, 직업훈련시설 재학 중인 경우 연장 가능) – 일시보호시설: 3개월 이내, 1회에 한해 3개월 이내 연장 가능 (※ 양육 상황 점검을 실시하여 6개월 이내 반드시 가정복귀·가정위탁·입양·다른 시설 전원 등 조치 실시)
보호치료시설 (아동에게 보호 및 치료 서비스를 제공 시설)	– 불량행위를 하거나 불량행위를 할 우려가 있는 아동으로서 보호자가 없거나 친권자나 후견인이 입소를 신청한 아동 – 가정법원, 지방법원소년부지원에서 보호위탁된 19세 미만인 사람을 입소(소년법 제32조 제1항6호처분) – 정서적·행동적 장애로 인하여 어려움을 겪고 있는 아동 또는 학대로 인하여 부모로부터 일시 격리되어 치료받을 필요가 있는 아동	
자립지원 시설	– 지원 대상 : 보호종료 아동 중 취업(우선), 취업 준비중, 기초생활보장 수급자인 24세 이하인 자 – 이용아동 생계비 지원 대상 파악 및 지원 – 시·군·구청장 및 시설장은 이용아동 실태를 파악하여 국민기초생활 보장수급 지원이 가능한 대상자에게는 수급지원이 되도록 적극 안내(지원) – 지역 내 퇴소아동에 대한 홍보를 강화하여 이용 확대 유도 – 시·군·구청장은 보호종료아동의 자립 시까지의 주거공간 제공을 위해 공공임대주택 지원 노력	– 24세 이하까지 이용 가능 – 입소 후 보호 기간은 1년 이내로 하며, 필요시 연장 가능 ※ 시·군·구청장이 특별한 사유가 있다고 인정하는 경우에는 그 사유가 종료하는 날까지 보호 가능 – 자립지원시설 아동의 보호기간 연장을 요청한 경우 아동복지법 시행규칙 제26조(별지 제25호) 서식에 의거 연장 승인 신청(연장사유를 증명하는 서류는 시설장이 보호기간 연장사유 및 향후자립계획 등을 구체적으로 작성한 "보호기간 연장사유서"를 작성하여 첨부도 무방)

출처: 국가법령정보센터(www.law.go.kr).

2. 시설보호대상 아동 현황

1) 시설보호아동 현황

보건복지부의 '보호대상아동 현황'(2021)을 살펴보면, 보호조치 아동의 발생은 대부분 부모의 학대나 빈곤, 실직 등 보호자가 양육을 할 수 없는 상황에 기인한 것으로 나타났다. 반면에 미혼부모에 의한 보호아동 발생비율은 지속적으로 감소하고 있다.

표 10-3 보호조치 아동의 발생 원인

(단위: 명)

	2015	2016	2017	2018	2019
발생유형 계	4,503	4,583	4,125	3,918	4,047
학대, 부모빈곤, 실직 등	2,866	3,139	2,778	2,726	2,865
비행, 가출, 부랑	360	314	227	231	473
미혼부모, 혼외자	930	855	847	623	464
유기	321	264	261	320	237
미아	26	11	12	18	8

출처: 보건복지부(2021). 보호대상아동 현황보고.

보호조치 대상 아동의 구체적 현황은 〈표 10-4〉에 제시되어 있다. 보호조치가 필요한 아동은 전체 아동 수가 감소하는 추세에 따라 매년 줄어들고 있는 상황이다. 그러나 보호조치 대상 아동의 시설보호 비율은 여전히 높게 나타나고 있으며 2017년 이후 증가하고 있다.

표 10-4 보호조치 현황

(단위: 명)

	2015		2016		2017		2018		2019	
보호유형 계	4,503	▼(-9.8%)	4,583	▲(1.8%)	4,125	▼(-10.0%)	3,918	▼(-5.0%)	4,047	▲(3.3%)
시설보호	2,682	▼(-7.5%)	2,887	▲(7.6%)	2,421	▼(-16.1%)	2,449	▲(1.2%)	2,739	▲(11.8%)
가정위탁(입양 전 위탁포함)	1,582	▼(-6.3%)	1,447	▼(-8.5%)	1,417	▼(-2.1%)	1,294	▼(-8.7%)	1,199	▼(-7.3%)
입양	239	▼(-39.2%)	243	▲(1.7%)	285	▲(17.3%)	174	▼(-38.9%)	104	▼(-40.2%)
소년소녀 가정	0	▼ (-100.0%)	6	⇔(0%)	2	▼(-66.7%)	1	▼(-50.0%)	5	▲(400.0%)

주: 입양은 입양특례법에 의한 보호대상아동만을 대상으로 하므로 민법상의 입양(사인 간의 입양)은 미포함.
출처: 보건복지부(2021). 보호대상아동 현황보고.

시설유형별로 살펴보면, 양육시설에 가장 많은 아동들이 보호되어 있고, 공동생활가정과 일시보호시설 순으로 보호되고 있다. 장기시설보호는 여전히 양육시설에서 많이 보호되고 있음을 알 수 있다.

표 10-5 시설유형별 현황

소계	시설입소						
소계	소계	남	여	양육시설 등	일시보호시설	장애아동시설	공동생활가정
4,047	2,739	1,447	1,292	1,707	401	6	625

출처: 보건복지부(2021). 보호대상아동 현황보고.

시설보호조치를 받는 보호대상 아동의 발생 원인을 살펴보면, 아동학대가 가장 높은 비율로 나타났다. 그 다음으로는 부모의 이혼과 비행·가출이 보호대상 아동 발생 주요원인으로 밝혀졌다.

표 10-6 보호조치 발생 원인

보호대상아동발생수	귀가 및 연고자 인도	보호조치 아동의 발생 원인											
소계	소계	소계	남	여	유기	미혼부모·혼외자	미아	비행·가출·부랑아	아동학대	부모빈곤·실직	부모사망	부모질병	부모이혼 등
소계	소계	소계	소계	소계	소계	소계	소계	소계	소계	소계	소계	소계	소계
4,612	565	4,047	2,135	1,912	237	464	8	473	1,484	265	297	83	736

출처: 보건복지부(2021). 보호대상아동 현황보고.

2) 시설보호아동 입소 기준

시설보호아동의 입소대상자 기준(보건복지부, 2021)은 아동양육시설 및 일시보호시설의 경우 보호자가 없거나 보호자로부터 이탈된 아동, 보호자로부터 학대받은 아동, 보호자의 학대로 아동보호전문기관에 신고되어 해당 기관이 시·도지사 또는 시·군·구청장에게 보호조치를 의뢰한 아동(특히, 아동에게 문제행동이 있어 상담·치료가 필요한 경우, 아동보호전문기관에서 아동의 시설입소를 의뢰하면 시·도 또는 시·군·구에서는 반드시 입소될 수 있도록 하여야함), 보호자의 질병, 가출 등으로 가정 내에서 보호하기 어려운 아동, 시·도지사 또는 시장·군수·구청장이 특별히 보호가 필요하다고 인정하는 아동이다. 보호치료시설 입소대상자 기준은 불량행위를 하거나 불량행위를 할 우려가 있는 아동으로서 보호자가 없거나 친권자나 후견인이 입소를 신청한 아동, 가정법원, 지방법원소년부지원에서 보호위탁된 19세 미만인 사람을 입소(「소년법」 제32조제1항6호처분), 정서적·행동적 장애로 인하여 어려움을 겪고 있는 아동 또는 학대로 인하여 부모로부터 일시 격리되어 치료받을 필요가 있는 아동이다. 또한 자립지원시설 지원 대상자 기준은 보호종료 아동 중 취업(우선), 취업준비 중, 기초생활보장 수급자인 24세 이하인 자이며, 시·군·구청장 및 시설장은 이용아동 실태를 파악하여 국민기초생활 보장수급 지원이 가능한 대상자에게는 수급지원이 되도록 적극 안내(지원)·지역 내 퇴소아동에 대한 홍보를 강화하여 이용 확대 유도하고, 보호종료아동의 자립 시까지의 주거공간 제공을 위해 공공임대주택 지원 노력해야 한다.

3) 시설보호아동에 대한 정책과 서비스

(1) 아동발달지원계좌(디딤씨앗통장)지원

아동발달지원계좌인 디딤씨앗통장은 아동복지법 제42조(자산형성지원사업), 제43조(자산형성지원사업 관련 업무), 제44조(자산형성지원사업 관련 업무의 위탁)에 근거하여 취약계층 아동이 사회에 진출할 때 필요한 초기비용 마련을 지원하기 위해 정부에서 운영하는 유일한 아동자산형성지원사업이다.

표 10-7 아동발달지원계좌

지원 대상	• 보호대상아동 – 만 18세 미만의 아동복지시설(아동양육시설, 공동생활가정) 보호아동, 가정위탁 보호아동, 장애인생활시설 아동, 소년소녀가정 아동 – 일시보호시설 아동은 3개월 이상 장기 보호되는 경우에 대상이 될 수 있음 – 아동수당 대상의 경우 반드시 디딤씨앗통장(CDA)에 아동수당 지급 • 기초생활수급가구 아동 – 만 12세 이상 만 18세 미만의 중위소득 40% 이하의 수급 가구(생계, 의료급여) 아동
지원기간	• 보호대상아동 및 기초생활수급가구 아동 가입 시부터 만 18세 미만까지 지원 – 정부(지자체) 지원은 만 18세 미만까지 해당, 단 아동계좌는 만 24세까지 저축 가능
매칭 및 적립	• 기본 매칭적립액 – 아동이 후원자 또는 보호자의 도움 등으로 적립 시 국가(지자체)가 월 5만

<table>
<tr><td></td><td>원 내에서 1:1 매칭 지원('20년부터 정부 지원 금액확대 4만 원→ 5만 원)
• 추가 적립액
– 기본 정부지원 최고한도 5만 원을 적립한 아동(보호자, 후원자 등)은 월 45만 원(연간 540만 원) 내에서 추가 적립 가능하며, 추가적립액에 대한 정부 매칭 지원은 불가
– 아동 적립은 월 최대 50만 원, 정부 매칭 지원은 월 최대 5만 원까지 가능</td></tr>
<tr><td>적립금 사용용도</td><td>• 만 18세(만기)
– 이후 학자금, 기술자격 및 취업훈련비용, 창업지원금, 주거마련 지원 등 자립을 위한 용도에 한하여 사용 가능
• 만 24세까지
– 학자금·기술자격취득·주거마련 등 자립사용용도가 발생하지 않은 경우, 만 24세 도달 시 사용 용도 제한 없이 아동 적립금 및 정부 매칭지원금의 지급 가능
• 만 24세 도달 시 용도 제한 없이 사용 가능</td></tr>
<tr><td>디딤씨앗통장 해지</td><td>
<table>
<tr><th colspan="2" rowspan="2">구분</th><th rowspan="2">요건</th><th colspan="2">지급구분</th><th rowspan="2">비고</th></tr>
<tr><th>아동 적립금</th><th>정부 매칭금</th></tr>
<tr><td rowspan="2">만기지급</td><td>만기 해지</td><td>만 18세 이상, 적립금 사용 용도 충족</td><td>O</td><td>O</td><td>만 24세 이후는 제한 없이 전액인출 가능</td></tr>
<tr><td>만기 후 적립예금 인출</td><td>만 18세 이상, 대학 생활지원비 지원, 일부 금액만 사용 용도 충족</td><td>O</td><td>X
만기해지 시 수령 가능</td><td>아동적립금 한도 내에서 조기인출 포함 5회까지 가능</td></tr>
<tr><td colspan="2">조기 인출</td><td>만 15세 이상 3년 이상 적립</td><td>O</td><td>X
만기해지 시 수령 가능</td><td>아동적립금 한도 내에서 2회까지 가능</td></tr>
<tr><td colspan="2">중도 해지
(환수)</td><td>아동의 사망, 이민 및 이에 준하는 사유</td><td>O</td><td>X</td><td>아동적립금만 지급 매칭금은 환수</td></tr>
</table>
</td></tr>
</table>

출처: 아동권리보장원(www.ncrc.or.kr).

디딤씨앗통장 업무 절차는 다음 [그림 10-1]에 제시된 바와 같이 지방자치단체에서 신청자를 취합하여 협력은행 통장을 발급한 후 아동계좌에 저축하고 지방자치단체에서 매칭해서 적립되어 자립용도로 준비되고 있다.

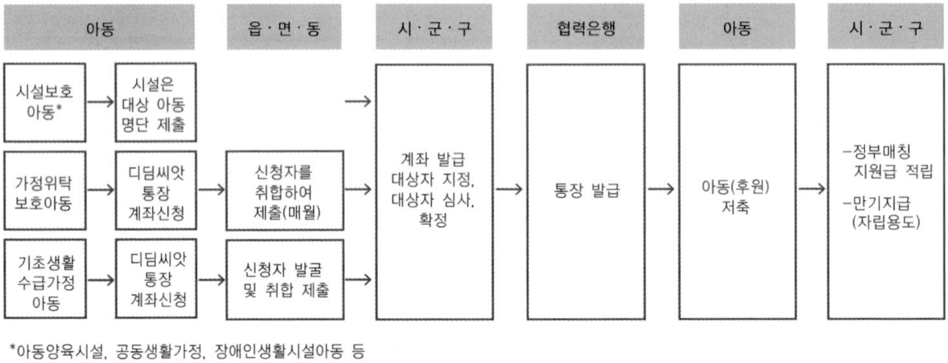

그림 10-1 디딤씨앗통장 업무 절차

출처: 아동권리보장원(www.ncrc.or.kr).

아동자산형성을 위한 디딤씨앗통장은 기초생활수급가정의 아동이 67%로 가장 많이 참여하고 있고, 시설보호아동 15%, 가정위탁보호아동 9% 순으로 나타났다. 소년소녀가정의 경우 전혀 참여가 안 되는 것으로 나타났는데, 디딤씨앗통장의 목적 등을 고려하여 보호대상 아동 전체가 아동자산을 형성할 수 있도록 해야 할 것이다.

표 10-8 시설유형별 통계

구분	총계	시설보호	일시보호	가정위탁	소년소녀가정	공동생활가정	장애인시설	가정복귀	기초생활수급
지원아동	74,685 (100%)	11,515 (15%)	277 (0%)	6,696 (9%)	36 (0%)	2,742 (4%)	1,103 (1%)	2,934 (4%)	49,855 (67%)

출처: 아동권리보장원(www.ncrc.or.kr).

(2) 보호종료아동 자립수당

지원 대상은 아동복지시설과 가정위탁 보호종료 3년 이내 아동이다. 선정 기준은 첫째, 보호종료일을 기준으로 과거 2년 이상 연속하여 보호를 받은 자, 둘째, 만 18세 이후 만기 또는 연장 보호종료된 자이다. 지원 내용은 보호

종료아동 자립수당 월 30만 원을 지급하는 것이며, 관할 지방자치단체 주민센터에서 신청할 수 있다.

4) 시설보호아동 서비스 개선방안

(1) 시설유형의 다양화와 소규모화

시설보호대상 아동의 발생 원인을 살펴보면 아동학대가 가장 높게 나타났고 그 다음으로 부모의 이혼으로 나타났다. 전통적 의미의 보호대상아동은 점차 감소한 반면 가족해체나 아동학대와 같이 부모의 양육문제로 인해 보호대상 아동이 증가하고 있다. 따라서 보호대상아동의 발생 원인에 따라 아동보호시설의 기능을 다양화하는 것을 고려해 볼 필요가 있다. 예를 들어, 아동학대로 인해 시설보호가 필요한 아동의 경우 학대유형별로 당면한 문제가 다를 수 있고, 치료적 서비스가 요구될 수 있다. 또한 아동인구의 감소에 따라 시설입소아동수도 꾸준히 감소추세에 있지만 여전히 대규모 양육시설이 많은 비중을 차지하고 있다. 아동의 개별적 특성과 욕구에 부응하여 맞춤형 서비스를 제공하며 서비스 질을 향상시킬 수 있도록 해야 하는데, 시설의 소규모화 정책과 같이 추진될 수 있다.

(2) 보호종료 아동의 자립정책 강화

보호가 종료되어 시설을 퇴소하는 아동에 대한 자립지원을 강화해 나가야 할 것이다. 보호종료 아동의 자립은 경제적 자립뿐만 아니라 심리적 자립도 지원되어야 하는데, 현행 보호종료 연령이 만 18세로 3년 동안 자립지원을 위한 지원금을 지원하고 있지만 성년 기준인 19세보다 낮은 연령이고 3년 동안 경제적 자립을 준비하는 것은 현실적으로 쉽지 않다. 따라서 아동보호 종료 연령을 조정할 필요가 있을 것이다. 또한 시설보호 기간 동안 지속적으로 심리적 및 경제적으로 자립할 수 있도록 다양한 자립지원서비스를 제공해야 한다.

(3) 시설 종사자의 전문성 강화와 처우개선

현재 시설에 입소하는 아동들은 아동학대나 부모의 이혼이나 가출 등 가족 해체를 경험하는 경우가 많다. 이러한 아동들은 심리·정서적으로 문제를 야기할 가능성이 높다. 따라서 시설보호가 단순히 보호차원 수준이 아니라 개별 아동의 입소배경, 심리상태, 발달수준 등을 고려하여 차별화된 전문서비스를 제공해야 할 것이다(이은주 외, 2018).

(4) 원가정 복귀프로그램 확대

보호대상아동 발생 원인이 변화하여 부모가 있는 아동들의 시설입소가 증가하고 있는 추세이다. 따라서 전통적인 시설보호양육에서 탈피하여 시설입소 후 원가정 복귀지원을 확대해 나가야 할 것이다. 아동의 입소 이후 가족재결합 계획 등을 사례관리에 포함시켜서 궁극적으로 원가정으로 복귀하도록 지원해야 할 것이다. 특히 아동 입소이후 부모의 양육책임과 부모역할 의식 등에 변화가 있을 수 있으므로 부모의 책임과 역할도 유지될 수 있도록 규정화하는 것도 필요할 것이다.

3. 입양

1) 입양의 개념

입양이란 혈연적으로 친자관계가 없는 사람 사이에 법률적으로 친자관계를 맺는 신분행위를 말하는데, 이러한 입양은 양부모가 되려는 사람과 양자가 될 사람 사이에 합의가 있거나(민법 제883조제1호), 가정법원의허가(민법 제867조제1항, 입양특례법 제11조제1항)를 얻은 때에 입양신고를 함으로써 그 효력이 발생한다. 입양신고로 양부모와 양자 사이에는 법적 친자관계가 생기고, 부양이나 상속 등에서 자연혈족의 경우와 동일한 권리가 인정된다(민법 제772조제1항)(아동권리보장원, 2021).

2) 입양의 유형과 주요사업

입양은 입양특례법상 입양, 민법에 근거한 친양자 입양과 양자입양으로 구분되는데 각 근거법에 따라 성립요건이나 양자의 성, 친생부모와의 관계나 입양의 효력이 조금씩 차이가 있다. 입양특례법에 의해 이루어진 입양은 민법에 의한 친양자 입양과 동일한 지위를 가지게 된다.

표 10-9 입양의 종류

구분	입양특례법상 입양	친양자입양	양자입양
근거	입양특례법	민법 제908조의 2부터 제908조의 8까지	민법 제866조부터 제908조까지
성립요건	가정법원의 허가	재판으로 성립	협의로 성립
양자의 성(姓)·본(本)	양친의 성(姓)과 본(本)으로 변경	양친의 성(姓)과 본(本)으로 변경	친생부모의 성(姓)과 본(本)을 유지
친생부모와의 관계	종료	종료	유지
입양의 효력	재판이 확정된 때부터 혼인 중의 자로서의 신분을 취득하며, 친생부모와의 관계는 종료됨.	재판이 확정된 때부터 혼인 중의 자로서의 신분을 취득하며, 친생부모와의 관계는 종료됨.	입양한 때부터 혼인 중의 자로서의 신분을 취득하나, 친생부모와의 관계는 친권 이외는 유지됨.

출처: 이은주 외(2018). 아동권리와 복지.

입양은 혈연관계, 알선기관, 공개여부와 입양장소에 따라 분류할 수 있다. 입양의 유형과 각 유형별 특징은 다음 〈표 10-10〉과 같이 구체적으로 살펴볼 수 있다. 혈연관계 유무에 따라 친족과 비친족 입양으로 분류되며, 입양알선기관에 의해 이루어지면 기관입양으로, 기관을 통하지 않으면 독립입양으로 분류된다. 입양을 외부에 공개하는가에 따라 공개와 비밀입양으로 구분되고, 장소에 따라 국내 및 국외입양으로 나뉜다.

표 10-10 입양의 유형과 특징

구분	유형	특징
혈연관계 유무	친족입양	아동이 혈연관계를 가지는 가정에 입양되는 경우
	비친족입양	아동이 입양가족과 가족관계나 혈연관계를 가지지 않는 부모에게 입양되는 경우
입양알선 기관 유무	독립입양	기관을 통하지 않고 친부모와 입양부모 간의 협의에 의해 성립되는 경우로 독립입양의 한 형태로 친족입양이 포함됨
	기관입양	국가에서 인가한 입양기관을 통해 입양이 이루어지는 경우

입양 공개 여부	공개입양	입양아동과 주위 사람들에게 자녀 입양사실을 공개하는 형태이며, 공개수준에 따라 반공개입양, 완전공개입양으로 구분
	비밀입양	입양사실을 주위 모든 사람들에게 숨기고 비밀로 하는 경우
입양장소	국내입양	아동이 태어난 그 국가 내에서 입양을 하는 형태
	국외입양	아동이 태어난 국가가 아닌 다른 국가로 입양되는 형태

출처: 이은주 외(2018). 아동권리와 복지.

3) 입양 현황과 절차

입양은 아동인구의 감소현상과 더불어 지속적으로 감소추세에 있다. 국내입양은 2008년 국내입양 활성화 정책에 따라 국외입양보다 다소 높은 비율을 차지게 되었는데 2013년에 가장 높은 비율을 보이고 다소 감소추세를 보이고 있다. 국외입양은 국내입양지원정책에 따라 감소되었다가 2013년 이후 조금씩 증가추세를 보이고 있다.

(1) 입양 현황

표 10-11 연도별 국내·외 입양 현황

(단위 : 명)

구분	계	2007년 이전	2008	2009	2010	2011	2012	2013	2014	2015	2016	2017	2018	2019
국내	80,864 (32.5%)	70,327 (30.5%)	1,306 (51.1%)	1,314 (53.9%)	1,462 (59.1%)	1,548 (62.8%)	1,125 (59.8%)	686 (74.4%)	637 (54.4%)	683 (64.6%)	546 (62.0%)	465 (53.9%)	378 (55.5%)	387 (55.0%)
국외	167,864 (67.5%)	160,308 (69.5%)	1,250 (48.9%)	1,125 (46.1%)	1,013 (40.9%)	916 (37.2%)	755 (40.2%)	236 (25.6%)	535 (45.6%)	374 (35.4%)	334 (38.0%)	398 (46.1%)	303 (44.5%)	317 (45.0%)
계	248,728	230,635	2,556	2,439	2,475	2,464	1,880	922	1,172	1,057	880	863	681	704

주: 연도별 국내·외 입양 현황 표-연도별 국내·외 입양 현황의 구분, 2007년 이전과 2008~2018년 합계로 구성.
출처: 국가통계포털(2021).

(2) 입양절차

입양사업은 보건복지부의 아동권리보장원에서 통합적으로 추진하고 있는데, 입양절차는 입양기관에 신청서류를 제출한 후 입양부모교육과 가정조사를 거쳐서 가정법원에 입양서류를 제출하여 입양허가를 받아야 한다. 보호가 필요한 아동이 입양가정에 인도되면 입양신고를 한 후 사후서비스를 받게 된다. 정부는 입양사업의 근거법인 입양특례법을 전면 개정(2011년 8월)하여 2012년 8월부터 시행하고 있다.

① 입양대상아동의 입양준비에 관한 법적 절차(법 제9조, 제22조, 시행규칙 제7조)

- 아동보호 보장시설에 보호의뢰(시 · 도지사 또는 시장 · 군수 · 구청장, 부모 또는 후견인), 입양기관에 보호의뢰(부모 또는 후견인)를 하여 아동보호를 의뢰한다.
- 양기관의 장은 보장시설의 장, 부모 등으로부터 입양될 아동을 인수한 때에는 그 인수한 날부터 입양완료일까지 후견인 직무를 수행한다.[9)]
- 보장시설의 장 또는 입양기관의 장이 작성하여 양자될 자의 자격확인기관(아동 거주지 관할 시장 · 군수 · 구청장)에 제출하여 입양대상 아동의 확인서를 발급받는다.
- 입양기관의 장은 입양기관에 보호 의뢰된 아동 및 친생부모의 정보를 아동권리보장원에 제공(입양정보통합관리시스템 등록)하여야 한다.

9) 시 · 도지사 또는 시장 · 군수 · 구청장은 친권자 또는 후견인이 없는 아동을 발견한 경우 필요하다고 인정할 때에는 법원에 후견인 선임 신청(아동복지법 제19조).

② 양친될 자의 입양준비에 관한 법적 절차(법 제10조, 시행령 제2조, 시행규칙 제4~6조, 제8조)

- 양친이 되려는 사람은 조사기관(양친될 자 거주지 관할 시장·군수·구청장, 입양기관의 장)에 양친가정조사 신청서를 제출한다.[10)]
- 조사기관은 '양친가정조사서'에 따라 가정조사를 실시하고 입양적격 여부를 결정하여, 신청인에게 양친가정조사서를 발급한다.[11)]
- 조사기관은 양친이 될 사람이 범죄경력이 있는지 확인을 위해 범죄경력 조회 신청서에 범죄경력 조회 동의서를 첨부하여 경찰관서의 장에게 제출한다.
- 입양기관의 장은 양친이 될 사람에게 소정의 교육을 실시하고 양친교육 이수 증명서 발급한다.

③ 가정법원 허가(법 제11조, 시행규칙 제9조, 입양특례법의 시행에 관한 대법원 규칙)

- 양자가 될 사람의 등록기준지 또는 주소지의 가정법원에 입양허가 신청서를 제출한다.
- 입양동의서, 입양대상 아동의 가족관계등록부 등의 증명서, 입양대상아동 확인서, 양친교육 이수 증명서, 범죄경력 조회 회신서, 양친가정조사서 등 구비서류를 준비한다.

---

10) 국외입양의 경우 입양을 원하는 국가 또는 그 국가의 공인된 입양기관이 국내 입양기관에 입양알선을 의뢰한 것으로 갈음.

11) 양친가정조사는 직장·이웃·가정 등을 2회 이상 직접 방문하여 실시하되 적어도 1회 이상은 미리 알리지 아니하고 방문조사해야 함.

④ 친양자 입양 신고(법 제15조)

- 입양된 아동은 민법상 친양자와 동일한 지위(법 제14조)를 가진다.
- 양친 또는 양자는 가정법원의 허가서를 첨부하여 가족관계의등록등에관한법률이 정하는 바에 따라 친양자 입양신고를 하여야 한다.

⑤ 입양아동 등의 인도 및 보고(법 제31조, 시행규칙 제22조)

- 법원이 입양을 허가한 경우, 보장시설의 장 또는 입양기관의 장은 입양아동과 그에 관한 기록 및 소유물품을 양친될 사람에게 인도하고, 소재지 관할 시장·군수·구청장에 아동 인도 결과를 보고한다.

⑥ 사후서비스 제공(법 제25조)

- 입양기관의 장은 입양이 성립된 후 1년 동안 양친과 양자의 상호적응을 위하여 사후 관리를 하여야 한다. 사후관리 내용은 양친과 양자의 상호적응상태에 관한 관찰 및 이에 필요한 서비스, 입양가정에서의 아동양육에 필요한 정보의 제공, 입양가정이 수시로 상담할 수 있는 창구의 개설 및 상담요원의 배치하는 것이다.

구체적인 절차과정은 [그림 10-2]와 같다.

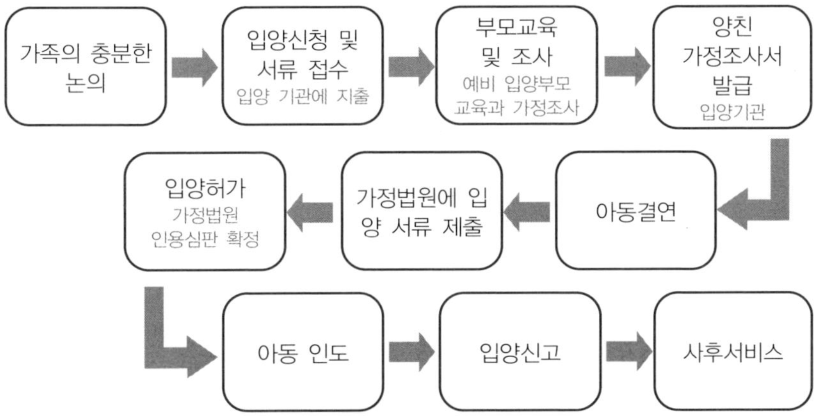

그림 10-2 입양절차

출처: 아동권리보장원(www.ncrc.or.kr).

4) 입양사업 지원 정책과 서비스

(1) 보건복지부 주요사업

정부의 입양사업 목적은 보호대상아동이 안정적인 가정환경에서 건전하게 성장할 수 있도록 지원함으로써 아동의 복지증진을 도모하는 것이다. 정부의 입양 주요사업을 살펴보면 다음과 같다.

첫째, 국내입양우선추진제를 시행한다.

- 2007년 이후부터 아동의 입양의뢰 후 5개월간은 국내입양을 우선 추진하고 그 이후에 국외입양 추진을 허용한다.

둘째, 국내입양가정에 대한 경제적 지원을 한다.

- 입양기관에 지급하는 입양비용을 차등적으로 지원(보건복지부 허가기관 270만원, 시도 허가기관 100만 원)한다.

- 입양아동양육수당 지급(만 17세 전, 월 15만원)을 지급한다.
- 장애아동의 경우 장애아동 양육보조금 및 의료비를 별도 지원(만 18세 전) 한다.
  - 양육보조금: 장애의 정도가 심한 경우 월 627천 원
  - 장애의 정도가 심하지 않은 경우 등 월 551천 원
  - 의료비: 연 260만 원 한도
- 의료급여 1종으로 지정하여 의료비를 지원(만 18세 전)한다.
- 입양아동 심리치료비를 지원(만 18세 전, 심리정서치료비 월 20만 원 이내, 심리검사비 20만 원 이내(1회), 교통비 월 2만 원 이내)한다.

셋째, 국내외입양인 사후서비스를 지원한다.

- 국외입양인은 모국방문, 한국어교육, 국내체류 쉼터 지원 등을 지원한다.
- 국내입양인은 입양가족 교육 및 심리상담 등을 지원한다.

넷째, 공무원 입양휴가제(14일)를 2006년 11월 도입하고 2010년 7월 확대(20일)하였다.

(2) 아동권리보장원 주요사업

정부는 아동권리보장원에 입양인지원센터를 설립하여 입양인과 가족을 지원하고 있다. 입양인지원센터는 입양이후에 아동이 가정에 원만하게 적응, 성장할 수 있도록 생애주기별 정보·서비스를 제공하고, 입양인과 가족의 권익과 복지증진을 지원한다. 입양인지원센터 운영방향은 첫째, 입양인 정체성 확립 지원 및 알권리 확보, 둘째, 입양 아동의 안전한 보호 및 건강한 양육기반 조성, 셋째, 입양 이슈를 반영한 사후서비스 개선 및 확대로 입양인의 건

강한 성장 지원, 넷째, 입양인(가족)의 지원체계 및 사회적 지지망 구축이다. 입양인지원센터에 대한 근거법은 다음 〈표 10-12〉에 구체적으로 기술되어 있다.

표 10-12 입양 주요사업

근거법	내용
아동복지법 제10조의2 (아동권리보장원의 설립 및 운영)	② 보장원은 다음 각 호의 업무를 수행한다. 9. 「입양특례법」에 따른 국내입양 활성화 및 입양 사후관리를 위한 다음 각 호의 업무 가. 입양아동·가족정보 및 친가족 찾기에 필요한 통합데이터베이스 운영 나. 입양아동의 데이터베이스 구축 및 연계 다. 국내외 입양정책 및 서비스에 관한 조사·연구 라. 입양 관련 국제협력 업무
입양특례법 제6조 (정보시스템 구축·운영)	① 국가는 입양아동 등에 대한 사후서비스 제공과 국내입양 활성화에 필요한 정보를 입양기관 등에 제공하기 위하여 정보시스템을 구축·운영하여야 한다. 입양특례법 제10조(양친이 될 자격 등) ③ 양친이 되려는 사람은 입양의 성립 전에 입양기관 등으로부터 보건복지부령으로 정하는 소정의 교육을 마쳐야 한다. 입양특례법 제20조(입양기관) ④ 입양기관의 장과 그 종사자는 입양아동의 인권을 보호하고 건전한 입양문화를 정착시키기 위하여 정기적으로 보건복지부령으로 정하는 보수교육을 받아야 한다. 입양특례법 제36조(입양정보의 공개) ① 이 법에 따라 양자가 된 사람은 아동권리보장원 또는 입양기관이 보유하고 있는 자신과 관련된 입양정보의 공개를 청구할 수 있다. 다만, 이 법에 따라 양자가 된 사람이 미성년자인 경우에는 양친의 동의를 받아야 한다.
가사소송규칙	가사소송규칙 제62조의9(미성년자 양육에 관한 교육 등) 가정법원은 친양자 입양에 관한 심판 및 미성년자 입양을 허가하는 심판을 함에 있어서 필요한 경우 양부모가 될 사람에 대하여 미성년자 양육에 관한 교육을 실시하거나 입양기관, 사회복지기관 등에서 실시하는 미성년자 양육을 위한 교육을 받을 것을 명할 수 있다.

출처: 아동권리보장원(www.ncrc.or.kr).

5) 입양인과 가족 지원 서비스

아동권리보장원에서 입양인과 가족지원을 위한 구체적인 주요사업은 다음과 같다.

(1) 입양인 입양정보공개청구와 가족 찾기

정부는 아동권리보장원의 입양인지원센터를 통해 입양정보공개청구 제도를 통한 입양인 알 권리 보장 및 정체정 확립, 해외 거주 무연고 입양인 유전자 등록 지원, 온라인 플랫폼 활용을 통한 입양인 가족 찾기를 지원한다.

(2) 입양기록물 영구보존사업

입양인지원센터는 정부, 입양기관, 입양업무를 수행하였던 아동시설과 협력체계 구축, 입양인의 입양배경, 친생부모 인적사항 등 입양기록물 수집 및 전산화, 입양 기록물은 입양정보통합관리시스템에 등록과 영구보존을 하고 있다.

(3) 입양교육

입양교육은 입양특례법상의 예비입양부모교육과 민법상 입양부모교육으로 구분되어 제공되고 있으며, 그 밖에 입양기관 종사자 교육이 있다.

(4) 입양인 사후서비스 지원사업

입양인 사후지원 서비스 사업은 국내 입양기관, 단체 및 자조모임, 국외현지 입양인 단체 등을 대상으로 한다. 지원사업 분야는 ① 입양인 알권리 확보, ② 입양이슈 대응력 강화, ③ 입양인(가족) 사회적 지지망 구축, ④ 모국문화 연계, ⑤ 입양인식개선 등이다. 사후서비스 주요사업은 국외입양인을 위한 모국방문, 모국어연수, 모국생활지원과 국내입양가족을 위한 심리정서 지원, 교육, 행사 등을 지원한다.

(5) 보호대상 입양인(가족) 통합서비스

입양인 통합서비스는 국내 위기 입양가정에 사례관리와 통합 서비스 제공, 추방입양인 및 국내 체류 국외 입양인의 자립 및 사회복귀 지원, 입양인 당사자 권익 증진 및 공적 네트워크 지원체계를 구축한다.

6) 입양사업의 개선방안

(1) 입양에 대한 정부의 책임 강화

현재 입양제도는 입양특례법과 민법으로 입양절차가 이원화되어 있어 입양사업의 효율성을 떨어트리고 있다. 입양제도를 활성화하고 입양비율을 증가시키기 위해 정부가 적극적으로 입양제도를 일원화시키기 위한 노력을 기울여야 할 필요가 있다. 특히 법원에 의해 심사과정을 거치는 공개입양과 달리 비밀입양은 상대적으로 검증절차가 부족하므로 이에 대한 제도적 개선과 정비가 필요하다(아영아 외, 2017). 특히 입양사업은 민간기관에서 입양절차를 주도하는 있는데 국가의 책임과 역할을 강화하기 위해 정부주도의 입양사업 추진도 고려할 필요가 있다. 또한 입양특례법에 의한 공개입양 이외에 민법에 의한 친양자 입양과 양자입양에 대한 절차와 지원을 확대하여 입양으로 보호받는 아동을 증가시킬 수 있도록 해야 할 것이다.

(2) 입양아동 양육수당과 사후지원 서비스 확대

정부는 입양아동의 양육지원비를 만 17세 이전까지 매월 15만 원씩 지급하고 있는데, 입양가정의 소득수준 등을 고려하여 입양양육수당을 현실화하는 방안을 고려할 필요가 있을 것이다. 장애아동입양의 경우 양육수당과 의료비를 추가지원하고 있지만 장애아동에 대한 사회적 편견과 지원부족 등을 고려하면 양육수당은 여전히 부족한 실정이다. 한편 국외입양아동에 대한 사후지원서비스도 한국어교육이나 모국방문 등 국내 상황에만 국한되어 있는데, 국외입양아동이 입양된 국가에서 정체감 혼란이나 적응, 인종차별이나 국적취득 등 포괄적인 사후지원서비스가 제공되어야 할 것이다.

(3) 입양에 대한 국민의식 개선

정부는 2007년부터 '국내입양 쿼터제도'를 시행하며 국내입양을 우선추진하고 매년 5월 11일을 '입양의 날'로 제정하여 국가차원의 홍보활동과 입양에 대한 인식개선을 위한 노력을 기울이고 있다. 그러나 입양으로 보호되는 아동수는 크게 확대되지 않는 등 입양에 대한 국민의식은 여전히 개선되지 않고 있다. 대중매체를 활용한 입양홍보 등 보다 적극적으로 입양사업에 대한 국가차원의 홍보를 실시하여, 보호가 필요한 아동이 가정 안에서 영구적으로 보호될 수 있도록 해야 할 것이다. 특히 여아를 선호하고 장애아와 남아입양을 기피하는 입양문화를 변화시키기 위한 정책적 개선방안도 마련되어야 할 것이다(이은주 외, 2018).

4. 가정위탁

1) 가정위탁의 개념

가정위탁보호는 18세 미만의 아동으로 보호를 필요로 하는 아동 중 가정위탁으로 보호 조치된 아동을 보호하는 것을 의미한다. 아동복지법 제3조에 의하면, 가정위탁이란 보호대상아동의 보호를 위하여 성범죄, 가정폭력, 아동학대, 정신질환 등의 전력이 없으며 아동복지법이 정하는 기준에 적합한 가정에 보호대상아동을 일정 기간 위탁하는 것으로 정의되어 있다. 가정위탁보호는 아동이 원가정을 떠나 다른 대리가정에서 돌봄을 받는다는 점에서 입양서비스와 유사하지만, 아동보호기간이 일시적으로 친부모와의 법적 관계가 지속되며 궁극적으로 아동의 원가정 복귀를 지원하다는 점이 다르다.

2) 가정위탁 대상아동과 보호기간

가정위탁보호 대상 아동은 다음과 같다.

- 부모의 질병, 가출, 실직, 수감, 사망 등으로 보호가 필요한 아동
- 아동학대 및 방임 등 분리보호가 필요한 아동
- 독립적인 가구를 구성하면서 생활하고 있는 미성년의 소년소녀가정세대

가정위탁보호는 18세 미만 아동을 대상으로 보호하므로 이들이 성인이 되는 시점에서 보호가 종료된다. 그러나 '보호연장 기능 사유'로 보호기간 연장

을 희망하는 위탁아동은 만 18세 보호종료 최소 1개월 전에 가정위탁지원센터 자립지원전담요원과 상의 후 읍·면·동 주민센터에 신청해서 보호기간을 연장할 수 있다. 신청 시 보호종료 전 연장사유에 대한 근거서류를 제출하여야 하며, 보호기간 연장 사유의 변경·소멸 시읍·면·동 주민센터와 가정위탁지원센터에 알려야 한다.

보호연장이 가능한 구체적 사유는 다음과 같다.

① 취업이나 취업 준비 등 그 밖의 사유로 1년 이내의 보호기간 연장을 신청하는 경우(만 18세 도달 또는 고등학교 졸업 시점으로부터 1년 이내로 지원)

② 학원의 설립·운영 및 과외교습에 관한 법률에 따라 등록된 학원의 교육참여(만 20세 미만)

③ 고등교육법에 따른 대학 이하의 학교(대학원은 제외)에 재학 ①~②번에 대한 연장보호 중 대학 이하의 학교에 재학 시 교차 적용하여 연장 가능

- 1년 이내의 단순 휴학 또는 군복무 휴학 기간에는 보호 연장이 중지됨(1년 이내의 단순 휴학 또는 군복무 후 복학하면 다시 보호연장 됨. 입대 전·제대 후 대기기간은 보호 연장기간에 포함(어학연수, 1년 이내의 단순휴학은 중지사유))
- 사회복무요원, 상근예비역 등 위탁가정에 거주하며 복무하는 경우 보호 연장 유지
- 질병 및 사고로 인한 휴학 기간은 보호연장 유지
- 편입 및 재입학 등으로 학적이 변경된 경우 1회에 한하여 변경된 학교의 졸업 시까지 보호기간 연장

④ 지능지수가 71 이상 84 이하인 사람으로서 자립 능력이 부족한 경우(만 25세 미만)

⑤ 근로자직업능력 개발법에 따른 직업능력개발훈련시설의 직업 관련 교육

· 훈련 참여

⑥ 보호대상아동의 장애 · 질병 등을 이유로 보호기간 연장 요청한 경우 (①~⑤번의 연장보호 중 해당 사유로 교차연장 사유 발생한 경우 교차적용하여 연장 가능, 만 25세 미만까지 지원, 시 · 도지사, 시 · 군 · 구청장의 요청 필요)

(2) 위탁아동혜택

가정위탁보호를 받는 아동은 지역가정위탁지원센터로부터 상담과 관리를 받게 되고, 매월 양육비와 국민기초생활보장법에 의한 생계비, 의료비, 교육비, 보험료, 심리치료비를 지급받게 된다. 보호종료 이후의 자립생활을 위해 자립지원프로그램도 제공받게 된다.

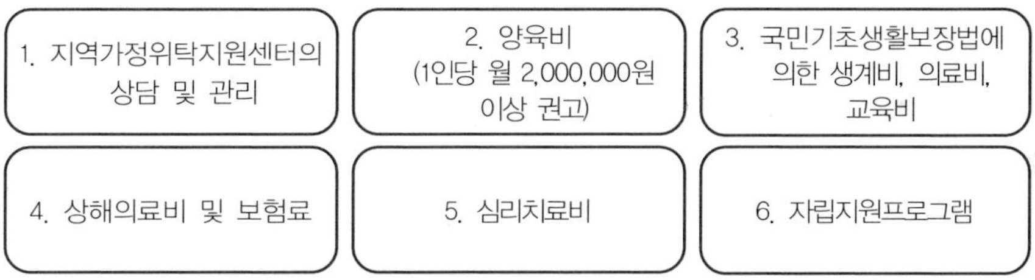

그림 10-3 가정위탁아동 지원혜택

출처: 아동권리보장원(www.ncrc.or.kr).

3) 위탁가정 유형과 교육

(1) 위탁가정 유형

가정위탁은 일정 기간 동안 친부모의 역할을 대신해 위탁아동을 보호, 양육하는 가정으로 위탁가정과 위탁아동의 관계에 따라 다음과 같이 유형분류를 할 수 있다.

- **대리양육가정위탁:** 조부모에 의한 양육
- **친인척가정위탁:** 조부모를 제외한 친인척에 의한 양육
- **일반가정위탁:** 혈연관계가 없는 일반인에 의한 양육
- **전문가정위탁:** 만 2세 이하(36개월 미만) 영아, 학대피해아동, 경계선 지능아동 등 전문적이고 특별한 보살핌이 필요한 아동 양육
- **일시가정위탁:** 보호대상 아동에 대한 긴급보호 조치로 아동을 일정 기간 동안 위탁하여 양육

위탁가정은 대리양육과 친인척위탁가정 전세자금, 소득공제, 상해보험, 부모교육, 가정위탁관련 행사초청 등의 지원혜택을 받게 된다.

(2) 위탁가정 조건

아동복지법 시행규칙 제2조는 위탁가정이 되기 위한 기준을 다음과 같이 명시하고 있다.

① 위탁아동을 양육하기에 적합한 수준의 소득이 있는 가정
② 위탁아동에 대해 종교의 자유를 인정, 건전한 사회구성원으로 자랄 수 있도록 양육과 교육이 가능한 가정
③ 25세 이상(부부인 경우 부부 모두)으로 위탁아동과의 나이 차이가 60세 미만인 경우(특별시장·광역시장·도지사·특별자치도지사또는 시장·군수·구청장이 위탁아동을 건전하게 양육하기에 적합한 환경이라고 인정하는 경우에는 그러하지 않음)
④ 자녀가 없거나 자녀(18세 이상 제외)의 수가 위탁아동을 포함하여 4명 이내
⑤ 가정에 성범죄, 가정폭력, 아동학대, 정신질환 등의 전력이 있는 사람이

없을 것

⑥ 그 밖에 보건복지부장관이 필요하다고 인정하는 기준

(3) 위탁가정 교육

위탁가정이 되기 위한 조건에 모두 부합하고, 가정위탁을 희망하는 사람은 반드시 예비위탁부모교육을 받아야 한다. 위탁가정의 교육목적은 가정위탁사업을 신청, 접수한 위탁부모를 대상으로 예비위탁부모 양성교육, 보수교육을 지속적이고 정기적으로 실시하여 가정위탁보호사업 전반에 대한 이해를 도모할 수 있도록 하고, 아동을 적절히 보호하고 양육할 수 있는 정보, 기술, 지식을 획득할 수 있도록 하는 것이다.

표 10-13 위탁가정 교육내용

위탁가정 유형	대상	교육 시간	교육 시기	교육내용
예비위탁 부모교육	위탁보호를 희망하는 일반위탁부모, 친인척 위탁부모. 다만, 대리양육가정 및 친인척에 의한 위탁가정의 경우에는 가정위탁 후 6개월 이내에 교육이수	5시간	아동 배치 이전	• 가정위탁 사업의 이해 • 위탁보호자의 역할과 의무 • 위탁아동의 특성과 위탁 양육의 실제 • 문제 행동의 원인과 대처방법 • 효과적인 부모역할 실시 • 집단 프로그램(위탁 사례발표, 질의응답)
위탁부모 보수교육	예비위탁부모교육을 이수한 뒤 현재 위탁아동을 보호하고 있는 부모	5시간	연 1회	• 위탁보호자의 역할과 의무 • 아동문제행동의 대처방법 및 양육기술훈련 • 효과적인 부모자녀 관계 및 대화기술(친자녀 및 위탁아동) • 친가정에 대한 이해 • 양육사례 연구
친부모 교육 및 상담	위탁아동의 친부모 및 부양의무자	연 6회 이상 (상담 및 교육)	아동 위탁 후 6개월 이내	양육기술 습득을 통한 상실감 해소 및 심리적 안정을 위한 친부모 역할과 지침에 대하여 교육 • 자녀의 특성과 좋은 부모 역할 • 스트레스 대처기술 • 심리검사 • 부모의 역할 훈련

				• 자립을 위한 준비
전문위탁 부모교육	위탁가정 기준을 충족하고, 가정위탁부모 경험 3년 이상 또는 복지·보육·교육·의료·상담 등의 자격을 갖추어 전문가정위탁을 희망하는 자로, 자격조건 중 1개 이상 구비	20시간	아동 배치 이전	양육기술 습득을 통한 상실감 해소 및 심리적 안정을 위한 친부모 역할과 지침에 대하여 교육 자격조건 • 가정위탁부모 경험이 3년 이상인 자 • 사회복지사업법 시행령 제2조제1항에 따른 사회복지사의 자격 • 영유아보육법 제21조제2항에 따른 보육교사의 자격 • 유아교육법 제22조에 따른 교사의 자격 • 초·중등교육법 제21조에 따른 교사의 자격 • 의료법 제2조제1항에 따른 의료인의 자격 • 청소년기본법 제22조제1항에 따른 청소년상담사의 자격 • 대학에서 심리 관련학을 전공하고 아동·청소년 심리치료 경력이 3년 이상인 자 • 기타 학대피해아동이나 장애아동 양육에 관한 교육과정을 이수하였거나 그동안의 활동상황이나 경험에 비추어볼 때 전문위탁부모로서 적합하다고 시·도지사, 시·군·구청장이 인정한 자
일시위탁 부모교육	예비위탁부모교육 및 위탁부모보수교육 기준과 동일			

출처: 아동권리보장원(www.ncrc.or.kr).

4) 가정위탁 현황

가정위탁은 1990년대 후반 유엔아동권리위원회에서 우리나라의 소년소녀가정제도와 시설보호 중심의 아동보호방법에 대해 지속적으로 권고사항을 보내면서 2001년 도입되었다. 정부는 부양의무자인 조부모나 친인척과 동거하는 경우 대리양육위탁이나 친인척위탁으로 전환하여 가정위탁은 크게 증가하였다. 2019년 12월 31일 기준 위탁가정 현황을 살펴보면, 대리양육가정이 전체 65%를 차지하고 있으며, 친인척위탁가정은 약 26%, 일반가정위탁은 약 9%로 나타났다. 이러한 현황은 가정위탁 초기부터 소년소녀가정세대를 대리양육가정위탁으로 전환하면서 지속된 것으로, 친인척위탁가정까지 포함하면 혈연중심의 위탁가정이 전체의 90% 이상 높은 비율로 나타나 우리나라 가정위탁의 특징을 보여주고 있다.

표 10-14 가정위탁 현황

연도	계		대리양육가정		친인척 위탁가정		일반 위탁가정	
	세대수	아동수	세대수	아동수	세대수	아동수	세대수	아동수
2019	8,359	10,384	5,442	6,905	2,167	2,572	750	907
2018	8,955	11,141	5,831	7,426	2,357	2,801	767	914
2017	9,575	11,983	6,207	7,950	2,605	3,100	763	933
2016	10,197	12,896	6,642	8,578	2,773	3,348	782	970
2015	10,706	13,728	6,944	9,127	2,927	3,556	835	1,045
2014	11,077	14,385	7,162	9,550	3,089	3,816	826	1,019
2013	11,169	14,596	7,294	9,776	3,086	3,843	789	977
2012	11,030	14,502	7,230	9,732	3,037	3,831	763	939
2011	11,630	15,486	7,463	10,205	3,351	4,260	816	1,021
2010	12,120	16,359	7,849	10,865	3,365	4,371	906	1,123

주: 보건복지부(가정위탁보호아동 현황)가정위탁아동 현황 표 - 연도, 계, 대리양육가정, 친인척 위탁가정, 일반 위탁가정의 세대수, 아동수로 구성.
출처: 국가통계포털(2021).

위탁가정에 대한 일반인들의 인식이 점차적으로 변화되고 있지만 정부는 앞으로 일반위탁가정을 확대하기 위한 보다 적극적인 정책을 수립하고 추진하여 일반위탁가정 비율을 높여나가야 할 것이다.

5) 가정위탁 전달체계

(1) 가정위탁 업무 흐름

가정위탁은 보건복지부, 광역 시·도, 시·군·구를 중심으로 지역가정위탁지원센터를 통해서 위탁가정 신청과 결정의뢰, 아동결정의뢰, 가정위탁 업무지원, 위탁가정 급여지원 등의 업무를 수행하고 있다. 또한 읍·면·동에서 위탁가정결정통보화 가정위탁 아동보호 의뢰 등의 업무를 진행하고 위탁가정 친가정의 가정조사 등도 이루어진다. 아동권리보장원은 보건복지부에 사업보고를 하면서 지역가정위탁지원센터로부터 현황보고를 받으면서 업무지원을 하고 있다. 지역가정위탁지원센터는 위탁아동 친가정의 가정위탁보호의뢰와 사례관리, 위탁가정 사례관리 등의 지원업무를 하고 있다.

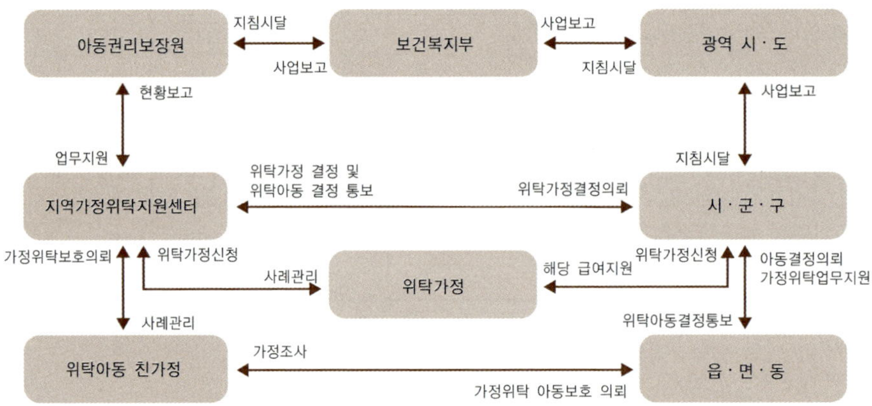

그림 10-4 가정위탁 업무 흐름도

출처: 아동권리보장원(www.ncrc.or.kr).

(2) 가정위탁 절차

가정위탁 절차는 대리양육·친인척 가정위탁과 일반가정위탁으로 구분되어 있다. 가정위탁 절차는 다음 [그림 10-5]에 상세히 제시되어 있는데, 대리양육·친인척 가정위탁과 달리 일반가정위탁은 가정위탁지원센터에서 위탁가정 선정과정을 거치게 된다. 일반가정위탁 절차는 다음 [그림 10-6]과 같다.

신청	아동 및 위탁가정 환경조사	가정위탁보호 결정·통보	사례관리	가정위탁보호 종결
보호필요아동 의뢰	**읍·면·동**	**시·군·구**	**읍·면·동 & 시·군·구 & 가정위탁지원센터**	**시·군·구 가정위탁지원센터**
• **신청** 친권자, 후견인, 아동을 보호·양육·교육하거나 그러한 의무가 있는 자 또는 업무·고용 등의 관계로 사실상 아동을 보호·감독하는 자가 관할 아동거주지 시·군·구 또는 읍·면·동·에 신청	• **조사·상담** 아동과 위탁보호 희망자(조부모, 친·인척 등) • **서식작성** 가정위탁보호(대리양육) 신청서 (시행규칙 별지 1호) 가정위탁보호(대리양육) 신청인 가정조사서 (시행규칙 별지 2호) 보호대상아동 조사서 (시행규칙 별지 3호) 아동카드(시행규칙 별지 4호)를 작성 가정위탁 보호 동의서 (지침서식 2호) 가정위탁 가족 동의서 (지침서식 3호) 범죄경력 조회 동의서 (시행규칙 별지 9호) • **서식제출** 시·군·구에 제출	• **위탁보호 결정** 조사결과를 토대로 결정 • **결정 통보 및 관련 서류 발송** 관할 가정위탁지원센터 통보 관할센터에 관련서류 (시행규칙 별지 1~4호) 7일 이내 발송	• **아동카드 관리** 아동카드 기재·관리 • **상담 및 관리** 위탁아동, 위탁가정, 친가정 상담 • **업무지원** 복지서비스 제공 등 업무지원 • **교육** 공무원, 종사자, 위탁부모교육	• **서식작성** 시·군·구에 아동 귀가 신청서(시행규칙 별지 5호) 제출 • **종결 또는 연장** 시·군·구는 종결 또는 보호기간 연장 • **통보** 가정위탁지원센터에 통보 • **사후관리**

위탁보호 희망자	**시·군·구**
• **신청** 관할 아동거주지 시·군·구 또는 읍·면·동·에 신청	• **위탁부모 범죄경력 조회** 위탁부모 거주 소재지 관할 경찰관서의장에게 범죄경력 조회 • **서식작성** 범죄경력 조회 요청서 (시행규칙 별지 8호) 범죄경력 조회 동의서 (시행규칙 별지 9호) 범죄경력 조회 회신서 (시행규칙 별지 10호)

그림 10-5 대리양육·친인척 가정위탁 절차

출처: 아동권리보장원(www.ncrc.or.kr).

신청 → 아동 및 위탁가정 환경조사 → 가정위탁보호 결정·통보 → 사례관리 → 가정위탁보호 종결

1. 신청

보호필요아동 의뢰

- **신청**
  친권자, 후견인, 아동을 보호·양육·교육하거나 그러한 의무가 있는 자 또는 업무·고용 등의 관계로 사실상 아동을 보호·감독하는 자가 관할 아동거주지 시·군·구 또는 읍·면·동·에 신청

위탁보호 희망자

- **신청**
  관할 아동거주지 시·군·구 또는 읍·면·동·에 신청

2. 아동 및 위탁가정 환경조사

읍·면·동

- **조사·상담**
  의뢰된 아동
- **서식작성**
  보호대상아동 조사서 (시행규칙 별지 3호)
  아동카드 (시행규칙 별지 4호)
  가정위탁 보호 동의서 (지침서식 2호)
  가족관계부 첨부
- **서식제출**
  시·군·구에 제출

읍·면·동

- **위탁부모 의뢰**
  센터에 관계서류 첨부하여 의뢰

시·군·구

- **위탁부모 선정**
  시·군·구에서 의뢰된 아동에 맞는 위탁부모를 찾아 선정
- **서식작성**
  가정위탁보호(대리양육) (시행규칙 별지 1호)
  가정위탁보호(대리양육) 신청인 가정조사서(시행규칙 별지 2호)
  일반위탁부모 추천서 (지침서식 1호)
  가정위탁 가족 동의서 (지침서식 3호)

시·군·구

- **위탁부모 범죄경력 조회**
  위탁부모 거주 소재지 관할 경찰관서의장에게 범죄경력 조회
- **서식작성**
  범죄경력 조회 요청서 (시행규칙 별지 8호)
  범죄경력 조회 동의서 (시행규칙 별지 9호)
  범죄경력 조회 회신서 (시행규칙 별지 10호)

3. 가정위탁보호 결정·통보

시·군·구

- **위탁보호 결정**
  조사결과를 토대로 결정
- **결정 통보 및 관련 서류 발송**
  관할 가정위탁지원센터 통보 및 위탁가정 소재 시·군·구(또는 시·도)
  관할센터에 아동카드 등 관련서류(시행규칙 별지 3, 4호) 7일 이내 발송

4. 사례관리

읍·면·동 & 시·군·구 & 가정위탁지원센터

- **아동카드 관리**
  아동카드 기재·관리
- **상담 및 관리**
  위탁아동, 위탁가정, 친가정 상담
- **업무지원**
  복지서비스 제공 등 업무지원
- **교육**
  공무원, 종사자, 위탁부모교육

5. 가정위탁보호 종결

시·군·구 가정위탁지원센터

- **서식작성**
  시·군·구에 아동 귀가 신청서(시행규칙 별지 5호) 제출
- **종결 또는 연장**
  시·군·구는 종결 또는 보호기간 연장
- **통보**
  가정위탁지원센터에 통보
- **사후관리**

그림 10-6 일반가정위탁 절차

출처: 아동권리보장원(www.ncrc.or.kr).

6) 가정위탁 주요 사업

보건복지부의 가정위탁지원 기본방향은 가정위탁아동이 건전한 사회인으로 자랄 수 있도록 위탁 아동 및 위탁 부모에 대한 경제적·사회적 지원을 확대하는 것이다. 가정위탁지원의 목적은 보호대상 아동을 보호·양육하기를 희망하는 가정에 위탁 양육함으로써 가정적인 분위기에서 건전한 사회인으로 자랄 수 있도록 하는 것이다.

보건복지부의 가정위탁 주요사업은 양육보조금, 생계비, 상해보험료, 심리치료비, 자립정착비, 대학진학자금과 전세주택지원이 있다. 보건복지부의 가정위탁 지원사업의 구체적인 내용은 다음과 같다.

(1) 양육보조금 지원

- **지원 내용:** 가정위탁아동 1인당 양육보조금 월 30만 원~50만 원 이상 차등 지원(지방이양) 권고

표 10-15 가정위탁 양육보조금 지원 내용

연령	지원액
만 7세 미만(83개월까지)	월 30만 원 이상
만 7세부터 만 13세 미만(84~155개월)	월 40만 원 이상
만 13세 이상(156개월부터) *연장보호아동 포함	월 50만 원 이상

(2) 국민기초생활보장법에 의한 생계비 등 지원

- **지원 내용:** 가정위탁아동을 국민기초생활수급자로 책정, 생계·의료·교육급여 지원

(3) 가정위탁아동 상해보험료 지원

- **보험담보:** 위탁아동 후유장해, 입원·통원 의료비 등 지원
- **보험료:** 1인당 연 68.5천 원 이내

(4) 가정위탁아동 심리치료비 지원

- **지원내역:** 심리정서치료비, 검사비, 교통비
- **지원금액:** 심리정서치료비 및 위탁부모 양육상담비 월 20만 원 이내, 심리검사비 20만 원(1회), 교통비 월 2만 원 이내

(5) 가정위탁아동에 대한 자립정착금 지원(지방이양)

- **대상:** 18세 이상의 가정위탁보호 종결아동(연장보호종결아동 포함)
- **자립정착금:** 아동 1인당 5,000천 원 이상 지급 권고

(6) 가정위탁아동에 대한 대학진학자금 등 지원(지방이양)

- **대학등록금:** 아동 1인당 5,000천 원 이상 지급 권고양육보조금 지원–연령, 지원액으로 구성된 표

(7) 위탁 가정 전세주택 지원(국토교통부)

- **대출대상 주택:** 임차전용면적 85㎡ 이하인 주택

(8) 일반주택 전세자금 및 공공임대주택 임대보증금 지원

- **지원 대상:** 양육자가 무주택세대구성원으로서 해당 가구의 월평균소득이 전년도 도시근로자 가구당 월평균소득 이하인 소년소녀가정·대리양육가정·친인척위탁가정·일반위탁가정

현재 가정위탁사업의 주요업무는 아동권리보장원에서 통합관리하고 있다. 아동권리보장원에서 실시하는 가정위탁 주요사업은 다음과 같다.

(1) 가정위탁보호제도 정책 및 실천기반 강화

아동권리보장원은 격년으로 가정위탁관련 세미나를 진행하여, 가정위탁 관련 법률·정책 개선활동을 위한 유관기관 협력 연계사업을 진행하고 있다.

(2) 가정위탁보호제도 인식 확산

아동권리보장원은 가정위탁보호제도 인식 확산 및 위탁부모 모집을 위한 매체홍보, 지역홍보 활성화를 지원하고 있다. 또한 가정위탁 관계자 격려 및 홍보를 위한 가정위탁의 날(5월 22일) 기념행사를 개최한다.

(3) 가정위탁 대상자를 고려한 서비스지원 체계 강화

위탁아동과 위탁부모의 가정위탁 참여를 지원하여 가정위탁 활성화 및 제도개선 활동 진행하고 있다. 위탁아동 자립지원을 위해 위탁아동의 접근성 해소를 위한 자립지원 정보제공 지원 및 시스템 운영을 지원하고, 위탁부모 소진 예방을 위해 격년으로 일반위탁부모 대상 쉼과 휴식프로그램을 실시하고 있다. 가정위탁 활성화를 위한 지역 권역별 등 간담회 및 토론회를 실시하고, 위탁아동 생활지원을 위해 지역사회 자원발굴 및 연계사업을 추진하고 있다.

(4) 가정위탁지원센터 관계자 역량강화

가정위탁사업 종사자 역량강화를 위해 직무 및 직급별 역량강화 교육을 실시하고 있으며, 공무원과 종사자의 업무안내서 개정·배포 사업과 부모교육을 위한 매뉴얼 개발·배포사업을 진행하고 있다.

(5) 가정위탁 관련 연구·조사 활성화 지원

가정위탁 연구 활성화를 위해 가정위탁 패널, 성과 등 다양한 분야 관련 연구 및 조사를 진행하고 있으며, 가정위탁현황과 변화추이에 관한 연간보고서를 발간하고 있다.

7) 가정위탁사업의 개선방안

정부는 2003년 가정위탁지원센터를 설치하여 가정위탁사업을 지원하고 있다. 현재 아동권리권리보장원에서 전국 17개소 지역가정위탁지원센터를 지원하며 보다 효과적인 가정위탁보호서비스 체계를 구축하여 위탁보호아동에 대한 서비스를 강화하고 있다. 보건복지부는 매년 5월 22일을 '가정위탁의 날'로 제정하여 아이들을 행복한 가정에서 잘 키우자는 취지에서 가정위탁 활성화과 가정위탁 제도 홍보를 하고 있다. 그러나 우리나라는 혈연을 중시하는 가족제도가 여전히 관습적으로 존재하고 있고 정부의 열악한 재정지원과 관련 전문가 부족 등으로 가정위탁제도가 활성화되지 못하고 있다.

(1) 가정위탁 관련법률 부재

가정위탁은 아동복지법과 아동복지법 시행규칙 등에 의하여 위탁가정선정과 위탁가정지원 등 관련 사업이 진행되고 있다. 위탁가정의 친부모가 폭력 등 아동을 위협하는 상황에서도 친부모의 친권을 제한할 수 있는 관련법이 부재하여 2014년 민법개정과 아동복지법 제 18조 개정을 통해 친권정지 등 친권제한이 가능해지는 등 위탁가정과 위탁아동을 보호할 수 있는 직접적인 법률이 없는 상황이다. 현재 아동복지법 개정으로 위탁가정 지원 내용이 보다 구체화되었지만 가정위탁을 활성화하고 아동의 가정보호를 확대하기 위하여 가정위탁 관련법이 제정되어야 할 것이다.

(2) 가정위탁 양육보조금 지원제도 개선

보건복지부의 가정위탁 양육보조금은 지방이양된 사업으로 보건복지부의 보조금 지급비는 권고사항으로 제시되어있다. 따라서 위탁가정 양육보조금은 지방이양사업으로 지방자치단체별로 차이가 있으며, 기초생활수급비와 연동하여 보조금이 차등적으로 지급되고 있다. 예를 들어, 전라남도 장성군의 경우 기초생활수급자인 경우 보조금이 2만 원이지만, 울산광역시의 경우 1인당 20만 원에 학습보조비(초등 10만 원, 중등 12만 원, 고등 15만 원)와 수학여행/수련회 경비를 초중등에 따라 차등적으로 지급(초등 10만 원, 중등 15만 원, 고등 20만 원)하고 있어 최대 53만 원 정도 차이가 나고 있다. 가정위탁 보호아동이 지방자치단체의 재정자립도 수준에 따라 양육보조금이 차별화되고 있으므로 양육보조금을 중앙정부차원에서 일원화하여 지원하도록 개선되어야 할 것이다.

(3) 가정위탁지원센터 증가와 전문가 양성

전국가정위탁지원센터는 17개소로 도 단위로 10개소 광역시단위로 7개소가 있다. 그러나 각 지역별로 보호아동 수와 위탁가정과 위탁아동 수가 차이가 있음에도 불구하고 지역가정위탁지원센터는 이를 고려하지 않고 행정편의적으로 설치 운영되고 있다. 위탁가정과 위탁아동의 사례관리와 지원업무를 개선하기 위해 잠재적 보호아동 수와 아동인구 수 등을 고려하여 탄력적으로 운영되어야 할 것이다. 또한 가정위탁지원센터 종사자의 전문성을 향상시키기 위한 보수교육과 가정위탁제도의 활성화를 위한 전문가 양성을 위한 적극적인 정책수립이 필요할 것이다.

(4) 위탁가정 발굴과 가정위탁 홍보 강화

아동의 시설보호를 지양하고 가정보호를 확대하기 위해서 다양한 유형의 위탁가정이 필요하다. 학대피해아동을 위한 전문위탁가정 도입 등 가정위탁의 유형도 점차적으로 다양화하고 있는 추세이지만, 여전히 일반가정위탁은 증가하지 않고 있다. 보호아동의 욕구에 따라 개별화된 맞춤형 보호서비스를 제공하기 위해 위탁가정의 유형도 단기위탁이나 전문치료위탁 등 여러 형태로 운영될 필요가 있는데, 이를 지원하기 위해 위탁가정의 신규발굴이 필요할 것이다. 이를 위한 전제조건으로 가정위탁에 대한 국민적 공감대 향상을 위해 대중매체 등을 통해 적극적으로 홍보활동을 강화해 나가야 할 것이다.

CHAPTER 11

한부모가족 아동

1. 한부모가족 아동

1) 한부모가족 아동 정의

한부모가족의 아동에 대한 정부의 지원은 여성가족부의 한부모가족지원사업을 통해 이루어진다. 한부모가족지원사업의 지원 대상자의 종류를 보면, 지원 대상 가구는 한부모가족, 조손가족, 청소년 한부모가족으로 구분되며, 가구원은 대상가구의 만 18세 미만 자녀로 구성된다. 한부모가족 아동은 모자 및 부자가족, 조손가족, 청소년한부모가족으로 구분된다. 한부모가족의 가구와 가구원 등에 관한 내용은 〈표 11-1〉에 제시되어 있다. 정부의 한부모가족 지원 대상 선정은 한부모가족, 조손가족, 청소년 한부모가족으로서 가구선정 기준 및 소득인정액 기준을 충족한 경우 지원결정이 가능하다. 지원 대상 선정과정을 거쳐 지원 결정된 가구 또는 가구원에 대하여 아동양육비, 아동교육지원비, 생활보조금, 자립촉진수당 등 결정된 급여를 지급받는다.

표 11-1 한부모가족 정의와 유형

<table>
<tr><th></th><th>한부모가족(모자 및 부자가족)</th><th>조손가족</th><th>청소년 한부모가족</th></tr>
<tr><td>가구</td><td>- 모자가족이란 모(母)가 세대주[세대주가 아니더라도 세대원(世代員)을 사실상 부양하는 자를 포함]인 가족을 의미
- 부자가족이란 부(父)가 세대주[세대주가 아니더라도 세대원(世代員)을사실상 부양하는 자를 포함]인 가족을 의미
* 자녀의 출생신고 전이라도 미혼부가 가정법원에 친생자 출생신고 확인신청을 한 자(이하 '출생신고 중인 미혼부와 자녀'라 한다)로서 유전자 검사결과를 제출한 경우</td><td>부모로부터 사실상 부양을 받지 못하는 아동(이혼, 유기, 행방불명, 실종, 사망, 경제적 사유 등)을 (외)조부 또는 (외)조모가 양육하는 가족</td><td>한부모가족으로서, 모(母) 또는 부(父)의 연령이 만 24세 이하인 가족</td></tr>
<tr><td rowspan="2">가구원</td><td>한부모가족의 "모(母)" 또는 "부(父)"와 만 18세 미만(취학 시 만 22세 미만*)의 자녀</td><td>조손가족의 경우 (외)조부 또는 (외)조모와 만 18세 미만(취학 시 만 22세 미만*)의 손자녀</td><td>청소년 한부모가족의 "모(母)" 또는 "부(父)"와 만 18세 미만(취학 시 만 22세 미만*)의 자녀</td></tr>
<tr><td colspan="3">*다만, 취학 중인 경우에는 22세 미만을 말하되, 지원 대상자로 선정 후 병역법에 따른 병역의무를 이행하고 취학 중인 경우에는 병역의무를 이행한 기간을 가산한 연령 미만을 말함</td></tr>
</table>

출처: 여성가족부(2021). 한부모가족지원사업안내.

2. 한부모가족 아동 현황

1) 한부모가족의 특성

한부모가족의 특성을 살펴보면 이혼으로 발생한 가구가 약 78%로 가장 많은 비중을 차지하고 있으며, 40대 고졸 이하 학력을 가진 경우가 많았다. 대부분 중학생 이상 자녀를 둔 모자가구로 구성되었고 상용근로자가 많았다.

표 11-2 한부모가족 특성

특성별(1)	특성별(2)	2018					
		사례수 (가구)	미혼 (%)	이혼 (%)	사별 (%)	별거 (%)	기타 (%)
전체	소계	2,500	4.0	77.6	15.4	2.9	0.1
한부모연령별	30대 이하	725	9.3	74.9	11.4	4.4	0.0
	40대	1,363	1.8	80.8	15.0	2.4	0.1
	50대 이상	412	2.2	71.5	24.1	2.0	0.1
한부모학력별	중졸 이하	149	3.7	78.2	12.9	5.0	0.3
	고졸 이하	1,445	5.1	77.4	16.0	1.6	0.0
	대학 이상	905	2.4	77.7	15.0	4.8	0.1
가구구성별	모자	1,290	4.0	77.3	15.1	3.5	0.1
	모자+기타	348	8.3	70.5	18.8	2.3	0.0
	부자	526	2.0	79.1	15.2	3.6	0.0
	부자+기타	336	2.6	83.3	13.7	0.4	0.0
가장어린자녀별	미취학	374	14.4	69.4	9.4	6.8	0.0
	초등학생	876	2.8	80.7	14.9	1.5	0.1
	중학생 이상	1,249	1.7	77.8	17.7	2.8	0.0
종사상지위별	상용근로자	1,104	2.2	79.1	15.7	3.1	0.0
	임시 / 일용근로자	649	3.9	78.0	14.2	3.9	0.0
	자영업 / 무급가족	353	1.6	74.0	21.9	2.5	0.0
	비취업	394	11.5	75.7	11.1	1.4	0.4
정부지원유형별	저소득지원가구	1,150	6.2	80.8	11.3	1.6	0.1
	일반가구	1,350	2.2	74.8	18.9	4.1	0.0
소득수준별	100만 원 미만	186	10.8	79.2	7.8	1.8	0.5
	100~200만 원 미만	1,064	5.7	79.4	13.2	1.7	0.1
	200~300만 원 미만	674	2.0	79.4	15.4	3.2	0.0
	300만 원 이상	575	1.2	71.4	22.1	5.3	0.0
한부모가 된 기간별	5년 미만	799	6.9	73.0	15.9	4.2	0.0
	5~10년 미만	1,039	2.8	76.3	18.6	2.2	0.1
	10년 이상	662	2.4	85.0	9.9	2.6	0.0

출처: 국가통계포털 한부모가구현황.

일반가구가 저소득지원가구보다 다소 많았으며, 평균 소득수준은 100~200만 원으로 나타났다. 한부모가 된 기간은 5~10년이 가장 높게 나타났다.

한편 한부모가구의 아동수는 1명이 55%로 가장 높게 나타났고, 2명이 37.1%였으며, 3명 이상도 약 8%로 나타났는데, 평균 자녀수는 1.5명이었다.

표 11-3 한부모가족 특성 한부모가구 아동수

특성별(1)	특성별(2)	2018				
		사례수 (가구)	1명 (%)	2명 (%)	3명 이상 (%)	평균 (명)
전체	소계	2,500	55.0	37.1	7.9	1.5

출처: 국가통계포털(2021). 한부모가구현황.

3. 한부모가족 아동에 대한 지원정책

한부모가족 아동에 대한 정부 지원정책은 저소득한부모가족지원정책과 미혼한부모가족지원정책으로 구분되며, 한부모가족지원정책은 여성가족부 중심으로 수립되고 지원되고 있다.

1) 저소득한부모가족 지원정책

(1) 양육지원

저소득한부모가족 아동을 위한 양육지원은 아동양육비, 중·고등학생 학용품비, 보육료 지원, 가정양육수당지원으로 구분된다. 지원목적과 지원 대상 가구와 아동, 구체적인 지원 내용은 〈표 11-4〉에 제시된 바와 같다. 신청은 복지로와 주민센터에서 할 수 있다.

표 11-4 한부모가족 특성 저소득 한부모가구 지원

	아동양육비	중 · 고등학생 학용품비	보육료 지원	가정양육수당지원
지원목적	저소득 한부모가족(조손가족 포함) 아동양육비를 지원함으로써 아동의 건강한 성장을 도모하고 아동 양육환경 조성에 기여	저소득 한부모가족(조손가족 포함) 중·고등학생 자녀의 학습지원 강화		
지원 대상 가구	소득인정액이 기준 중위소득의 52% 이하인 한부모가족 및 조손가족 소득인정액이 기준 중위소득의 60% 이하인 청소년 한부모가족	소득인정액이 기준 중위소득 52% 이하인 한부모가족 및 조손가족 ※ 소득인정액이 기준 중위소득 52% 이하인 청소년한부모가족도 중·고등학생 자녀가 있을 경우 지원 대상에 포함됨		
지원 대상 아동	만 18세 미만의 아동	중학생 및 고등학생 자녀 다음 각호의 학교에 재학하는 학생에게 지원 초·중등교육법 제2조 제2호의 규정에 의한 중학교·고등공민학교 초·중등교육법 제2조 제3호의 규정에 의한 고등학교·고등기술학교 초·중등교육법 제2조 제4호의 규정에 의한 특수학교(중학교 및 고등학교 과정에 한함) 초·중등교육법 제2조 제5호의 규정에 의한 각종학교	어린이집을 이용하는 만 0~5세 아동(소득수준 무관) ※ 어린이집 입소우선순위(1순위 항목당 100점(맞벌이 및 3자녀 이상 가구의 경우 200점), 2순위 항목당 50점) 1순위: 법정한부모, 맞벌이인 경우(한부모가 취업 및 구직 중인 경우 포함) 등 2순위: 기타 한부모·조손가족, 어린이집 재원 중인 아동의 형제·자매 등	보육료, 유아학비, 종일제 아이돌봄서비스 등을 지원 받지 않고 가정에서 양육되는 만 0~6세 영유아

지원 내용	한부모가족 및 조손가족의 아동양육비: 아동 1인당 200,000원/월 청소년한부모가족의 아동양육비: 아동 1인당 350,000원/월	지원 대상가구의 중·고등학생 자녀 1인당 연 8.3만 원 학용품비 지원	나이에 따라 월 26~48.4만 원의 보육료를 아이행복카드로 지원 만 0세(484,000) 만 1세(426,000) 만 2세(353,000) 만 3세(260,000) 만 4세(260,000) 만 5세(260,000)	나이와 양육수당 유형(일반, 농어촌, 장애)에 따라 차등적으로 지급
신청 방법	오프라인: 주민센터 방문 온라인: 복지로(www.bokjiro.go.kr)			

출처: 여성가족부(2021). 한부모가족지원사업 안내.

(2) 돌봄지원

한부모가족 아동을 위한 정부의 아이돌봄 지원사업의 목적은 아이돌봄지원법 제1조에 의해 아이돌봄을 지원하여 아동의 복지증진과 보호자의 일·가정 양립을 통한 가족구성원의 삶의 질 향상과 양육친화적인 사회환경을 조성하는 것이다. 아이돌봄지원 서비스의 재원대상은 만 12세 이하 아동을 시간단위로 돌보는 시간제와 만 36개월 이하 영아를 종일 돌보는 영아종일제로 구분하는 것이다. 2014년 8월 이후부터 가사를 추가한 종합형 돌봄서비스가 추가되어 서비스 유형이 다양화되었다.

신청절차는 정부의 지원을 받는 한부모가족 가구의 경우 읍·면사무소, 동 주민센터에 정부지원 신청 및 소득유형 결정 후 지역 서비스 제공기관에 서비스 연계하여 신청할 수 있고, 미지원 가구의 경우 지원유형 결정(소득판정) 없이, 아이돌봄누리집 가입 후 서비스 신청 및 이용이 가능하다.

(3) 청소년한부모 자립지원

정부는 청소년한부모가족의 자립을 지원하기 위해 검정고시 학습비, 고교생 교육비, 자립지원 촉진수당을 제공하고 있다. 청소년한부모를 위한 검정고시 학습비 지원과 고교교육비의 지원 대상과 지원 내용 등에 관한 구체적인 내용은 다음 〈표 11-5〉에 제시되어 있다.

표 11-5 청소년한부모 자립지원

	검정고시 학습비	고교생 교육비	자립지원 촉진수당
지원목적	고등학교 이하의 학업을 중단한 청소년 한부모에게 학력 취득 및 역량 개발 기회를 지원함으로써 취업능력 제고와 자립기반 향상을 도모	학업단절 가구나 학업이 중단될 위기에 직면한 청소년한부모가구의 정규학력 인정 기회 보장을 위해 고교생 교육비를 지원	청소년 한부모가구는 경제적 빈곤과 자녀양육에 대한 부담 이외에도 학업단절이나 취업기회에 있어서의 차별로 인해 자립기반 형성에 어려움을 겪음. 이를 위해 청소년 한부모가 사회의 편견을 극복하고, 자녀를 양육하면서 자립기반을 마련할 수 있도록 자립활동을 하는 경우 자립지원촉진수당을 지원
지원 대상	학업이 단절된 청소년 한부모 가구의 가구주로서, 검정고시 학원 등에 등록된 자 ※ 기준 중위소득 60% 이하 가구(교육급여 수급자 제외) ※ 대안학교 등록비도 검정고시 학원비와 동일하게 인정·처리 ※ 검정고시 학습비 지원 시 자립촉진수당 지원 가능	청소년 한부모 자립지원 대상으로 선정된 가구 중 기준 중위소득 53%~60% 구간의 가구(교육급여수급자 제외)로서, 고등학교 과정(특수목적고 및 자율형 사립고 포함)의 교육을 이수하는 청소년한부모 ※ 국민기초생활보장수급자인 청소년 한부모에 대해서는 교육급여 대상으로 관리하고, 기준 중위소득 52% 이하인 청소년한부모는 한부모가족 교육비 지원 대상(교육부소관)임	기준 중위소득 60% 이하 청소년 한부모가구이면서, 신청일 기준 최근 1년 내 학업(초·중·고·대학교·대학원 등 학교재학, 검정고시학습, 비인가 대안학교 학습)·직업훈련·취업활동 등을 통해 자립활동에 참여한 실적이 있는 가구에 대하여 지원
지원 내용	가구별 연 154만 원 한도 내 지원(학원등록비+교재비 등)+학용품비(54,100원) 등)	고등학교 교육비(학비)/실비지원: 입학금+수업료+교과서대	가구당 지원액 월 100,000원

	※ 학용품비의 경우, 교육부 및 한부모가족 중·고생 학용품비가 미지급되었음이 확인된 경우 지급		
지원체계와 범위	해당 청소년한부모가 등록한 학원에 입금 또는 본인 계좌로 입금 ※ 검정고시 학원 등록시 한부모가족증명서(청소년 한부모가구검정고시 학원 지원용도)로 지원 대상자 확인	초·중등교육법 제2조의 규정에 의한 고등학교·고등기술학교 위의 학교와 동등한 학력이 인정되는 각종학교 평생교육법 제31조에 의해 '교육감에 의해 고등학교 졸업 이하의 학력이 인정되는 시설로 지정된 평생교육시설'	지급단위: 가구 단위로 산정 지급 신규 지원자에 대한 지급기준: 지원사유가 발생한 달에 당월 지급분 전액 지원 지원 변동사유: 변동사유가 발생된 달의 청소년 한부모 자립촉진수당은 전액 지급

출처: 여성가족부(2021). 한부모가족지원사업안내.

(4) 한부모가족복지시설

한부모가족복지시설은 한부모가족이 안정된 환경에서 자립을 준비할 수 있도록 일시적인 주거를 지원하는 복지시설이다. 한부모가족복지시설 입소절차는 입소하고자 하는 시설의 관할 지자체(시·군·구청) 한부모가족 담당자의 상담을 거쳐 신청 순으로 입소한다. 한부모가족 담당자가 입소대상자를 상담 후 시설에 입소를 의뢰하며, 시설장이 이를 확인한다. 시설에서 대상자에 대한 입소상담을 먼저 할 경우 시·군·구 한부모가족 담당자가 이를 확인하여 입소를 결정한다. 이때 주소지에 따른 입소제한은 두지 않으며, 시설 유형별 입소 가구의 성격이 조금씩 차이가 있으므로 지원받는 사항 또는 다를 수 있다. 전체 시설 현황은 다음 〈표 11-6〉과 같다. 전국적으로 한부모가족시설은 모자가족세대 중심으로 구성되어 있으며, 부자가족과 미혼모자가족을 위한 자립생활시설은 전무한 상황이다.

표 11-6 한부모가족시설 전국 현황

(단위: 세대)

유형	기본생활지원	공동생활지원	자립생활지원
모자가족시설	983	40	31
부자가족시설	40	5	
미혼모자가족시설	446	331	

출처: 여성가족부(www.mogef.go.kr).

2) 미혼한부모 지원

(1) 미혼모 보호

미혼한부모가족의 아동보호를 위해 정부는 미혼모자가족복지시설 운영을 지원하고 있다. 미혼모자가족복지시설은 기본생활지원(숙식무료제공과 분만의료혜택)과 공동생활지원(직업교육프로그램과 국가와 지방자치단체가 정하는 경비지원)으로 구분되며 입소대상과 기능, 보호기간과 입소정원에 차이가 있다. 각 시설유형에 따른 구체적인 지원 내용은 <표 11-7>을 참조로 살펴볼 수 있다. 미혼한부모가족의 시설입소절차는 첫째, 입소신청서를 입소하려는 시설의 시·군·구에 제출, 둘째, 시·군·구 한부모가족 담당자가 입소대상자를 상담, 셋째, 입소 신청을 받을 날로부터 14일 이내에 입소 여부를 결정 신청인에게 통지하고 해당 시설에 입소 의뢰, 넷째, 해당 시설 입소 담당자와의 상담 후 입소 결정으로 진행된다.

표 11-7 미혼한부모가족 지원

시설 유형		시설 수	입소대상 및 기능	보호기간 (연장 가능 기간)	입소 정원
미혼모자 가족복지 시설	기본생활 지원	22	이혼·사별 또는 미혼의 임신여성 및 출산 후(6개월 미만) 지원을 요하는 여성	1년(6개월)	556명
	공동생활 지원	40	3세 미만의 영유아를 양육하는 미혼모	2년(1년)	342세대
		2	출산 후 해당아동을 양육하지 아니하는 미혼모	2년(6개월)	15명

출처: 여성가족부(www.mogef.go.kr)

(2) 미혼부지원

정부는 2015년 11월 개정된 가족관계등록법에 의해 미혼부가족의 아동 출생신고절차를 간소화하였다. 미혼부 아동의 친모 성명과 주민등록번호 등을 알 수 없는 경우 미혼부 본인의 등록기준지 또는 주소지를 관할하는 가정법원의 확인을 받아 출생신고를 할 수 있다. 대한법률구조공단과 한국가정법률상담소는 기준 중위소득 125% 이하 미혼부가족을 대상으로 유전자 검사비 지원, 친생자 출생신고를 위한 확인 절차 법률상담 및 소송(신청)대리 등 법률구조 지원을 제공하고 있다.

미혼모·부자 거점기관은 전국 16개 시·도에 17개 기관 운영되고 있는데, 혼인기록이 없고 사실혼 관계가 아닌 재가(在家) 미혼모·부자를 대상으로 유전자 검사비 지원, 출산 및 양육지원, 교육·문화프로그램·자조모임 등을 지원하고 있다.

정부는 미혼부가족의 아동지원을 위해 출생신고를 하지 못한 경우에도 사회복지 전산관리번호를 부여받은 아동은 지원 자격을 갖춘 것으로 인정하여 복지지원서비스를 제공하고 있다. 복지지원은 한부모가족 아동양육비, 보육료 및 양육수당, 아동수당이 있다. 또한 생후 1년 이내 출생신고를 완료하지 못해도 미혼부가 건강보험 가입자일 경우 건강보험 자격 취득 신청이 가능한데, 취득 대상은 가족관계등록법 제57조제1항에 의해 법원에 친생자 출생신고 소송을 제기한 미혼부 자녀이며, 국민건강보험공단 지사에 최초에는 방문 신고해야 하며, 이후 재신고 시에는 방문, 전화 등으로 미혼부 본인 신청이 가능하다.

(3) 양육과 자립: 초기지원 서비스

한부모가족지원법 제17조(가족지원서비스)에 근거하여 미혼모·부가 자녀를 스스로 양육하고자 할 경우 초기 위기상황에 대처할 수 있도록 서비스를 제공하여 상담과 자조모임의 방법으로 아동 양육과 자립에 이르도록 지원하는 것이다. 사업 전달체계는 여성가족부, 지방자치단체, 한국건강가정진흥원, 사업수행기관으로 연계되어있다. 여성가족부는 사업 추진계획 수립과 총괄, 지방자치단체는 사업 세부추진계획과 예산 확보와 홍보, 사업수행기관 선정과 평가, 사업 운영실적 및 정산결과 등을 보고한다. 한국건강가정진흥권은 사업수행기관의 사업 운영실적 관리와 보고, 업무매뉴얼 개발 및 보급, 우수사례 발굴과 전파, 종사자 교육과 컨설팅 등 기타 사업지원을 한다. 사업수행기관은 연간 사업계획서를 작성하여 해당 지자체에 제출하고 지원 대상자 모집과 서비스 제공, 지역 유관기관과 자원 연계 및 네트워크 구축, 사업실적과 정산보고 등 사업운영 관련 자료를 제출한다. 2021년 1월 기준, 전국적으로 미혼모·부자 지원사업 수행기관은 17개소가 있다.

3) 양육비 이행지원

(1) 지원안내

양육비 이행 서비스는 양육부 · 모(양육비채권자)의 신청을 받아 비양육부 · 모로부터 양육비를 지급받을 수 있도록 당사자 간 협의성립, 양육비 관련 소송, 채권추심, 불이행 시 제재조치 등을 지원하는 서비스이다. 양육부 · 모(양육비채권자)는 필요한 서비스를 지원받기 위해 각각의 단계마다 필요한 서비스를 제공하는 기관을 일일이 찾아 갈 필요 없이 이행관리원에 1회 신청만으로 종합지원 서비스가 가능하다. 양육비 이행지원 서비스 대상자는 다음과 같다.

- 양육비 이행확보 및 지원에 법률에 따른 만 19세 미만 자녀 양육 한부모 · 조손 가족
- 한부모가족지원법에 따른 자녀 *양육 한부모 · 조손가족(취학 중인 22세 미만 자녀, 군복무 후 복학한 "22세 미만 + 군 복무기관" 자녀 양육 한부모 · 조손가족)

양육비이행지원서비스는 다음 [그림 11-1]에 제시된 것처럼 양육비 상담, 전 배우자에 대한 재산조사, 양육비 청구 등 법률지원, 양육비 이행 강제, 양육비 이행 모니터링과 한시적 양육비 긴급지원 등이 포함되어 있다.

양육비 관련 상담서비스는 온라인 · 전화 · 직접방문으로 이용할 수 있으며 양육비 이행 서비스 접수와 신청서는 온라인 · 방문 · 우편(등기)로 제출할 수 있다. 양육비 관련 상담 서비스는 온라인, 전화, 방문을 통해 양육부 · 모(양육비 채권자), 비양육부 · 모(양육비 채무자), 일반인에게 양육비 관련 상담을 제공한다. 양육비이행서비스에 관한 구체적 지원체계를 [그림 11-2]에 제시되어 있다.

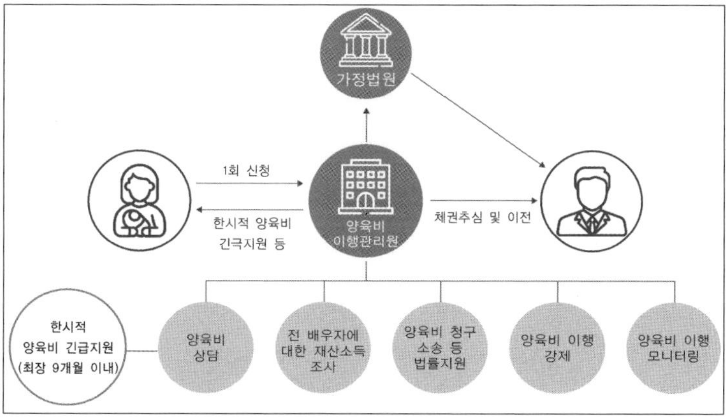

그림 11-1 양육비이행지원 절차

출처: 여성가족부(www.mogef.go.kr).

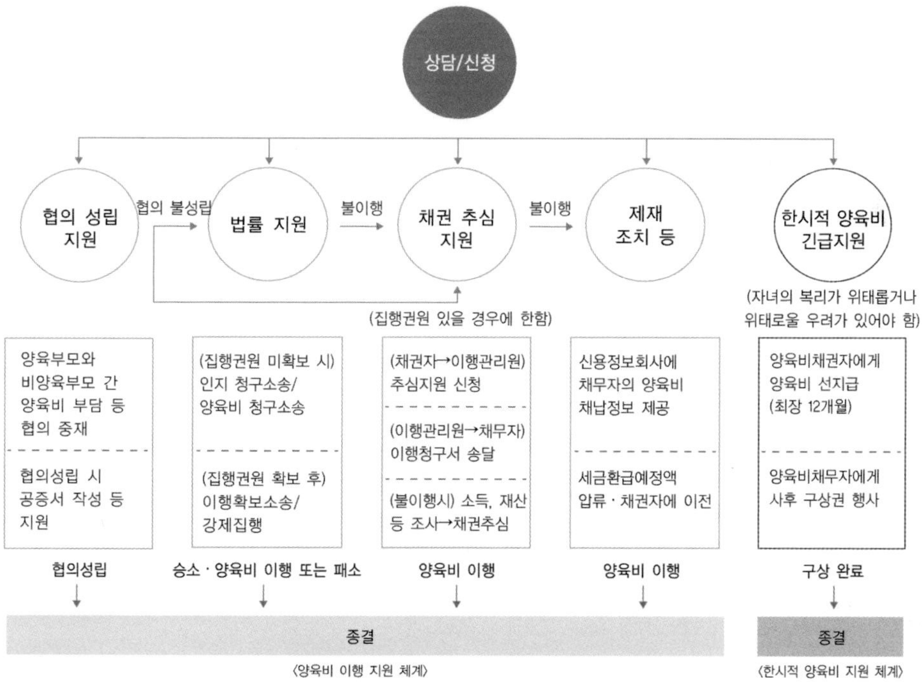

그림 11-2 양육비이행지원 체계

출처: 여성가족부(www.mogef.go.kr).

4) 문화체험 지원

(1) 스포츠 강좌 이용권

한부모가족 아동 중 만 5~18세 아동·청소년을 대상으로 1인당 매월 일정금액 내 스포츠강좌 수강료 지원 이용권을 제공하는데, 스포츠강좌이용권으로 수강 가능한 시설은 누리집(svoucher.kspo.or.kr)에서 확인할 수 있다. 신청 방법은 신청 방법 스포츠강좌이용권 누리집에서 온라인 신청을 하거나 시·군·구청을 방문해 서면 신청을 할 수 있다. 이용절차는 대상자 선정 → 전용카드 발급 → 스포츠강좌이용권 누리집에서 온라인 결제 후 강좌 수강으로 진행된다.

(2) 통합문화이용권(문화누리카드)

통합문화이용권은 6세 이상의 기초생활수급자 및 차상위 계층을 대상으로 문화예술·여행·체육 활동에 이용할 수 있는 '문화누리카드'를 발급(1인당 연 10만 원)하여 문화적 체험을 지원하는 것이다. 신청은 주민센터(신분증 지참)나 온라인(www.mnuri.kr)에서 할 수 있다.

(3) 4대궁·종묘·조선왕릉 무료입장

한부모가족은 한부모가족지원법 시행규칙 제3조의3에 따라 발급받은 한부모가족 증명서를 제시하면, 4대궁(경복궁, 창덕궁, 창경궁, 덕수궁)·종묘·조선왕릉 무료입장이 가능하다. 보다 자세한 문의는 제도문의 문화재청 궁능유적본부 궁능서비스기획과에 할 수 있다.

4. 한부모가족 아동 지원정책 개선방안

1) 한부모가족 아동중심의 지원정책 확대

한부모가족 아동에 관한 정부지원정책과 서비스를 살펴보면, 아동에 대한 직접적인 지원보다 한부모가족 전체를 대상으로 한 정책이 대부분이다. 아동의 발달적 특성상 보호자에 대한 지원정책이 간접적으로 아동에게 전달되는 것을 가정하지만 아동수당 등 아동을 지원 대상으로 한 정책을 확대하여 한부모가족 아동의 특성을 반영해야 할 것이다. 예를 들어, 한부모가족 아동의 심리·정서적 발달과정이나 행동양상 등은 일반가정 아동과 다를 수 있다. 따라서 한부모가족 아동의 발달적 특성과 개별 욕구를 상세히 파악하여 이들의 욕구를 반영한 맞춤형 서비스 제공이 필요할 것이다.

2) 부자가족의 양육지원 강화

현재 미혼한부모 입소시설은 미혼모자가정 중심으로 이루어져있다. 미혼부자가정의 특수성을 고려하여 정부가 적극적으로 이들의 아동양육과 교육 등을 지원할 수 있도록 관련 시설을 늘려야 할 필요가 있다. 또한 부자가족의 자립생활지원시설도 강화하여 부자가족 아동의 경제적 안정 지원을 강화해야 할 것이다.

3) 청소년한부모가족 지원 강화

현재 청소년한부모를 위한 정부 지원은 교육지원과 아동양육, 경제적 자립에 중점을 두고 있다. 청소년한부모의 경우 임신과 출산 과정에서 또래와 다른 경험으로 인해 심리적 어려움을 경험할 수 있다. 청소년한부모도 아동복지서비스의 대상자로 간주하여 이들의 건강한 심리정서적 발달을 지원할 수 있는 심리치료서비스 확대가 필요할 것이다.

CHAPTER 12

다문화아동

1. 다문화아동의 개념

우리나라도 외국인이 점차 증가하여 전체 외국인 인구가 127만 명이 넘는 다문화사회가 되었다(통계청, 2019). 우리 사회는 오랫동안 동일민족, 동일언어, 동일문화로 있었기 때문에, 다른 문화 및 인종에 대해서 배타적인 성향을 가지고 있었다. 그러나 세계화 경향은 더 이상 미룰 수 없는 현상이다. 우리나라의 저출산, 일부 남성의 배우자 찾기의 어려움, 특성 산업에서의 노동력 부족, 서비스 인력의 부족 등과 함께 전 세계에 한류의 확산으로 인해서 외국인의 국내 유입은 더욱 증가할 전망이다. 외국인 근로자는 1.4백만 명이나 되고 있고, 다문화가족은 101만 명(33만 가구)이나 된다(행정안전부, 2018).

우리가 주목해야 할 대상은 최근부터 증가하고 있는 다문화가족 아동이다. 저출산으로 인해 인구가 감소하고 있는 상황에서 다문화가족의 유입은 우리 사회의 여러 면에서 불가피한 현상이다. 다문화가족아동이란 누구이고, 이들에게 어떠한 사회복지서비스가 제공되고 있는지 살펴볼 필요가 있다.

다문화가족 아동은 여러 층으로 구성된다. 이를 규정한 것은 다문화가족지원법이다. 동 법에 의하면 다문화가족에는 결혼이민자가족 아동, 외국인 근로자가족 아동, 북한이탈주민(새터민)가족 아동이 포함된다. 〈표 12-1〉에 제시된 것처럼 결혼이민자가족이란 부모 중 한쪽이 외국에서 온 가족에서 출생한 아동을 말한다. 현재 대부분의 다문화가족 아동이 이 유형에 속한다. 외국인 근로자가족 아동이란 외국인 근로자가 한국에서 자녀를 출생하였거나, 외국에서 출생하였으나 국내로 이주한 경우를 말한다. 북한이탈주민가족 아동이란 부모와 같이 북한에서 우리나라로 입국하였거나 부모가 입국 후 출생한 아동을 말한다.

표 12-1 다문화가족 아동 유형

구 분	다문화가족 아동 유형
결혼이민자가족	한국인 부와 외국인 모사이에서 출생한 아동 한국인 모와 외국인 부 사이에서 출생한 아동 외국인 부모가 양육하는 전 결혼에서 출생한 아동
외국인 근로자가족	외국인근로자가 한국에서 결혼하여 출생한 아동 본국에서 결혼하여 형성된 가족이 국내에서 이주한 가정의 아동
북한이탈주민 (새터민) 가족	북한에서 부모와 같이 입국한 아동 부모가 입국 후 출생한 아동 북한이주민과 한국인 사이에서 출생한 아동

출처: 이은주 외(2018). 아동권리와 복지.

본고에서는 이중 결혼이민자가족 아동을 중점적으로 살펴보았다.

2. 다문화아동의 현황

다문화가족 아동수(18세 이하)는 2004년에는 4만 명에 불과하던 것이 2018년에는 24만 명으로 되어 6배나 증가하였다. 향후에도 다문화가족 아동은 지속적으로 증가할 것으로 예상된다. 연령대별로 보면 6세 이하가 가장 많고 아동 연령이 올라갈수록 아동수도 감소한다(〈표 12-2〉 참조).

표 12-2 **다문화가족 자녀 연령별 현황(2018년 11월 기준)**

(단위: 명)

연도	연령별 현황				
	계	만 6세 이하	만 7~12세	만 13~15세	만 16~18세
2018	237,506	114,125	92,368	19,164	11,849
2017	222,455	115,085	81,826	15,753	9,791
2016	201,333	113,506	56,768	17,453	13,606
2015	197,550	116,068	61,625	12,567	7,290
2014	204,204	121,310	49,929	19,499	13,466
2013	191,328	116,696	45,156	18,395	11,081
2012	168,583	104,694	40,235	15,038	8,616
2011	151,154	93,537	37,590	12,392	7,635
2010	121,935	75,776	30,587	8,688	6,884
2009	107,689	64,040	28,922	8,082	6,645
2008	58,007	33,140	18,691	3,672	2,504
2007	44,258	26,445	14,392	2,080	1,341

출처: 행정안전부. 외국인주민현황조사.

표 12-3 **다문화학생 현황**

구분	2015	2016	2017	2018	2019	2020
계	82,536	99,186	109,387	122,212	137,225	147,378
초등학교	60,162	73,972	82,733	93,027	103,881	107,694
중학교	13,827	15,080	15,945	18,068	21,693	26,773
고등학교	8,146	9,816	10,334	10,688	11,234	12,478
각종학교	401	318	375	429	417	433

출처: 교육부(2020). 간추린 교육통계.

다문화학생 수를 보면 전체 아동수처럼 다문화학생수도 증가하고 있다. 〈표 12-3〉에 제시된 것처럼 2015년에는 8만 2천 명이었는데, 점차 증가하여 2020년에는 14만 7천 명으로 증가하였다. 학령별로 보면 연도를 망라하고 초등학생이 가장 많고 중학생, 고등학생의 순이다([그림 12-1] 참조). 예를 들어 2020년을 보면 초등학생이 10만 7천 명으로 가장 많고, 중학생 2만 7천 명, 고등학생 1만 2천 명 등의 분포이다. 모든 학령에서 다문화학생수가 증가하는 추세이다.

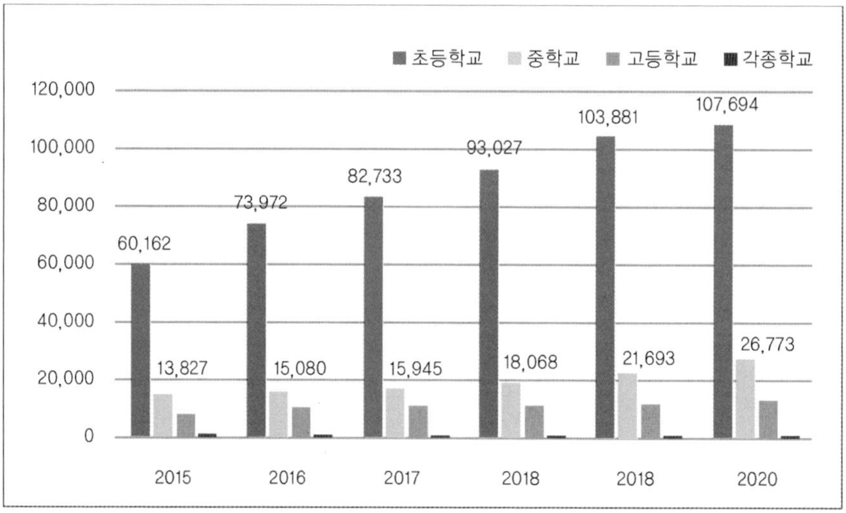

그림 12-1 연도별 다문화아동 학생수(단위: 명)

출처: 교육부(2020). 간추린 교육통계.

다문화학생을 유형별로 보면 국제결혼자녀가 대부분인 122,922명이고 외국인가정 아동은 24,453명으로 확인되었다. 국제결혼아동은 다시 국내출생아동 113,771명, 중도입국아동 9,151명으로 나뉜다(〈표 12-4〉 참조). 중도입국아동이 1만 명에 이르고 있는데, 이 아동의 학교생활적응에서 정책적인 관심이 요구된다.

표 12-4 다문화학생 현황

유형		소계	초등학교	중학교	고등학교	각종학교
소계		147,378	107,694	26,773	12,478	433
국제결혼	국내출생	113,771	85,089	19,532	9,049	104
	중도입국	9,151	5,073	2,459	1,415	204
외국인 가정		24,453	17,532	4,782	2,014	125

출처: 교육부(2020). 간추린 교육통계.

다문화아동의 외국에서 온 부모의 국적별 현황을 보면 〈표 12-5〉에 나왔듯이 2018년의 경우 베트남이 77,218명(32.5%), 중국 44,016명(18.5%), 한국계 중국 39,642명(16.7%) 순이다. 2017년과 2018년의 다문화아동 부모의 출신국은 거의 유사한 분포를 보인다.

표 12-5 부 또는 모의 국적별 다문화아동 현황

(단위: 명, %)

연도	합 계	베트남	중국	중국(한국계)	필리핀	캄보디아	일본	미국	몽골
2018	237,506	77,218	44,016	39,642	22,873	10,037	6,930	5,581	3,212
	구성비	32.5	18.5	16.7	9.6	4.2	2.9	2.3	1.4
2017	222,455	71,864	43,197	38,090	22,270	9,448	6,886	4,899	3,132
	구성비	32.3	19.4	17.1	10.0	4.2	3.1	2.2	1.4

주: 나머지 국가는 소수여서 제시하지 않음.
출처: 여성가족부(2020a). 내부자료.

다문화아동이 거주하고 있는 지역별 분포를 보면 경기도가 61,476명으로 가장 많고 그 다음은 서울 32,930명, 경남 17,723명, 경북 14,491명, 충남

13,868명, 전남 13,815명의 순이다. 반대로 세종과 제주도의 경우는 다문화아동수가 적다([그림 12-2] 참조).

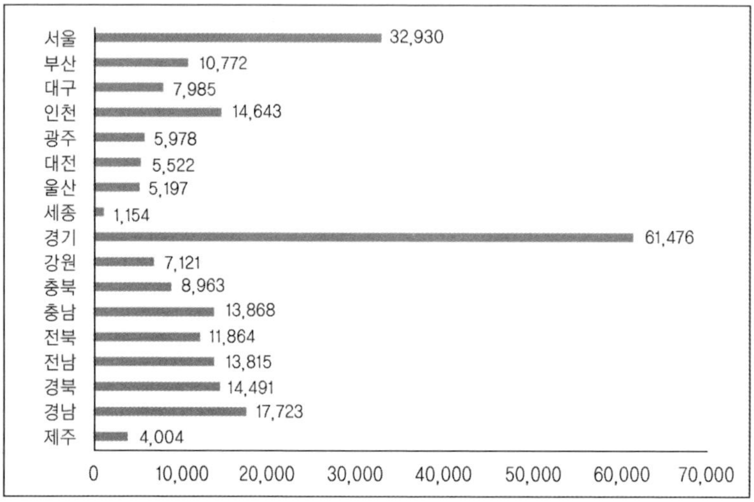

그림 12-2 다문화아동의 지역별 분포

출처: 여성가족부(2020a). 내부자료.

3. 다문화아동의 어려움

다문화아동은 한국에서 살고 있고 대부분 한국어를 하고 있지만, 부모 중 한 명, 대부분 어머니의 경우가 외국출생이기 때문에 여러 가지 어려움을 갖고 있다. 우리나라는 단일민족, 단일언어, 단일문화를 오랜 기간 가지고 있었기 때문에 다양한 문화와 인종, 언어에 대해서 경험을 많이 못하였다. 지금은 우리 사회도 사회적 삶의 일부로 문화적 다양성을 받아들이는 과정에 있다. 이에 다문화아동은 여러 가지 어려움을 겪고 있다. 다문화아동의 대표적인 어려움으로 언어문제, 정체감 혼란, 낮은 자존감, 학교생활적응문제, 편견과 차별로 인한 정서적 문제 등을 들 수 있다.

1) 언어문제

다문화아동은 한국에서 태어난 아동이 대부분이지만 비다문화아동에 비해서 한국어 사용에서 특이한 억양이 나타나고 있다(이현 외, 2019). 한국어가 서툴러서 또래로부터 괴롭힘을 당하거나 왕따를 당하는 요인으로 작용한다. 뿐만 아니라 언어문제로 인해서 다문화아동은 비다문화아동에 비해서 학습에 대한 흥미가 낮고, 학습수준 또한 낮다. 이러한 낮은 학업수준은 이들의 향후 진로에도 영향을 미쳐 다문화아동은 비다문화아동에 비해서 학력 수준이 낮게 된다. 언어문제는 대인관계에서도 영향을 미쳐 다문화아동은 대인관계에서도 상처를 경험하고 좌절을 느낀다(이현 외, 2019).

2) 정체감 혼란

다문화아동은 정체감 혼란을 겪을 수 있다. 정체성은 나는 누구이고 무엇을 하는 사람이며 어떤 사람이 될 것인가에 대한 신념을 의미한다(배상식, 2012). 다문화아동들은 자아정체감을 형성하는 데 어려움을 겪는다. 그 이유는 아동이 각 부모의 한국문화와 외국문화 사이에서 혼란을 겪게 되어 정체감 형성에 어려움을 갖기 때문이다. 단일민족, 단일문화를 오랫동안 지녀왔던 우리 사회가 다문화아동을 포용하지 않고, 피부색이 다르다는 이유로 배척하고, 한국어를 자유롭게 하지 못하여 왕따시킨다. 그리고 다문화아동의 가정은 저소득층인 경우가 많은데, 가정의 경제적 어려움으로 인해서 다문화아동은 수치심과 낮은 자존감을 갖게 되어 건강한 자아정체감 형성에 어려움을 겪게 된다(배상식, 2012).

3) 정서문제

다문화아동은 비다문화아동에 비해서 불안, 우울, 과다행동 등 심리적 문제가 많은 것으로 나타났다(이현 외, 2019). 일상생활에서 무력감과 우울감도 가지고 있다(이현 외, 2019). 다문화아동은 피부색과 외모가 달라서 위축되기 쉽고, 어머니가 외국에서 온 것에 대해서 수치감을 갖기 쉽다. 특히 사춘기 시기에는 이러한 수치심이 극대화되어 대인관계에서 회피적인 성향을 보이고, 자기 자신에 대해서 수용적이지 않게 되는 심리적인 어려움을 겪게 된다.

4) 학교생활 부적응

다문화아동들은 친구들로부터 따돌림을 당하고 사회적인 차별을 받으면서 학교생활적응에 어려움이 있는 것으로 파악되었다(양심영 외, 2013). 학교생활 적응은 언어장벽과도 연관된다. 모가 외국출신이어서 아동은 어려서부터 한국어를 배우는데 한계가 있고, 모의 교육열은 한국출신 모보다 낮다. 이에 다문화아동과 비다문화아동 간의 학력차는 더욱 벌어진다. 다문화아동이 학교생활에 잘 적응하지 못하는 최대의 이유는 '학교공부가 어려워서'(63.3%)로 나타났다(여성가족부, 2018). 그러나 여기서 주의할 점은 모든 다문화가정 아동이 학교생활적응도가 낮은 것이 아니라, 부모의 학력 및 가정의 경제적 수준이 낮은 경우가 그렇다는 것이다(김혜미·문혜진, 2013). 다문화가정의 경제수준이 높고 부모의 학력이 높은 경우는 자녀에 대한 교육열도 높아서 학교적응에 커다란 어려움은 없는 것으로 나타났다.

5) 편견과 차별

편견(Prejudice)이란 어떤 집단의 사름들에 대해 부정적이거나 적대적으로 생각하는 것을 말한다(심우엽, 2010). 차별(Discrimination)이란 편견의 대상이 되는 집단을 다른 집단과 다르게 대하거나 불이익을 주는 것을 말한다(심우엽, 2010). 다문화아동은 비다문화아동으로부터 차별을 받고, 한쪽 부모가 외국에서 왔다는 것 때문에 비다문화아동과는 다르다는 편견의 대상이 되고 있다. 다문화아동에 대한 편견으로 학교폭력 피해를 경험한 아동은 전체의 8.7%나 되고 있다. 또래관계의 어려움을 나타내는 경우도 적지 않다(여성가족부, 2018). 실제로 대부분의 다문화아동은 한국에서 태어나서 한국어가 자신의 언어이고, 본인도 한국인이라고 생각하고 있는데, 우리 사회는 다문화아동을 한국인으로 받아들이는 경우가 낮다. 2018년에 실시한 전국다문화가족실태조사에 의하면 다문화아동의 9.2%는 차별 경험을 하였다고 하였는데, 주로 친구로부터 차별을 경험한 것으로 파악되었다(여성가족부, 2019).

4. 다문화아동을 위한 복지정책

1) 다문화가족지원법

증가하고 있는 다문화아동 및 가족을 위해서 정부에서는 2008년 다문화가족지원법을 제정하여 시행하고 있다. 동법에서는 다문화가족을 정의하고 있고, 필요한 지원방안을 제시하고 있다. 법에는 다문화가족 지원을 위한 기본계획 수립의 필요성, 실태조사, 다문화가족지원센터의 설치 등을 명시하고 있다.

2) 관련 정부부처 정책

관련 정부부처가 참여하여 이주배경 아동과 관련한 정책을 다양하게 수립하였다. 정책의 내용에는 이민배경 자녀 역량강화(법무부), 이중언어 체계 고도화(교육부, 여성가족부), 성장지원 강화(교육부), 청소년기 다문화학생을 위한 진로·정서 지원확대(교육부), 다문화 유아 맞춤형 교육 지원(교육부), 입국초기 학교생활 및 사회적응 지원 확충(교육부, 법무부, 여성가족부) 등이 있다.

3) 다문화가족지원센터

다문화가족지원센터는 다문화가족의 안정적인 정착과 가족생활을 지원하기 위해 2006년 4월부터 '결혼이민자·가족지원센터'로 시작하여 설립·운영되었다(한국건강가정진흥원 홈페이지). 2008년 다문화가족지원법이 제정됨에 따라 센터의 명칭도 '다문화가족지원센터'로 변경되었다. 2016년부터는 건강가정지원센터와 함께 통합서비스를 제공하고 있고 이를 통합센터로 부르고 있다. 2021년 현재 전국에는 203개소의 통합센터가 있고 25개소의 다문화가족지원센터가 있다. 합하면 총 228개소의 센터가 있다고 할 수 있다.

센터의 주요사업은 가족지원, 성평등·인권 관련사업, 사회통합사업, 상담, 홍보 및 자원연계사업이 있다. 가족 관련 사업으로는 이중언어 가족환경조성

사업과 다문화가족 학령기자녀 입학 및 입시정보 제공이 있고, 성평등·인권 관련 사업으로는 가족 내 성평등 교육, 다문화이해교육, 인권감수성 향상교육, 다함께프로그램, 폭력피해대처 및 예방 교육이 있다. 사회통합 관련 사업으로는 취업기초 소양교육, 새일센터 연계, 다문화가족 나눔봉사단 사업이 있다.

4) 다문화가족정책 기본계획

한편 여성가족부에서는 매 5년마다 다문화가족정책 기본계획을 발표하여 시행하고 있다. 지금은 제3차 계획의 시행기간(2018년~2022년)이다. 제3차 기본계획의 개요는 다음과 같다.

제3차 다문화가족정책 기본계획(2018~2022) 개요

- 비전: 참여와 공존의 열린 다문화 사회
- 목표: 모두가 존중받는 차별없는 다문화사회 구현, 다문화가족의 사회·경제적 참여 확대, 다문화가족 자녀의 건강한 성장 도모
- 정책과제: 5대 영역, 70개 세부과제

① 다문화가족 장기정착 지원
② 결혼이민자 다양한 사회참여 확대
③ 다문화가족 자녀의 안정적 성장 지원과 역량강화
④ 상호존중에 기반한 다문화 수용성 제고
⑤ 협력적 다문화가족정책 운영을 위한 추진체계 강화

이중 다문화가족 자녀의 안정적 성장 지원과 역량강화 과제를 집중적으로 살펴보기로 한다. 이 과제는 증가추세에 있는 다문화가족 아동 및 청소년이 안정적 성장을 위한 환경을 조성하고 글로벌 역량을 강화하고, 중도입국청소년의 조기적응 및 정착하는 것을 목표로 하고 있다, 이를 다음 〈표 12-6〉에

서 제시하였다.

표 12-6 다문화가족 자녀의 안정적 성장 지원과 역량강화 과제

과제	세부내용
안정적 성장을 위한 환경조성	• 자녀성장지원 프로그램 확산(다재다능) • 청소년기 자녀 및 부모 상담지원 강화 • 외국어, 예체능 등 다양한 양질의 특기적성 교육 프로그램 지원 • 자녀 발달주기별 부모교육 및 정보제공 강화 • 지역사회 청소년 통합지원체계를 통해 위기다문화 청소년에 대한 맞춤형 지원서비스 지원
학업 및 글로벌 역량 강화 지원	• 이중언어 인재 양성사업 내실화 • 기초학습능력 강화 프로그램 운영 확대 • 특화된 분야의 재능개발을 위한 글로벌브릿지 사업 추진 • 국제교류 프로그램 참여 활성화
진로준비 및 사회진출 지원	• 진로의식 고취 및 진로직업 체험기회 확대 • 진로활동실 확충 • 차세대 전문인력 양성 및 청년인턴 활성화 • 직업교육훈련기관 운영지원 및 사례발굴
중도입국자녀 맞춤형 지원 확대	• 한국어교육 운영의 내실화 및 질적 수준 제공 • 조기적응을 돕는 레인보우스쿨 확대 및 운영방식 다양화 • 심리·정서적 안정지원 프로그램 • 공교육 진입 지원 • 다문화 예비학교 확대 및 내실화 • 내일이름학교 운영 및 훈련과정 확대(교육기회 사각지대 대상)

출처: 여성가족부(2020b). 2020년 다문화가족시행계획.

한편, 9세에서 24에 이르는 청소년 중 외국에서 우리나라로 이주 왔거나, 외국인 부모로부터 태어난 청소년을 청소년복지지원법 제18조에 따라 '이주배경청소년'이라고 부르고 있다. 이주배경청소년이란 다문화가족 청소년과 그 밖에 국내로 이주하여 사회·문화 적응 및 언어 학습 등에 지원이 필요한 청소년을 의미한다. 정부는 이주배경청소년을 위한 정책을 제공하고 있는데, 구체적인 내용은 다음 표와 같다.

표 12-7 이주배경청소년 대책

구분	내용
맞춤형 정보서비스	• 이주배경청소년의 체류, 정착, 교육, 진로, 생활 등 정보제공 • 이주배경청소년 관련 기관연계 및 정보안내 • 이주배경청소년의 심리·정서 상담 연계
레인보우스쿨 운영 (Rainbow School)	• 2021년 전국 17개 시·도 지역, 20개 기관에서 운영(위탁운영) • 중도입국청소년을 위한 한국어, 특화교육, 사회문화체험 실시 • 전일제, 시간제(방과후, 주말·야간) 운영 ※ 위탁운영 기관마다 프로그램 내용의 차이가 있음
진로지원 프로그램 (무지개Job아라, 내-일을 잡아라)	• 2021년 서울·경기 5개소 운영 • 진로교육 프로그램(기초): 고민하는 중도입국청소년을 위한 진로탐색 및 설계교육(무지개Job아라) • 진로교육 프로그램(심화): 진로소양 및 자립역량 강화 교육, 현장 기반 직업 실습을 통한 예비사외인 성장 지원 교육 (내·일을 잡아라)
탈북청소년 사회입문 프로그램	• 탈북청소녀의 한국생활정책에 필요한 현장체험프로그램 '비교문화체험학습' 및 다각적 교육 프로그램 '미래를 향한 첫걸음' 지원
상담 및 지역사회연계 프로그램	• 이주배경청소년 학업, 진로, 대인관계(친구, 가족 등), 정체감 등 다양한 고민상담 • 이주배경청소년 대상 다양한 형태의 상담(내방상담, 찾아가는 상담, 비대면상담, 사이버상담, 집단상담 등)과 이중어어상담을 통한 상담 및 사례관리 지원, 상담체계 및 네트워크 구축
상담통역지원사 지원	• 심리상담 및 심리치료 현장에서의 상담통력지원사 지원 ※ 중국어권, 베트남어권, 러시아권 3개 언어 통역지원
이주배경청소년 대상 심리사회적응척도 보급	• 입국초기 이주배경청소년(중국어권, 베트남어권, 러시아권) 대상 심리사회적응척도 보급
청소년 다문화 감수성 증진 프로그램 '다가감'	• 일반청소년(초등학교 4~6학년 및 중학생 전학년) 대상 다문화인식 개선 프로그램 운영 • 전문강사 양성 및 파견을 통한 찾아가는 교육 지원
연구 및 연수	• 이주배경청소년 실태조사 연구 수행 • 이주배경청소년 유관기관 종사자 교육
친친무지개	• 이주배경청소년 및 소외계층 청소년 대상 맞춤형 교육비 지원 • 교육지원비 1인 최대 600만 원 지원
첼리지UP 프로젝트	• 북한이탈배경 청소년 대상 맞춤형 교육비 지원, 사례관리, 문화체험, 멘토링 지원 • 교육지원비 1인 최대 300만 원 지원

출처: 여성가족부(www.mogef.go.kr).

5) 정보제공

정부에서는 다문화가족을 위한 정보제공을 위해서 다문화가족지원포탈인 다누리(www.liveinkorea.kr)를 운영하고 있다. 다누리포탈에는 다문화가족을 위한 생활정보, 교육정보, 취업·채용정보, 다문화 이해 등의 정보를 제공하고 있다.

한편 다문화가족 및 외국인 지원을 위해서는 다누리콜센터(1577-1366)를 운영하고 있다.

5. 다문화아동을 위한 정책과제

다문화아동은 꾸준히 증가하고 있지만 여전히 학교에서 부적응과 차별 등을 경험하고 있는 것으로 나타나고 있다. 여성가족부의 2018년 '전국다문화가족실태조사'에 의하면 과거에 비해 차별경험은 증가하였고, 차별 경험 시 부모님이나 선생님에게 알리지 않는 등 소극적으로 대응하는 것으로 나타났다. 문화적 차이나 사회적 관계형성에 문제가 있어 다문화학생의 학교 적응을 저해하는 것이다. 다문화아동은 교육제도의 차이, 문화차이, 심리·정서적 상처로 인해 사회적응에 많은 어려움을 겪고 있으며 이들이 겪는 부적응 현상은 개인적인 노력만으로는 해결되지 않는 복합적 양상을 띠고 있다. 이에 우리 사회는 이들을 위해 보다 적극적인 지원정책을 마련해야 할 것이다. 다문화아동을 위한 주요 정책과제를 살펴보면 다음과 같다.

1) 한국어능력 향상 및 기초학력 향상

다문화아동은 배타적인 한국 사회에서 공식 및 비공식적인 차별과 편견 속에서 인간관계의 어려움을 겪고 있다. 그런데 다문화아동의 이러한 어려움은 인간관계를 통해서 상당 부분 완화될 수 있다. 즉, 인간관계는 다문화아동에게 어려움과 지지를 동시에 주는 것이다. 이에 다문화아동이 인간관계를 잘 가질 수 있도록 문화적응능력을 제고해야 할 것이다. 이때 가장 우선적으로 필요한 부분이 다문화아동의 한국어능력 향상에 있다.

이를 위해 학교의 교과과정에서 다문화아동을 위한 한국어수업을 강화할 필요가 있고, 지역사회 사회복지기관이나 다문화가정지원센터 등에서 아동 및 외국 출신 부모에 대한 한국어 교육을 강화하도록 한다. 특히 아동의 언어 교육은 이를수록 좋으므로 영유아시기의 한국어교육을 강화하도록 한다.

학교생활적응 제고를 위해서는 다문화아동을 위한 교육지원을 제고하도록 한다. 다문화아동을 위해 방과후 학습지원 프로그램을 강화하고 학교에서도 다문화아동의 언어 및 학습지원 서비스가 확대되어야 할 것이다.

2) 심리정서적 지원 서비스 이용률 제고

다문화아동을 위해서 다양한 심리적 정서지원 서비스가 제공되고 있으나, 그 이용률은 낮은 것으로 파악되었다. 다문화아동을 위한 시설로서 사회복지관, 청소년수련관, 청소년문화의 집, 청소년상담복지센터 등이 있는데, 이러한 시설의 이용률을 제고하기 위한 방안 마련이 필요하다. 현재 학업지원 서비스에만 이용률이 높으므로, 이를 개선하여 각종 상담프로그램에 대한 이용률이 제고되도록 해야 할 것이다.

3) 이중문화 역량 제고

다문화아동이 긍정적인 자아상을 확립하고 다문화사회에서 모든 구성원과 조화롭게 공존하기 위해서는 다른 문화를 인정하고 수용하는 문화 역량이 필요하다(강기정 외, 2011). 이는 다문화아동을 한국문화에 동화하도록 하는 것이 아니라, 다양한 문화가 공존함을 인정하는 것이다. 다문화아동이 이중문화 역량을 갖게 되면 심리적응이 용이한 것으로 파악되었다(진은영, 2015). 즉 한국부모의 문화와 외국부모의 문화를 모두 수용하게 되면 아동의 우울, 불안, 공격성이 낮아진다는 것이다. 김미숙 외(2018)의 연구에서도 다문화아동이 이중문화 역량이 높을수록 자존감이 높아짐을 확인하였다. 이에 다문화아동이 한국문화뿐 아니라 외국출신 부모의 문화에 대한 관심을 갖고 그 문화와 언어에 친숙해질 수 있는 기회를 많이 제공해야 할 것이다. 최근 실시되고 있는 어머니 나라 방문 등의 프로그램이 좋은 방안 중 하나라고 할 수 있다.

4) 다문화아동에 대한 인식 개선

비다문화아동이 가지고 있는 다문화아동에 대한 인식개선도 동시에 이루어져야 한다. 다문화아동에 대한 편견과 차별로 인해서 다문화아동은 학교생활에 어려움을 겪고, 이는 심리적인 우울, 위축, 불안 등의 요인으로 작용하고 있다. 이에 다양한 문화의 필요성에 대한 교육을 통해서 다문화 출신의 아동을 편견 없이 포용하도록 일반 아동을 대상으로 교육을 강화해야 할 것이다.

CHAPTER 13

장애아동

1. 장애아동의 개념과 정의

1) 장애인의 개념

장애아동은 아동의 발달과정에서 장애가 발생하여 장애가 있는 경우를 말하는데, 신체적 장애나 정신적 장애를 포함한다. 장애아동복지지원법 제2에 의하면 "장애아동이란 만 18세 미만의 사람 중 장애인복지법 제32조에 따라 등록한 장애인을 말한다. 다만, 6세 미만의 아동으로서 장애가 있다고 보건복지부 장관이 별도로 인정하는 사람을 포함한다"고 명시되어 있다. 장애인복지법 제2조(장애인의 정의 등)는 다음과 같이 개념을 규정하고 있다.

① "장애인"이란 신체적·정신적 장애로 오랫동안 일상생활이나 사회생활에서 상당한 제약을 받는 자를 말한다.

② 이 법을 적용받는 장애인은 제1항에 따른 장애인 중 다음 각 호의 어느 하나에 해당하는 장애가 있는 자로서 대통령령으로 정하는 장애의 종류 및 기준에 해당하는 자를 말한다.

1. "신체적 장애"란 주요 외부 신체 기능의 장애, 내부기관의 장애 등을 말한다.
2. "정신적 장애"란 발달장애 또는 정신 질환으로 발생하는 장애를 말한다.

2) 장애유형

장애아동의 장애유형은 장애인복지법 시행령 별표 1에서 규정되어 있는 장애유형으로 살펴볼 수 있는데, 장애인은 각각의 장애 기준에 의해 유형분류가 되고 있다. 구체적인 내용은 〈표 13-1〉에 제시되어 있다.

표 13-1 장애유형

장애인의 유형	기준
지체장애인	가. 한 팔, 한 다리 또는 몸통의 기능에 영속적인 장애가 있는 사람 나. 한 손의 엄지손가락을 지골(指骨: 손가락 뼈) 관절 이상의 부위에서 잃은 사람 또는 한 손의 둘째손가락을 포함한 두 개 이상의 손가락을 모두 제1지골 관절 이상의 부위에서 잃은 사람 다. 한 다리를 가로발목뼈관절(lisfranc joint) 이상의 부위에서 잃은 사람 라. 두 발의 발가락을 모두 잃은 사람 마. 한 손의 엄지손가락 기능을 잃은 사람 또는 한 손의 둘째손가락을 포함 한 손가락 두 개 이상의 기능을 잃은 사람 바. 왜소증으로 키가 심하게 작거나 척추에 현저한 변형 또는 기형이 있는 사람 사. 지체(肢體)에 위 각 목의 어느 하나에 해당하는 장애정도 이상의 장애가 있다고 인정되는 사람
뇌병변장애인	뇌성마비, 외상성 뇌손상, 뇌졸중(腦卒中) 등 뇌의 기질적 병변으로 인하여 발생한 신체적 장애로 보행이나 일상생활의 동작 등에 상당한 제약을 받는 사람
시각장애인	가. 나쁜 눈의 시력(공인된 시력표에 따라 측정된 교정시력을 말한다. 이하 같다)이 0.02 이하인 사람 나. 좋은 눈의 시력이 0.2 이하인 사람 다. 두 눈의 시야가 각각 주시점에서 10도 이하로 남은 사람 라. 두 눈의 시야 2분의 1 이상을 잃은 사람
청각장애인	가. 두 귀의 청력 손실이 각각 60데시벨(dB) 이상인 사람 나. 한 귀의 청력 손실이 80데시벨 이상, 다른 귀의 청력 손실이 40데시벨 이

	상인 사람 다. 두 귀에 들리는 보통 말소리의 명료도가 50퍼센트 이하인 사람 라. 평형 기능에 상당한 장애가 있는 사람
언어장애인	음성 기능이나 언어 기능에 영속적으로 상당한 장애가 있는 사람
지적장애인	정신 발육이 항구적으로 지체되어 지적 능력의 발달이 불충분하거나 불완전하고 자신의 일을 처리하는 것과 사회생활에 적응하는 것이 상당히 곤란한 사람
자폐성장애인	소아기 자폐증, 비전형적 자폐증에 따른 언어·신체표현·자기조절·사회적응 기능 및 능력의 장애로 인하여 일상생활이나 사회생활에 상당한 제약을 받아 다른 사람의 도움이 필요한 사람
정신장애인	지속적인 양극성 정동장애(情動障碍, 여러 현실 상황에서 부적절한 정서 반응을 보이는 장애), 조현병, 조현정동장애(調絃情動障碍) 및 재발성 우울장애에 따른 감정조절·행동·사고 기능 및 능력의 장애로 인하여 일상생활이나 사회생활에 상당한 제약을 받아 다른 사람의 도움이 필요한 사람
신장장애인	신장의 기능장애로 인하여 혈액투석이나 복막투석을 지속적으로 받아야 하거나 신장 기능의 영속적인 장애로 인하여 일상생활에 상당한 제약을 받는 사람
심장장애인	심장의 기능부전으로 인한 호흡곤란 등의 장애로 일상생활에 상당한 제약을 받는 사람
호흡기장애인	폐나 기관지 등 호흡기관의 만성적 기능부전으로 인한 호흡기능의 장애로 일상생활에 상당한 제약을 받는 사람
간장애인	간의 만성적 기능부전과 그에 따른 합병증 등으로 인한 간기능의 장애로 일상생활에 상당한 제약을 받는 사람
안면장애인	안면 부위의 변형이나 기형으로 사회생활에 상당한 제약을 받는 사람
장루·요루장애인	배변기능이나 배뇨기능의 장애로 인하여 장루(腸瘻) 또는 요루(尿瘻)를 시술하여 일상생활에 상당한 제약을 받는 사람
뇌전증장애인	뇌전증에 의한 뇌신경세포의 장애로 인하여 일상생활이나 사회생활에 상당한 제약을 받아 다른 사람의 도움이 필요한 사람

출처: 국가법령정보센터(www.law.go.kr). 장애인복지법 시행령 별표 1.

2. 장애아동 현황

1) 장애아동 정도에 따른 성과 연령별 현황

장애아동의 현황을 장애 정도와 연령에 따라 구분하여 살펴보면, 심한 장애아동은 2020년 984,965명이었으며 심하지 않은 장애아동은 1,648,061명으로 나타났다. 연령단계별로 구분해서 살펴보면 0~4세 장애아동은 5,772명, 5~9세 장애아동은 25,793명, 10~14세는 26,554명, 15~19세는 32,056명으로 연령이 증가할수록 장애아동 수가 증가하고 있다. 장애 정도와 성별에 따라 보면, 모든 연령단계에서 남아가 여아보다 더 많다는 점이다. 특히 심한 장애아동의 경우 모든 연령에서 남아가 여아보다 거의 2배 정도 더 높게 나타나고 있다.

표 13-2 장애정도에 따른 성별과 연령 현황

연령별 (1)	2020년								
	합계			심한 장애			심하지 않은 장애		
	소계	남자	여자	소계	남자	여자	소계	남자	여자
합계	2,633,026	1,521,260	1,111,766	984,965	585,769	399,196	1,648,061	935,491	712,570
0~4세	5,772	3,509	2,263	4,187	2,521	1,666	1,585	988	597
5~9세	25,793	17,623	8,170	21,573	14,895	6,678	4,220	2,728	1,492
10~14세	26,554	17,712	8,842	23,632	16,004	7,628	2,922	1,708	1,214
15~19세	32,056	20,511	11,545	27,834	18,102	9,732	4,222	2,409	1,813

출처: 국가통계포털 장애인현황(kosis.kr).

2) 장애유형에 따른 연령 현황

2020년 기준 0~19세 전체 장애아동 수는 약 9만 명이었다. 장애유형별로 장애아동 수를 살펴보면, 지적장애 장애아동이 가장 높은 비율을 차지하고 있으며, 자폐성 장애아동, 뇌병변 장애아동 순서로 나타났다.

표 13-3 장애유형과 연령 현황

연령별(1)	2020년															
	합계	지체	시각	청각	언어	지적	뇌병변	자폐성	정신	신장	심장	호흡기	간	안면	장루·요루	뇌전증
0~4세	5,772	231	145	693	951	863	2,159	608	0	17	18	6	57	3	8	13
5~9세	25,793	574	563	1,133	2,882	10,152	3,368	6,805	0	31	83	10	107	6	19	60
10~14세	26,554	984	757	1,242	455	14,393	2,695	5,592	3	69	83	19	140	7	24	91
15~19세	32,056	2,124	1,320	1,458	321	18,530	3,160	4,407	66	146	170	25	153	37	39	100
합계	90,175	3,913	2,785	4,526	4,609	43,938	11,382	17,412	69	263	354	60	457	53	90	264

출처: 국가통계포털 장애인현황(kosis.kr).

3) 장애아동 현황 조사

보건복지부의 통계현황을 살펴보면, 장애아동을 대상으로 한 조사는 현황 통계만 연령별로 구분되어 있다. 보건복지부는 3년 주기로 '장애인 실태조사'를 실시하여, 장애유형별 장애원인 및 장애특성을 파악하고, 장애인의 복지욕구·복지서비스 수혜 실태 등을 파악함으로써 장애인복지정책 수립의 기초자료로 활용하고 있다. 한국장애인개발원은 1년 주기로 '장애인의 삶' 패널조사를 실시하는데, 이 조사는 장애인의 장애 발생 이후 장애수용 과정과 사회관계 속에서 겪는 변화를 추적하고, 이러한 변화를 개인·가족·사회적 측면에서 분석할 수 있는 과학적·체계적 종단면 자료를 구축하여 장애인 정책 수립 · 지원 시 필요한 기초자료를 확보하고자하는 것을 목적으로 한다. 그러나 장애인실태조사와 장애인의 삶 패널조사는 장애아동을 조사 대상으로 특정하지 않았으며, 조사과정에서 연령을 구분하지 않아서 장애아동에 관한 구체적 정보는 미흡한 수준이다.

4) 장애아동 보육과 교육 현황

(1) 장애아동 보육지원

장애아동 보육현황은 장애아동전문과 장애아동통합어린이집으로 구분할 수 있다. 현재 장애아동전문어린이집에서 보육되고 있는 장애아동 수가 장애아동통합어린이집 재원아동 수보다 많은 것으로 나타나 비장애아동과 장애아동 통합교육이 상대적으로 부족한 것으로 볼 수 있지만 장애통합어린이집이 증가하고 있는 추세로 장애아동 통합교육이 점차적으로 활성화되고 있다.

표 13-4 장애아동 보육현황

	2015		2016		2017		2018		2019	
계	1,074	▲(2.7%)	1,088	▲(1.3%)	1,124	▲(3.3%)	1,177	▲(4.7%)	1,276	▲(8.4%)
장애아 전문시설[12]	175	▲(0.6%)	177	▲(1.1%)	178	▲(0.6%)	177	▼(−0.6%)	176	▼(−0.6%)
장애아 통합시설[13]	899	▲(3.1%)	911	▲(1.3%)	946	▲(3.8%)	1,000	▲(5.7%)	1,100	▲(10.0%)

출처: 보건복지부(2021). 보육통계.

12) 장애아전문어린이집: 장애아동복지지원법 제32조에 따라 요건을 갖추고, 상시 12명 이상의 장애아(단, 미취학 장애아 9명 이상 포함)를 보육하는 시설 중 지방자치단체가 지정한 시설.

13) 장애아통합어린이집: 장애아 전담교사를 배치하고 정원의 20% 이내에서 장애아 종일반을 편성, 운영하거나 미취학 장애아를 3명 이상 통합 보육하고 있는 어린이집으로 시·군·구가 지정한 시설.

장애아동전문어린이집은 매년 신축비 지원을 통해 지정 확대를 추진하고 있는데 종사자는 2015년 2,499명에서 2016년 2,590명, 2017년 2,632명, 2018년 2,671명, 2019년 2,700명으로 계속 증가하고 있으며, 이용 아동수도 2015년 5,895명에서 2016년 6,158명, 2017년 6,161명, 2018년 6,239명, 2019년 6,301명으로 증가하고 있다. 장애아동통합어린이집의 경우 장애아 3명 이상을 통합하는 경우 통합교사 인건비를 지원하고 있으며 점차적으로 장애아통합어린이집 지정이 확대되고 있다. 이용하는 장애아동 수는 2015년 3,929명에서 2016년 4,079명, 2017년 4,066명, 2018년 4,189명, 2019년 4,568명으로 증가 추세이다. 정부는 매년 2개소씩 장애아전문어린이집을 지속적으로 확충하려고 하며, 장애아동어린이집 환경 개선 지원을 지속하고 있다. 장애아어린이집 환경개선은 장애인차별금지 및 권리구제 등에 관한 법률에 따라 이동용 보장구 설치, 교육보조 인력배치, 의사소통 도구 지원, 통합편의제공 등 정당한 편의제공을 포함하는 것이다. 한편 장애인 등에 대한 특수교육법에 따라 장애아동 의무교육을 실시하기 위해 장애아동을 위한 어린이집은 향후 지속적으로 확대할 필요가 있다.

(2) 장애아동 교육

장애아동의 교육을 위해 장애인 등에 대한 특수교육법 제15조는 특수교육대상자를 1. 시각장애, 2. 청각장애, 3. 지적장애, 4. 지체장애, 5. 정서·행동장애, 6. 자폐성장애(이와 관련된 장애를 포함한다), 7. 의사소통장애, 8. 학습장애, 9. 건강장애, 10. 발달지체, 11. 그 밖에 대통령령으로 정하는 장애로 구분하였다. 특수교육 대상자 선정을 기준은 장애인 등에 대한 특수교육법 시행령 제10조 별표에 제시되어 있다. 이와 관련된 구체적인 내용은 〈표 13-1〉에 제시되어 있다.

표 13-5 장애아동 교육대상과 기준

특수교육대상자	선정 기준
1. 시각장애를 지닌 특수교육대상자	시각계의 손상이 심하여 시각기능을 전혀 이용하지 못하거나 보조공학기기의 지원을 받아야 시각적 과제를 수행할 수 있는 사람으로서 시각에 의한 학습이 곤란하여 특정의 광학기구·학습매체 등을 통하여 학습하거나 촉각 또는 청각을 학습의 주요 수단으로 사용하는 사람
2. 청각장애를 지닌 특수교육대상자	청력 손실이 심하여 보청기를 착용해도 청각을 통한 의사소통이 불가능 또는 곤란한 상태이거나, 청력이 남아 있어도 보청기를 착용해야 청각을 통한 의사소통이 가능하여 청각에 의한 교육적 성취가 어려운 사람
3. 지적장애를 지닌 특수교육대상자	지적 기능과 적응행동상의 어려움이 함께 존재하여 교육적 성취에 어려움이 있는 사람
4. 지체장애를 지닌 특수교육대상자	기능·형태상 장애를 가지고 있거나 몸통을 지탱하거나 팔다리의 움직임 등에 어려움을 겪는 신체적 조건이나 상태로 인해 교육적 성취에 어려움이 있는 사람
5. 정서·행동장애를 지닌 특수교육대상자	장기간에 걸쳐 다음 각 목의 어느 하나에 해당하여, 특별한 교육적 조치가 필요한 사람 가. 지적·감각적·건강상의 이유로 설명할 수 없는 학습상의 어려움을 지닌 사람 나. 또래나 교사와의 대인관계에 어려움이 있어 학습에 어려움을 겪는 사람 다. 일반적인 상황에서 부적절한 행동이나 감정을 나타내어 학습에 어려움이 있는 사람 라. 전반적인 불행감이나 우울증을 나타내어 학습에 어려움이 있는 사람 마. 학교나 개인 문제에 관련된 신체적인 통증이나 공포를 나타내어 학습에 어려움이 있는 사람
6. 자폐성장애를 지닌 특수교육대상자	사회적 상호작용과 의사소통에 결함이 있고, 제한적이고 반복적인 관심과 활동을 보임으로써 교육적 성취 및 일상생활 적응에 도움이 필요한 사람
7. 의사소통장애를 지닌 특수교육대상자	다음 각 목의 어느 하나에 해당하여 특별한 교육적 조치가 필요한 사람 가. 언어의 수용 및 표현 능력이 인지능력에 비하여 현저하게 부족한 사람 나. 조음능력이 현저히 부족하여 의사소통이 어려운 사람 다. 말 유창성이 현저히 부족하여 의사소통이 어려운 사람 라. 기능적 음성장애가 있어 의사소통이 어려운 사람
8. 학습장애를 지닌 특수교육대상자	개인의 내적 요인으로 인하여 듣기, 말하기, 주의집중, 지각(知覺), 기억, 문제 해결 등의 학습기능이나 읽기, 쓰기, 수학 등 학업 성취 영역에서 현저하게 어려움이 있는 사람
9. 건강장애를 지닌 특수교육대상자	만성질환으로 인하여 3개월 이상의 장기입원 또는 통원치료 등 계속적인 의료적 지원이 필요하여 학교생활 및 학업 수행에 어려움이 있는 사람
10. 발달지체를 보이는 특수교육대상자	신체, 인지, 의사소통, 사회·정서, 적응행동 중 하나 이상의 발달이 또래에 비하여 현저하게 지체되어 특별한 교육적 조치가 필요한 영아 및 9세 미만의 아동

출처: 국가법령정보센터(www.law.go.kr). 장애인 등에 대한 특수교육법 시행령 제10조 별표.

장애아동의 특수교육을 위한 대상자를 선별하기 위해 장애 조기발견을 위한 선별검사, 장애진단과 평가과정이 요구된다. 특수교육대상자 선별과 관련하여 진단 및 평가영역에 대한 내용은 장애인 등에 대한 특수교육법 시행규칙 제2조 제1항에 제시되어 있다. 구체적인 내용은 다음 〈표 13-6〉과 같다.

표 13-6 장애아동 특수교육 선별검사 및 진단·평가 영역

<table>
<tr><th colspan="2">구분</th><th colspan="2">영역</th></tr>
<tr><td colspan="2">장애 조기 발견을 위한 선별검사</td><td colspan="2">1. 사회성숙도검사
2. 적응행동검사
3. 영유아발달검사</td></tr>
<tr><td rowspan="5">진단·평가 영역</td><td>시각장애·청각장애 및 지체장애</td><td colspan="2">1. 기초학습기능검사
2. 시력검사
3. 시기능검사 및 촉기능검사(시각장애의 경우에 한함)
4. 청력검사(청각장애의 경우에 한함)</td></tr>
<tr><td>지적장애</td><td>1. 지능검사
3. 적응행동검사
5. 운동능력검사</td><td>2. 사회성숙도검사
4. 기초학습검사</td></tr>
<tr><td>정서·행동장애 및 자폐성장애</td><td>1. 적응행동검사
3. 행동발달평가</td><td>2. 성격진단검사
4. 학습준비도검사</td></tr>
<tr><td>의사소통장애</td><td colspan="2">1. 구문검사
2. 음운검사
3. 언어발달검사</td></tr>
<tr><td>학습장애</td><td>1. 지능검사
3. 학습준비도검사
5. 지각운동발달검사</td><td>2. 기초학습기능검사
4. 시지각발달검사
6. 시각운동통합발달검사</td></tr>
</table>

비고: 특수교육대상자 선정을 위한 장애유형별 진단·평가 시 장애인증명서·장애인수첩 또는 진단서 등을 참고자료로 활용할 수 있다.

출처: 국가법령정보센터(www.law.go.kr). 장애인 등에 대한 특수교육법 시행규칙 제2조 제1항 별표.

(3) 장애아동 특수교육

장애아동에 대한 정부의 특수교육 예산은 2018년 기준으로 전체 교육 예산의 4.3% 수준을 유지하고 있으며 1인당 특수교육비는 약 3만 원 정도(30,398

원)로 90,780명의 장애아동이 수혜자인 것으로 나타났다.

표 13-7 학업중단/상급학교 진학 못한 경험

성별 (1)	2019									
	학업중단/상급학교 진학 못한 경험			학업중단/상급학교 진학을 못한 이유						
	응답수 (명)	예 (%)	아니오 (%)	응답수 (명)	자신의 치료/재활 때문에 (%)	가족의 치료/재활로 인해 (%)	학교 선생님 혹은 친구와의 관계 때문에 (%)	학비문제, 취업 등 경제적 문제로 인해 (%)	학교를 다닐 필요성을 느끼지 못해서 (%)	기타 (%)
전체	5,005	1.1	98.9	55	20.0	38.2	1.8	14.5	16.4	9.1
남성	2,064	0.8	99.2	17	23.5	29.4	–	17.6	29.4	–
여성	2,941	1.3	98.7	38	18.4	42.1	2.6	13.2	10.5	13.2

출처: 국가통계포털(kosis.kr). 장애인의 삶 패널조사.

보건복지부의 장애인실태조사(2018)결과에 의하면, 장애인 교육수준은 고등학교 30.4%, 초등학교 27.3%, 중학교 16.7%, 대학교 15.1% 순으로 나타났는데, 무학의 비율도 10.4%로 높게 나타났다. 한국장애인개발원의 장애인의 삶 패널조사결과(2021)에서 나타난 진학문제의 주요 요인은 가족이나 본인의 치료재활로 나타났다. 그러나 학비문제 등 경제적 문제로 인해 상급학교 진학을 못한 비율도 14.5%로 나타나 이에 대한 대응방안이 필요하다.

3. 장애아동 정책과 서비스

1) 장애아동 관련 법

장애아동을 지원하기 위한 관련법으로는 장애인복지법, 장애아동복지지원법, 장애인 등에 대한 특수교육법이 있다. 장애인복지법 제1조는 장애인의 인간다운 삶과 권리보장을 위한 국가와 지방자치단체 등의 책임을 명백히 하고, 장애발생 예방과 장애인의 의료·교육·직업재활·생활환경개선 등에 관한 사업을 정하여 장애인복지대책을 종합적으로 추진하며, 장애인의 자립생활·보호 및 수당지급 등에 관하여 필요한 사항을 정하여 장애인의 생활안정에 기여하는 등 장애인의 복지와 사회활동 참여증진을 통하여 사회통합에 이바지함을 목적으로 한다.

장애아동의 장애유형이나 장애정도는 장애인복지법에 의해 규정되고 있다. 장애아동을 위한 복지지원은 장애아동복지지원법에 의해 구체적으로 다음과 같이 명시되고 있다. 장애아동복지지원법 제1조는 "국가와 지방자치단체가 장애아동의 특별한 복지적 욕구에 적합한 지원을 통합적으로 제공함으로써 장애아동이 안정된 가정생활 속에서 건강하게 성장하고 사회에 활발하게 참여할 수 있도록 하며, 장애아동 가족의 부담을 줄이는 데 이바지함을 목적으로 한다.", 제3조(기본이념)는 ① 장애아동을 위한 모든 활동에 있어서 장애아동의 이익이 최우선적으로 고려되어야 한다. ② 장애아동은 자신에게 영향을 미치는 모든 활동에 대하여 자신의 견해를 자유로이 표현할 권리를 최대한 보장받아야 한다. 제4조(장애아동의 권리) ① 장애아동은 모든 형태의 학대 및 유기·착취·감금·폭력 등으로부터 보호받아야 한다. ② 장애아동은 부모에 의하여 양육되고, 안정된 가정환경에서 자라나야 한다. ③ 장애아동은 인성 및 정신적·신체적 능력을 최대한 계발하기 위하여 적절한 교육을 제공받아야 한다. ④ 장애아동은 가능한 최상의 건강상태를 유지하고 행복한 일상생활을 영위하기 위한 의료적·복지적 지원을 받아야 한다. ⑤ 장애아동은 휴식과 여가를 즐기고, 놀이와 문화예술활동에 참여할 수 있는 기회를 제공받아야 한다. ⑥ 장애아동은 의사소통 능력, 자기결정 능력 및 자기권리 옹호 능력을 향상시키기 위한 교육 및 훈련 기회를 제공받아야 한다.

한편 장애아동을 위한 의무교육 등은 장애인 등에 대한 특수교육법에 다음과 같이 명시되어있다. 제1조(목적) 이 법은 교육기본법 제18조에 따라 국가 및 지방자치단체가 장애인 및 특별한 교육적 요구가 있는 사람에게 통합된 교육환경을 제공하고 생애주기에 따라 장애유형·장애정도의 특성을 고려한 교육을 실시하여 이들이 자아실현과 사회통합을 하는데 기여함을 목적으로 한다. 제3조(의무교육 등) ① 특수교육대상자에 대하여는 교육기본법 제8조에도 불구하고 유치원·초등학교·중학교 및 고등학교 과정의 교육은 의무교육으로 하고, 제24조에 따른 전공과와 만 3세 미만의 장애영아교육은 무상으로 한다. ② 만 3세부터 만 17세까지의 특수교육 대상자는 제1항에 따른 의무교육을 받을 권리를 가진다. 다만, 출석일수의 부족 등으로 인하여 진급 또는 졸업을 하지 못하거나, 제19조 제3항에 따라 취학의무를 유예하거나 면제받은 사람이 다시 취학할 때의 그 학년이 취학의무를 면제 또는 유예받지 아니하고 계속 취학하였을 때의 학년과 차이가 있는 경우에는 그 해당 연수(年數)를 더한 연령까지 의무교육을 받을 권리를 가진다.〈개정 2021. 3. 23.〉 ③ 제1항에 따른 의무교육 및 무상교육에 드는 비용은 대통령령으로 정하는 바에 따라 국가 또는 지방자치단체가 부담한다.

2) 장애아동 지원 정책과 서비스

장애아동 복지지원 정책과 서비스는 보건복지부 복지로(www.bokjiro.go.kr) 통합정보를 통해 확인할 수 있다. 복지로에서 장애아동을 위해 제공하는 다양한 서비스는 다음과 같다.

(1) 정신건강복지센터 운영(아동청소년 정신건강증진사업 포함)

- **지원 대상:** 중증 정신질환자를 비롯하여 다음 아동청소년 및 정신건강 관계자는 해당 지역 정신건강복지센터를 방문하여 지원을 신청할 수 있다
  - 아동청소년 정신건강증진사업 대상자
  - 지역사회 내 만 18세 이하 아동청소년(미취학 아동 포함)
  - 지역사회 내 취약계층, 청소년 쉼터 가정, 아동복지시설의 아동청소년 등
  - 부모, 교사, 시설 종사자 등 아동청소년 정신건강 관계자
- **지원 내용:** 지역별 정신건강복지센터를 이용할 수 있다. 저소득층 가정의 아동청소년일 경우 예산의 범위 내에서 확진을 위한 검사비용 등을 보조한다. 그 밖에도 상담과 사례관리 등 정신건강 사례관리 서비스를 받을 수 있다.
- **신청 방법:** 시 / 도 및 시 / 군 / 구의 정신건강복지센터에 방문하여 신청한다.

(2) 발달장애인 가족휴식지원사업

- **지원 대상:** 발달장애인(지적, 자폐성 장애인) 및 발달장애인의 가족을 지원한다. 제외대상자는 다음과 같다.
  - '장애아 가족 양육지원사업'의 휴식지원 프로그램 이용자
  - 다른 법령(또는 국가 예산)에 따라 발달장애인 가족휴식지원 사업과 유

사한 서비스를 받고 있는 자

- 지원 내용
  - 힐링캠프(가족캠프, 인식개선캠프, 동료상담캠프) 및 테마여행을 지원한다.
  - 발달장애인 자녀의 생애주기별 부모교육을 지원한다.
- 신청 방법: 발달장애인 가족휴식지원사업을 수행하는 제공기관에 신청한다.

(3) 장애아동수당

- 지원 대상: 만 18세 미만의 등록 장애인으로 생계, 의료, 주거, 교육급여 수급자 및 차상위계층을 지원한다.
- 선정 기준
  - 소득인정액이 기준 중위소득 50% 이하인 경우 지원한다.
  - 신청 월 기준으로 만 18세 미만인 경우에 지원한다.
  - 신청일 기준 등록 장애아동에게 지원한다.
  - 가구의 범위는 국민기초생활보장제도의 가구 범위와 동일하게 적용하며, 가구 해체 방지를 위하여 별도 가구 특례 적용이 가능하다.
  - 소득인정액의 산정방식은 국민기초생활보장제도 방식과 동일하다.
  - 부양의무자 기준은 적용하지 않는다.
- 지원 내용: 중증장애인과 경증장애인의 지원금액이 매월 차등적으로 다음과 같이 적용된다.
  - 국민기초생활보장 생계 또는 의료급여 수급자(중증 20만 원/경증 10만 원)
  - 국민기초생활보장 주거 또는 교육급여 수급자 및 차상위계층(중증 15만 원/10만 원)
  - 보장시설에서 생활하는 생계 또는 의료급여 수급자(중증 7만 원/2만 원)
- 신청 방법: 읍/면/동 주민센터에 직접 방문하여 신청한다.

(4) 청소년치료재활센터 운영

- **지원 대상:** 만 9세~만 18세로 정서와 행동 영역에서 우울, 불안, 주의력결핍과잉행동장애(ADHD) 등의 문제로 학교생활이나 대인관계에서 어려움을 겪는 청소년과 부모를 지원한다.
- **선정 기준:** 서류심사와 심층면접, 심리검사를 통해 입교나 퇴교가 판정되며, 입, 퇴교 판정위원회의 심사를 통해 선정한다.
- **지원 내용:** 정서, 행동장애 청소년 대상별로 맞춤형 치유, 재활 서비스 제공을 위해 국립중앙청소년디딤센터 운영 사업비 및 인건비를 지원한다.
- **신청 방법:** 인터넷, 학교 및 청소년시설 등에서 신청한다.

(5) 장애아가족 양육지원

- **지원 대상:** 만 18세 미만 장애아동을 양육하는 가정을 지원한다.
- **선정 기준**
  - 기준 중위소득 120% 이하인 장애정도가 심한 장애아동을 선정한다.
  - 다른 법령(또는 국가예산)에 따라 장애아가족 양육지원사업과 유사한 재가서비스를 받고 있는 경우에는 선정 대상에서 제외된다.
- **지원 내용:** 1가정당 연 720시간의 돌봄서비스, 휴식지원 프로그램을 지원한다.
- **신청 방법:** 읍/면/동 주민센터를 방문하여 신청한다.

(6) 국립특수학교 및 국립부설학교 특수학급 지원

- **지원 대상:** 국립특수학교(급)에 재학 중인 장애 학생을 지원한다.
- **선정 기준**
  - 특수교육보조원 지원 대상은 특수대상학생 중에서 중증 장애 학생을

우선 지원한다.

- 방과후 교육비, 돌봄 교실은 특수교육 대상 학생 희망자 전원에게 지원한다.

- **지원 내용:** 특수교육 대상 학생에게 교내 교수·학습 활동 및 이동보조, 방과후 교육 등을 지원한다.
- **신청 방법:** 국립특수학교 및 국립대학 부설학교에 신청한다.

(7) 장애아 보육료 지원

- **지원 대상:** 장애인복지카드(등록증)를 소유한 미취학 만 12세 이하의 장애아동을 지원한다.
- **선정 기준**
  - 보호자의 소득기준에 상관없이 지원하나, 장애인복지카드(등록증), 장애소견이 있는 의사의 진단서 또는 특수교육 대상자 진단/평가 통지서를 제출해야 한다.
  - 진단서 제출로 장애아 보육료를 지원하는 경우 제출된 의사의 진단서에는 장애아등급이 반드시 명기될 필요는 없으나 진단서상의 장애소견이 장애인복지법 시행령에 있는 "장애인의 종류 및 기준"에 한정되면 진단기관은 장애인복지사업안내의 "장애진단기관 및 전문의 등"의 기준으로 한정한다.
- **지원 내용**
  - 장애아반 편성아동은 478,000원을 지원한다.
  - 만 3~5세 누리반(장애아)아동은 478,000원을 지원한다.
  - 일반아동반 편성 장애아동은 시·도지사가 고시한 연령별 보육료 수납한도액을 지원한다.
- **신청 방법:** 읍/면/동 주민센터를 방문하여 신청한다.

(8) 청소년 발달장애학생 방과후 활동 서비스

- **지원 대상:** 만 12세 ~17세의 중·고등학교, 전공과에 재학중인 장애인복지법상 등록된 지적 및 자폐성 장애인을 지원한다.
- **선정 기준:** 지원 대상 조건을 만족하는 장애인을 지원한다.
- **지원 내용:** 청소년 발달장애인이 방과후 안전한 돌봄을 지원받을 수 있도록 방과후 활동 이용권(바우처) 월 44시간 제공한다.
- **신청 방법:** 방문, 우편 등의 방법으로 신청할 수 있으며 주민등록지 관할 읍/면/동 주민센터를 방문하여 신청한다.

(9) 특수교육대상자 치료지원서비스

- **지원 대상:** 특수교육대상자 중 치료지원 대상자를 지원한다.
- **선정 기준:** 특수교육대상자가 치료지원을 희망하면 진단 평가를 실시하여 치료지원 대상자를 선정한다.
- **지원 내용:** 치료사 채용, 바우처, 치료지원 제공기관을 통해 물리치료, 작업치료 등의 서비스를 제공한다.
- **신청 방법:** 시/도 교육청에 신청한다.

(10) 장애학생 정보격차 해소지원

- **지원 대상**
  - 장애인 등에 대한 특수교육법에 따른 특수교육 대상자의 특수학교 및 특수학급 교사, 일반학교 교사 등을 지원한다.
  - 특수교육 대상자는 시각 장애인, 청각 장애인, 지체 장애인, 지적 장애인, 자폐성 장애인, 정서행동 장애인, 의사소통 장애인, 학습 장애인, 건강 장애인, 발달지체 장애인이다.

- 지원 내용: 특수교육 교수-학습 콘텐츠를 개발하여 사이트를 운영한다.
- 신청 방법: 국립특수교육원 사이트에서 개인정보수집제공활용 동의서에 동의하고 신청한다.

(11) 그 밖의 연장형 보육료 등 지원

- 지원 대상 및 선정 기준
  - 그 밖의 연장형 보육료는 만 0~2세 종일반 보육료, 만 3~5세 누리과정 보육료, 다문화 보육료 및 장애아 보육료(취학 전)지원 아동을 지원한다.
  - 만 12세 이하 취학아동 중 법정 저소득층과 장애아동(복지카드 소지자)에 대해서는 야간연장 보육료에 한해 지원 가능
  - 복지카드 미소지자인 취학 장애아동은 특수교육 대상자 진단, 평가 통지서 제출 시 만 8세까지 지원
- 지원 내용: 야간보육연장료는 연령에 관계없이 동일하며 장애아동은 시간당 4,200원이다.
- 신청 방법: 어린이집을 통해 신청한다.

3) 장애아동 복지지원 전달체계

장애아동에 대한 복지지원서비스의 전달체계는 보건복지부 장애인 정책국에서 수행한다. 장애인 정책국은 장애인정책과, 장애인권익지원과, 장애인자립기관과, 장애인서비스과로 구성되어 있다. 장애아동과 관련하여 장애인자립기반과는 장애아동 특별보호연금에 관한 업무를 수행한다. 장애인서비스과는 장애아동 및 장애인가족지원에 관한 사항과 장애아동 돌봄 및 발달재활 서비스 등의 사항에 관한 업무를 수행한다.

장애아동을 위한 특수교육은 국립특수교육원에서 주관하는데, 국립특수교육원은 특수교육을 발전시키고, 장애인의 삶의 질 향상을 지원하기 위한 특수교육 연구, 관련 정책 개발, 교육과정 및 교과서 개발, 담당 교원의 연수, 특수교육 정보화 사업 등을 수행하고자 설립된 국가기관이다. 국립특수교육원의 주요사업은 연구, 교육과정·교과서 개발, 연구, 정보지원, 인권보호 지원, 진로·직업교육, 국가장애인평생교육진흥센터 운영이다.

4. 장애아동 복지지원의 개선방안

1) 장애아동 예방 지원 강화

장애아동을 위한 아동복지정책은 우선적으로 장애아동 발생 예방에 중점을 두어야 한다. 그러나 현재 정부의 장애아동 관련 정책과 서비스는 장애아동 발생 이후 치료적 지원에 집중되어 있다. 장애아동 발생을 예방하기 위한 사업은 우선적으로 모자보건사업을 강화하여 선천적인 장애나 출생 시 장애가 발생하는 것을 예방할 수 있다. 또한 임신과정에서 유전상담과 정기검진, 신생아에 대한 선천성 대사이상 검사 등을 적극적으로 지원하여 조기에 장애유무를 판단하고 치료적 개입을 제공할 수 있어야 할 것이다. 출산이후에도 영유아 정기검진과 예방접종 등을 의무화하여 장애아동의 예방과 조기발견을 위한 대응정책을 강화해야 할 것이다.

2) 장애아동 양육지원 확대

장애아동에 대한 아동양육비와 보육비, 교육비, 기타 치료비 지원 등을 상향조정하여 장애아동을 양육하는 데 필요한 경제적 부담을 완화시켜야 한다. 이영광(2015)은 현금과 현물급여, 바우처 서비스에 대한 이용자 만족도가 가장 높게 나타났다는 것을 지적하면서, 향후 장애아동에 대한 현금지원 확대와 지원서비스 시간 확대, 치료시간과 활동지원에 관한 바우처 지원 확대가 필요하다고 하였다. 따라서 장애아동을 양육하는 가정에 대한 정부 지원은 현금과 현물중심의 직접적인 지원이 확대되어야 할 것이다.

3) 장애아동의 통합보육과 교육지원 강화

장애아동을 위한 조기 통합보육과 교육은 비장애아동과 동일한 보육 및 교육서비스를 받음으로써 장애아동의 잠재된 발달능력을 촉진시키고 지체된 능력을 개발하여 비장애아동과 함께 생활하도록 하는 것이다(이은주 외, 2018). 따라서 장애아동의 통합보육과 교육지원은 장애아동의 사회적 적응능력을 향상시켜 성인기에 경제활동에 참여할 가능성을 높일 수 있을 것이다. 특히 장애인의 약 10%는 여전히 무학으로 나타났는데, 장애아동을 위한 특수교육 지원체계를 강화하여 장애인이 성인기에 독립적으로 생활할 수 있도록 지원해야 할 것이다.

4) 장애아동의 치료와 가족지원 서비스 증진

정부는 장애아동의 치료적 서비스를 제공하고 있지만, 실제 장애아동을 위한 치료재활기관이 거의 없는 상황이고 대부분 서울과 같은 대도시에 집중되어 있어, 지방 소도시와 농어촌 등에 거주하는 장애아동의 경우 치료와 재활서비스를 받을 기회가 매우 부족하다. 또한 장애아동을 양육하는 가족의 심리적 부담과 스트레스를 완화시켜 줄 수 있는 프로그램이 부족한 상황이다.

5) 장애아동에 대한 사회적 인식 개선

장애아동에 대한 사회적 인식 수준은 장애아동을 위한 특수학교 설립에 대한 지역사회 반대 등을 통해 유추해 볼 수 있다. 장애아동시설이나 특수학교 등은 사회적 혐오시설로 간주되어서 지역사회에서 환영받지 못하고 있는 실정이다. 정부는 장애아동인식개선 프로그램을 지속적으로 추진하여 장애아동이 지역사회에서 안전하게 보호받으며 성장할 수 있도록 지원해야 한다.

참/고/문/헌

강기정, 정은미, 정희정, 이송이 (2011). 다문화가족 아동의 문화역량 강화를 위한 프로그램 개발에 관한 연구. **한국가족복지학**, 16(1), 5-22.

공계순, 박현선, 오승환, 이상균, 이현주 (2019). **아동복지론(5판)**. 서울: 학지사.

관계부처 합동. 제1차 아동정책 기본계획.

관계부처 합동. 제2차 아동정책 기본계획.

교육부 (2018). 특수교육연차보고서.

교육부 (2020). 간추린 교육통계.

구은미, 박성혜, 이영미, 이혜경 (2009). **21세기 아동·청소년복지**. 서울: 학지사.

권은선, 구인회 (2010). 빈곤이 아동의 건강에 미치는 영향. **한국사회복지학**, 62(4), 129-148.

김경준, 김지혜, 류명화, 정익중 (2006). 청소년 유형별 복지욕구 실태와 지원방안. 한국청소년정책연구원 연구보고서 06-R10.

김경희 (2015). 학대피해아동 보호쉼터 어떻게 개선해야 하나. 학대피해아동 분리보호 사례발표 전문가토론회 자료집, 2015. 8. 20.

김광혁 (2006). 아동기 빈곤이 학구적 성취에 미치는 영향: 빈곤의 시기와 기간, 정도의 여향을 중심으로. **사회복지연구**, 31, 195-217.

김미숙, 김안나 (2018), The Impact of Multicultural Family Children' s Service Utilization on Their Self-esteem. *Journal of Christian Education & Technology, 33*, 93-116.

김미숙, 배화옥 (2012). 아동가구의 빈곤지위변동에 관한 연구. **아동과 권리**, 16(3), 497-521.

김미숙, 배화옥, 정익중, 조성호, 박명숙, 김지민 (2016). 아동학대 피해아동 지원체계 구축방안 연구, 한국보건사회연구원 연구보고서 2016-10.

김미숙, 조애저, 배화옥 · 김효진 · 홍미. 2007. 한국의 아동빈곤실태와 빈곤아동지원방안. 한국보건사회연구원 연구보고서 2007-13.

김성경, 김혜영, 최현미 (2013). **아동복지론**. 파주: 양서원.

김은주 (2015). 다차원 빈곤지표로 측정한 한국의 아동빈곤:새로운 지표의 적용가능성 탐색. **한국사회정책**, 22(3), 105-137.

김지혜, 정익중 (2009). 다문화 아동청소년 정책에 나타난 통합관점에 대한 고찰. **한국아동복지학**, 30, 7-40.

김진숙, 서혜전 (2016). 방과후돌봄서비스간의 협력과 역할분석: 지역아동센터를 중심으로. **방과후아동지도연구**, 13(2), 45-67.

김혜미, 문혜진 (2013). 다문화가정 아동청소년과 비다문화가정(한국인 부모가정) 아동청소년의 학교 적응 비교연구. **한국사회복지학**, 65(4): 7-31.

대한민국정부 (2017). 제5·6차 유엔아동권리협약 국가보고서.

도미향, 남연희, 이무영, 변미희 (2009). **아동복지론**(2판). 서울: 공동체.

류연규, 백승호 (2011). 복지국가의 아동, 가족복지지출과 아동빈곤율의 관계: OECD 국가를 중심으로. **한국아동복지학**, 36, 65-99.

류연규, 최현수 (2003). 우리나라 아동빈곤율 수준과 변화 경향. **한국아동복지학**, 16, 135-165.

모상현, 김영지, 김희진, 정익중, 김미영 (2009). 경제위기에서 빈곤 아동, 청소년 생활실태 연구. 한국청소년정책연구원 연구보고서 09-R20.

문선화, 구차순, 박미정, 김현옥 (2009). **한국사회와 아동청소년복지**. 파주: 양서원.

박순희 (2009). 다문화가족 아동의 특성과 사회적응. **한국아동복지학**, 29, 125-154.

박현선 (2008). 빈곤지위가 아동의 사회, 정서 발달에 미치는 영향: 빈곤대리변수와 빈곤동반 위험요소와의 비교를 중심으로. **한국아동복지학**, 26, 113-137.

박현선, 이채원, 김민정 (2014). 학령전기 다문화가정 아동을 위한 이중언어지원 프로그램의 효과성. **한국아동복지학**, 48, 261-288.

배상식 (2012). 다문화교육에서 아동의 자아정체성 문제-초등도덕교과를 통한 해결방안 모색. **철학연구**, 122, 161-189,

배화옥 (2010). **아동과 복지**. 서울: 신정.

배화옥 (2015). 아동학대 발생추이에 미치는 부부폭력의 영향에 대한 연구. **아동과 권리**, 19(2), 139-162.

백승호, 류연규 (2010). 우리나라 광역지방자치단체의 복지노력과 아동빈곤지위에 대한 다층적 분석. **한국사회정책**, 17(3), 191-222.

보건복지부 (2018), 내부자료.

보건복지부 (2020). 보건복지통계연보.

보건복지부 (2020). 보육통계.

보건복지부 (2021). 아동복지사업 안내.

보건복지부, 중앙아동보호전문기관. 각 연도 전국아동학대현황보고서.

보건복지부, 행정안전부 (2017. 7. 27.). 보도자료.

송다영 (2003). 사회적 배제 집단으로서의 저소득 모자가족과 통합적 복지대책 수립을 위한 연구. **한국사회복지학**, 54, 295-319.

숙명여자대학교 산학협력단 (2011). 아동학대실태조사.

심우엽 (2010). 초등학생의 다문화아동에 대한 인식과 태도. **초등교육연구**, 23(4), 43-63.

아영아, 이명희, 이화명, 김진영, 고영희, 최미숙 (2017). **아동복지론**. 파주: 양서원.

안종범, 김철희, 전승훈 (2002). 빈곤과 실업의 원인과 복지정책의 효과. **노동경제논집**, 25(1), 75-95.

양심영, 박수경, 김미숙 (2013). 다문화가정 아동의 이중문화 특성 및 사회적 자본이 심리적 적응에 미치는 영향. **한국콘텐츠학회논문지, 13**(6), 270-282.
여성가족부 (2018). 전국다문화가족 실태조사.
여성가족부 (2020a). 내부자료.
여성가족부 (2020b). 2020년 다문화가족 시행계획.
여성가족부 (2021). 한부모가족지원사업 안내.
여성가족부, 복권위원회 (2021). 한부모, 조손가족 복지서비스 안내.
여유진 (2018). 아동빈곤의 현황과 정책과제. **보건복지포럼, 259**, 25-39.
오정수, 정익중 (2017). **아동복지론**(3판). 서울: 학지사.
오정옥, 이경원 (2015). 미취학아동 부모가 인식하고 경험하는 훈육과 학대에 관한 연구. **한국가족복지학, 20**(2), 247-271.
윤은영 (2017). 다문화가정 아동의 부모-자녀관계가 문화적응에 미치는 영향. **한국아동복지학, 57**, 83-112.
이경상, 김희진, 박창남, 정익중 (2008). 빈곤이 청소년 성장에 미치는 영향. 한국청소년정책연구원 연구보고서 08-R01-1.
이병호 (2019). 다문화아동 정책의 발전방향. **시민인문학, 37**, 9-40.
이봉주, 김기현, 안재진 (2015). 아동보호체계의 개선방안 연구: 아동보호전문기관의 기능과 역할을 중심으로. 굿네이버스.
이상균 (2019). 드림스타트, 지난 10년의 성장과 향후 10년을 위한 과제. **한국아동복지학, 59**, 115-150.
이소영, 김은정, 박종서, 변수정, 오미애, 이상림, 이지혜 (2018). 2018년 전국 출산력 및 가족보건, 복지 실태조사. 한국보건사회연구원 연구보고서 2018-37.
이순형, 민하영, 이소은, 이완정, 황혜신, 이강이, 이영미, 이혜승, 한유진, 이옥경, 권혜진, 성미영 (2011). **아동복지 이론과 실천**(5판). 서울: 학지사.
이영광 (2015). 장애아동정책의 급여형태가 대상자 부모의 만족도에 미치는 영향. 계명대학교 대학원 석사학위논문.
이유진, 김영한, 김형모, 이상희, 임미정 (2011). 학대피해아동보호를 위한 지역사회 협력체계모형 개발. 한국청소년정책연구원.
이은주, 김미숙, 김효진 (2017). 아동친화제도 및 시설연구. 한국보건복지인력개발원.
이은주, 김혜순, 박세정, 최미희, 권수정, 이명순 (2018). **아동권리와 복지**. 서울: 지식공동체.
이재연, 박은미, 황옥경, 김형모, 이은주, 강현아 (2017). **아동복지론**(3판). 서울: 학지사.
이현, 곽주현 (2019). 다문화가정 아동의 경험과 성장-포토보이스 방법의 적용. **한국사회복지질적연구, 13**(3), 151-177.
이현수 (2011). 장애아동과 학대의 원인과 대안(성폭력을 중심으로). 국가위기관리학회 추계학술대회 자료집.
장화정, 김광혁 (2006). 빈곤과 가족소득이 아동 신체학대에 미치는 영향: 부와 모의 학대를 중심으로. **아동과 권리**, 10(2), 237-258.

전경숙 (2017). 다문화가족자녀 언어발달지원 사업의 효과성 연구. **다문화아동청소년연구**, 2(2), 81-106.

정익중, 김혜란, 홍순혜, 박은미, 허남순, 오정수 (2005). 사회복지서비스 이용이 빈곤아동의 심리사회적 적응에 미치는 영향. **한국사회복지학**, 57(3): 105-131.

진은영 (2015). 다문화가족 아동의 문화적응스트레스와 심리사회적응과의 관계에서 이중문화역량의 매개효과: 성별 차이를 중심으로. **학교사회복지**, 32, 303-326.

통계청 (2019). 체류외국인통계.

통계청, 여성가족부 (2019). 청소년통계.

한국보건사회연구원 (2020). 빈곤통계연보.

행정안전부 (2021). 외국인주민현황조사.

홍영균 (2021). 아시아 국가의 다문화정책 사례 고찰. **다문화아동청소년연구**, 6(1), 57-74.

황덕순 (2002). 빈곤에 대한 동태적 분석. 정진호(편). **소득 불평등 및 빈곤의 실태와 정책과제**, 88-124.

황선영, 고재욱 (2013). 다문화가족아동의 학교생활적응실태 연구. **한국케어매니지먼트연구**, 8, 97-117.

Bronfenbrenner, U. (1979). *The Ecology of Human Development.* Cambridge, MA: Harvard University Press.

Demause, L. (2005). The evolution of childhood. *Child Welfare*. Eds. N. Frost. Routledge. pp (21-92.

Downs, S. W., Moore E., McFadden E. J., Michaud, S. M., & Costin, L. B. (2004). *Child Welfare and Family Services: Policies and Practice.* Pearson Education, Inc.

Hodgkin, R., & Newell, P. (1998). Implementation Handbook for the Convention on the Rights of the Child. UNICEF.

Hughes, L. (2002). *Paving Pathway: Child and Adolescent Development.* Wadsworth / Thompson Learning.

Kadushin, A. (1967). *Child Welfare Services.* New York: The Macmillan.

Mather, J. H., & Lager, P. B. (2000). *Child Welfare: A Unifying Model of Practice.* CA: Brooks/Cole.

OECD (2017). Family Database.

Pecora, P. J., Whittaker, J. K., Maluccio, A. N., Barth, R. P., & Plotnick, R. D. (2000). *The Child Welfare Challenge: Policy, Practice, and Research* (2nd Ed). NY: Aldine de Gruyter.

Pollitt, E. (1994). Poverty and child development: Relevance of research in developing countries to the United States. *Child Development, 65,* 283-295.

Santrock, J. W. (1998). *Child Development*. 8th Ed. The McGraw-Hill Companies, Inc.

Seifert, K. L., & Hoffnung, R. J. (2000). *Child and Adolescent Development*. Fifth Ed. Houghton Mifflin Company.

Thomas, R. M. (2000). *Comparing Theories of Child Development*. Fifth Ed. Wadsworth: Belmont, CA.

국가법령정보센터. https://www.law.go.kr

국가통계포털. https://kosis.kr

네이버사전. https://dict.naver.com

다누리. http://www.liveinkorea.kr

보건복지부 복지로. http://www.bokjiro.go.kr

보건복지부. https://www.mohw.go.kr

아동권리보장원. https://www.ncrc.or.kr

여성가족부. http://www.mogef.go.kr

한국건강가정진흥원 홈페이지. http://www.kihf.or.kr

찾/아/보/기

저자약력

배화옥

경희대학교 평화복지대학원 사회복지 전공 석사
미국 University of Pennsylvania 사회복지학 박사
한국보건사회연구원 근무
독일아동연구소(German Youth Institute, Deutsches Jugendinstitut) 초빙연구원
현) 경상국립대학교 사회복지학과 교수

김미숙

이화여자대학교 사회학 학사
이화여자대학교 사회복지학 석사
미국 University of Akron 사회학 석사
미국 Purdue University 사회학 박사
한국보건사회연구원 근무
서울기독대학교 교수 역임
현) 한국아동복지학회 감사

이은주

숙명여자대학교 아동복지학 학사, 석사
미국 Ohio State University 인간발달학 석사
미국 University of Texas at Austin 사회복지학 박사
미국 University of Georgia 사회복지학과 방문교수
현) 동국대학교 사회복지학과 교수

아동복지론

초판발행 2021년 9월 10일 **1판 1쇄** | 2023년 9월 10일 **1판** 2쇄

지은이 배화옥 김미숙 이은주
펴낸이 최용구 | **펴낸곳 도서출판 신정**
주소 (04316) 서울시 용산구 원효로 89길 19 (원효로1가)
전화 02)3211-4782, 0266(영업부), 3211-4783(편집부), 3211-4784(팩스)
이메일 sjbook2002@naver.com | **홈페이지** www.sjbook.co.kr
등록 2001년 5월 11일 제13-702호
기획마케팅 최용구 장만동 최충구 송대용 | **책임편집** 석기은 황가연

ISBN 978-89-5912-770-2 93330
정가 16,000원